戈公振
[著]

中国报学史

中│国│史│略│丛│刊

中国书籍出版社
China Book Press

图书在版编目（CIP）数据

中国报学史 / 戈公振著. -- 北京：中国书籍出版社, 2022.1

ISBN 978-7-5068-8762-5

Ⅰ.①中… Ⅱ.①戈… Ⅲ.①报纸—新闻事业史—中国 Ⅳ.①G219.29

中国版本图书馆CIP数据核字(2021)第215548号

中国报学史

戈公振　著

策划编辑	牛　超
责任编辑	牛　超
责任印制	孙马飞　马　芝
封面设计	东方美迪
出版发行	中国书籍出版社
地　　址	北京市丰台区三路居路97号（邮编：100073）
电　　话	（010）52257143（总编室）　　（010）52257140（发行部）
电子邮箱	eo@chinabp.com.cn
经　　销	全国新华书店
印　　刷	中煤（北京）印务有限公司
开　　本	880毫米×1230毫米　1/32
字　　数	342千字
印　　张	11.25
版　　次	2022年1月第1版
印　　次	2022年1月第1次印刷
书　　号	ISBN 978-7-5068-8762-5
定　　价	62.00元

版权所有　翻印必究

前言

家叔公振逝世已二十年，他所著的《中国报学史》一书出版也已二十八年了。回想在他生前，他曾经想用白话来改写《中国报学史》，同时并将他所发现的各种新的史料增补进去，使它成为一本通俗的读物，可惜这个愿望他始终未能实现。甚至在他临终的遗言中，还曾这样告诉邹韬奋先生："我的著作……《报学史》原想用白话改写，现在要请你叫宝权替我用白话完全写过……关于苏联的视察记，大部分已做好……也叫宝权接下去……还有关于《世界报业考察记》，材料都已有，可惜还未写出来……现在只好随它去了。……"（见韬奋：《悼戈公振先生》）多少年来，我由于工作的关系经常来往于国内外各地，家叔公振生前所收集的书籍和材料又散置各处，再加以我的学识和能力都有限，以致未能完成他遗言中的愿望。当此三联书店决定把《中国报学史》重印出来，供研究新闻学的人作为史料参考之用，特在书前略志数句，以示纪念。

家叔公振自从在民初参加了《时报》的编辑工作之后，就决定终生献身于新闻事业。这是一条长远而又曲折的旅程，同时也是一条思想的探索和发展的道路。在这二十多年当中，他从《时报》出发，经过了《申报》，一直发展到筹划创办《生活日报》的阶段。在这二十多年当中，他除了从事报纸的编辑工作之外，还又专心于研究新闻学和新闻学史（他称之为报学和报学史），在这方面他留下了不少著作，而其中最主要的一种，就是现在重印的这本《中国报学史》。

远在民国十三年（一九二四年）时，他就根据开乐凯（F.N.Clark, Jr.）所写的《新闻学手册》（The Handbook of Journalism）编写过一本《新闻学撮要》。民国十四年，他在上海"国民大学"讲授新闻学，并于同年组织了"上海报学社"。就在这时候，他已开始从事编写《中国报学史》的工作。他在《中国报学史》的自序中这样写道："民国十四年夏，国民大学成立，延予讲中国报学史。予维报学（Journalism）一名词，在欧美亦甚新颖，其在我国，则更无成书可考。无已，姑取关于报馆之掌故与事实，附以己见，编次成书，时未越岁，已裒然成帙矣。"这本书最初于民国十六年（一九二七年）十一月由上海商务印书馆出版，翌年十月再版，民国二十年五月三版，民国二十四年一月曾出过国难后第一版，此后即未曾再印过。这本书的题名，虽然称为《中国报学史》，其实也可说是一本泛论新闻学和我国新闻事业发展史的书籍。

家叔公振在写作这本书的时候，曾花费了不少的时间和精力。我记得在他的书房（同时也是他的卧室）里，有四个高大的书架，全放满了有关新闻学的书籍和收藏着各种稀有的报刊与剪报。据他告诉我，他为了写作这本书，常向私家的藏书室和图书馆借阅书籍，并且曾在上海徐家汇图书馆的藏书楼里消磨了很多时光。他还常向各方面请教和征询意见，为了调查和了解当时俄国人在我国所出版的各种俄文报纸，曾和蒋光赤通过信。又如《中国报学史》第二章《官报独占时期》中有不少图片，就是他的朋友在北京书肆中代为搜集和赠送给他的。他在这本书的编排和印刷上，也提供了不少意见，甚至模仿《京报》的形式和颜色所印成的封面，也是他本人设计的。

在这本书出版之后，他仍然继续从事研究工作。我记得他有一本用深蓝色的丝绸装订成的《中国报学史》，经常带在身边，无论在国内，还是在国外。在这本书上，他改了很多的字误，写上了许多补充的材料，可惜不知道这本书现在存置何处，否则这次可根据他亲自修改过的文字再版付印。当他在民国十六年至十八年（一九二七年至一九二九年）期间至欧美日本等国旅行和考察各国的新闻事业时，他曾在英国博物馆的图书馆和法国国家图书馆读过书，尤其是在英国博物馆的图书馆里曾发现了《中国报学史》第三章《外报创始时期》所提及的许多种报刊，他在《英京读书记》一文中曾写道："我国向未视报章为一种著述，且日久则卷帙浩繁，非有大厦，庋藏实难。故予纂《中国报学史》时，有若干种只存其名而未见其书，中心憾之。我国现代报纸之产生，系发端于英人，比来伦敦，于英国博物院藏书目录中，果获曩日遍访而未得之定期出版物多种，爰撮大要，以足吾书，兼以饷治报学者快睹焉。"在这篇文字中，他介绍了《察世俗每月统纪传》《特选撮要每月纪传》《东西洋考每月统纪传》等种刊物，并用照片影印出来。这一部分材料始终未能编入《中国报学史》，因此特将《英京读书记》一文作为附录印在本书的后面，以供参考。

家叔公振所著的《中国报学史》系写作于二十八年前，从观点上看当然不是一本用马克思列宁主义观点写成的书，同时在论点上也不一定全然正确，但其中对中国新闻事业发展的历史提供了相当丰富的材料，因此在阅读这本书的时候，只能用批判的眼光把它当作史料来使用。

当此家叔公振逝世二十周年之际，特将他的略传和我所知道的关于他的一些事情，一并附述于此。

家叔公振于清光绪十六年（一八九〇年）十月十六日生于江苏省东台县，原名绍发，字春霆，公振是他的号。他从参加《时报》的编辑工作和发表文章的时候起，就用"公振"这个名字，因此很少有人知道他的原名。他幼年时，曾在伯祖母翟氏所办的叒庵学塾读书。清光绪三十四年（一九〇八年）入东台高等学堂，毕业后曾于民国元年（一九一二年）参加过《东台日报》的工作。民国二年（一九一三年）考入南通师范学堂，因家庭经济困难未入学，当年冬他即往上海，至有正书局习业，后任《时报》编辑，旋被洊任为总编辑。当时他即已致力于报纸革新的工作，创办了各种副刊，并首创了《图书时报》，此外他又开始研究新闻学，前后在《时报》工作达十五年之久。

民国十六年（一九二七年）正月，他靠了历年来的积蓄，至欧美日本等国旅行并考察各国的新闻事业，他曾先后到过英、法、德、意、瑞士、美国、日本等许多国家，并曾于民国十六年八月间出席国际联盟在日内瓦所召开的报界专家会议。民国十八年冬返国，旋参加《申报》总管理处的设计工作，并曾先后在上海的国民、南方、大夏和复旦等大学讲授新闻学，在杭州创办过暑期报学讲习所。他所写的《世界报业考察记》的一部分，特别是关于英美的报纸和通讯社的，亦即成于此时。我当时曾抄写和校阅过这部分稿子，可惜"一·二八"淞沪战役时因商务印书馆印刷所及编辑部全毁于火而未能出版。

"九一八"和"一·二八"前后（一九三一年至一九三二年），是他在思想上起了很大转变的年代。他这时开始阅读有关马克思列宁主义理论和研究苏联的书籍，同时愤于国难，又积极地参加了抗日运动。"一·二八"之后当国际联盟派了调查团前来我国调查"九一八"事变和"一·二八"淞沪战役的情况时，家叔公振曾以新闻记者的资格随团访问了淞沪战场并同去东北。他知道国联调查团是起不了什么作用的，他当时曾这样讲过："我们自己不争气，只是希望旁人卖力为我们争回东北，本来是不合情理；而国际联盟又是个纸老虎，调查团的五委员只以自身利害为立场，将来报告书的制作，最多只从原则上说几句风凉话，似乎也在意料之中。"在到了东北后，他得出了这样的结论："到东北调查后，据我个人粗浅的观察，除非举国一致，背城借一，不但东北无收回的希望，而且华北也要陷于极危险的地位。事实如此，并非我危言耸听。"（俱见《到东北调查后》一文）他预感到这次去东北可能发生意外，在离开北京之前就写好了遗书，果然在抵沈阳后不久即被逮捕，后幸获释放。从他的遗书中看来，他是抱了勇敢的置生死于度外的精神前往东北，想将东北沦陷后的真相忠实地报道出来。同年九月间他又随调查团前往日内瓦，参加了国际联盟讨论有关日本侵略我国问题的特别大会。会后曾赴马德里参加国际新闻专家会议。此外他还曾先后赴法、意、德、奥及捷克等国游览，并考察了这几个国家的新闻事业。

民国二十一年（一九三二年）十二月中苏两国恢复邦交，翌年家叔公振即随复交的使团前往莫斯科，这是他久所向往的地方，当他在民国十六年第一次到欧洲时，他曾想赴苏联一游，及至行抵波兰，中俄断绝邦交，不得已废然而返，这次他总算是一偿夙愿了。在苏联前后居留的三年当中，他潜心于研究苏联的政治、经济和文化等方面的建设，他甚至将苏联一名词改译为"庶联"，用他的解释来说："Soviet Union通常译为苏联，苏字译音无意，故我改译为庶，'天下有道，则庶人不议'。……"（见《从日内瓦到莫斯科》一文）这三年也是他的思想迅速发展和成长的年代，韬奋先生曾指出他在这两三年当中"对世界大势的辛勤的观察研究，在正确认识上的迈进"，并且写道："我在莫斯科和他作数次长谈，深感觉到他的猛烈进步"（见《悼戈公振先生》一文）。我还记得我在民国二十四年（一九三五年）三月初抵莫斯科时，他曾这样向我讲过："中苏两国有很多相似之处，两个国家地大物博，接壤相连，两个国家的人民又都是爱勤劳的。苏联今天的建设，处处值得我们借镜和学习，看了苏联的今天，就能展望我们的将来。"正因为这样，他在当时国民党反动统治的情形下，不断地向国内的报刊寄发新闻和通讯，来介绍苏联人民的英勇的建设成就。

在这三年当中，他除常住莫斯科之外，还曾先后转赴列宁格勒、哈尔柯夫、得尼泊、罗斯托夫、巴库、乌拉尔山一带的斯维尔德洛夫斯克、马格尼托高尔斯克、契略宾斯克，以及中央亚细亚各共和国、西伯利亚和远东等地游览参观，写成了《社会城》《谷城》《电城》《油城》《硷城和铁城》等许多通讯文字，反映出了苏联在第二个五年计划中国家工业化和农业集体化的情形。这些通讯文字曾由韬奋先生辑为一册，题名为《从东北到庶联》，由生活书店出版经售。

家叔公振和邹韬奋先生是有着深厚的友谊的，早在"一·二八"前后时，他就和韬奋先生筹划出版《生活日报》的工作，可惜未能实现。他在致韬奋先生的信中曾写道："韬奋吾兄：二次赴欧，决定于最短期间，出于意外，然国难当前，岂惮个人跋涉？故又冒暑远征。弟对于国事实抱无上悲观，但吾人既稍有知识，只有尽国民一分子责任，从自己奋斗起。《生活日报》筹备事，使兄偏劳，心实不安，弟身虽远，此心实悬念也。"（民国二十一年十月二日于日内瓦）民国二十四年夏，国难日深，韬奋先生曾电邀他早日返国重新筹办《生活日报》，他立即整装启程，当他临终时他曾告诉韬奋先生："在俄国有许多朋友劝我不必回来……国势垂危至此，我是中国人，当然要回来参加抵抗侵略者的工作……"从这些话当中，也可以看出他对于祖国的热爱。他于当年十月十五日抵上海，旋即病倒，因盲肠炎与腹膜炎开刀，于十月二十二日长逝，享年四十有六，遗骨葬上海市公墓。

在他遗留下的著作中,有《新闻学撮要》(民国十四年二月初版,十八年二月再版)《中国报学史》《世界报业考察记》(未出版)《新闻学》(此书原为《万有文库》所写,成书于民国二十年,后经家叔绍龙整理,于民国二十九年四月由商务印书馆出版,民国三十六年二月再版)及《从东北到庶联》(民国二十四年十二月初版,二十五年三月三版)等书。据我所记得的,他在《时报》工作期间,还曾编辑过一本《中国美术图案集》,由有正书局出版。此外他所写的通讯文字甚多,散见《时报》《申报》《大公报》《国闻周报》《生活周刊》《世界知识》等各种报刊中。

戈宝权识
一九五五年一月二十六日
于北京,时为春节

目 录

前 言 / 1

第一章 绪论 / 1

第一节 报学史之定名 …………………………………… 1
第二节 报纸之定义 ……………………………………… 2
第三节 本书编辑之方法 ………………………………… 18

第二章 官报独占时期 / 20

第一节 邸报名称之由来 ………………………………… 22
第二节 汉有邸报乎 ……………………………………… 23
第三节 邸报见于集部之始 ……………………………… 24
第四节 唐代邸报之一斑 ………………………………… 25
第五节 宋代邸报之一斑 ………………………………… 27
第六节 邸报见于史册之始 ……………………………… 28
第七节 小报与新闻 ……………………………………… 29
第八节 元初之邸报 ……………………………………… 30
第九节 禁止传报之无益 ………………………………… 31
第十节 邸报用活字之始 ………………………………… 31

第十一节　《京报》……………………………………… 32

第十二节　传抄伪稿案 ……………………………………… 34

第十三节　所谓《塘报》与《良乡报》…………………… 38

第十四节　请刊《邸报》之受斥 …………………………… 39

第十五节　太平天国之办报条陈 …………………………… 40

第十六节　西士关于官报之建议 …………………………… 41

第十七节　《官书局报》与《官书局汇报》……………… 41

第十八节　《时务官报》…………………………………… 42

第十九节　官报全盛时期 …………………………………… 45

第二十节　《政府公报》…………………………………… 59

第二十一节　结论 …………………………………………… 63

第三章　外报创始时期 / 65

第一节　外报之种类 ………………………………………… 65

第二节　当时报界之情形 …………………………………… 97

第三节　当时国人对外报之态度 ………………………… 101

第四节　外报对于中国文化之影响 ……………………… 105

第五节　结论 ……………………………………………… 108

第四章　民报勃兴时期 / 111

第一节　日报之先导 ……………………………………… 116

第二节　《中外纪闻》与《强学报》…………………… 118

第三节　杂志之勃兴 ……………………………………… 120

第四节　《国闻报》《时务日报》与《时报》………… 138

第五节　鼓吹革命之健者 ………………………………… 151

第六节　留学界之出版物 ………………………………… 163

第七节　提倡阅报与禁止阅报 …………………………… 168

　　第八节　君宪民主之论战 ………………………………… 169

　　第九节　清末报纸之厄运 ………………………………… 171

　　第十节　结论 ……………………………………………… 177

第五章　民国成立以后 / 179

　　第一节　两度帝制之俵现 ………………………………… 182

　　第二节　杂志 ……………………………………………… 185

　　第三节　国内外会议与我国报界 ………………………… 192

　　第四节　结论 ……………………………………………… 196

第六章　报界之现状 / 199

　　第一节　报馆之组织 ……………………………………… 199

　　第二节　新闻 ……………………………………………… 201

　　第三节　广告 ……………………………………………… 209

　　第四节　发行 ……………………………………………… 219

　　第五节　销数 ……………………………………………… 223

　　第六节　印刷 ……………………………………………… 225

　　第七节　纸张 ……………………………………………… 230

　　第八节　用人 ……………………………………………… 236

　　第九节　附刊与小报 ……………………………………… 238

　　第十节　图画与铜版部 …………………………………… 240

　　第十一节　华侨报纸 ……………………………………… 242

　　第十二节　通信社 ………………………………………… 244

　　第十三节　报业教育 ……………………………………… 248

　　第十四节　图书馆与剪报室 ……………………………… 257

第十五节 团体 ………………………………………… 267
第十六节 邮电 ………………………………………… 286
第十七节 关于报纸之法律 …………………………… 297
第十八节 总论 ………………………………………… 332

第一章　绪论

第一节　报学史之定名

报字本作赧。《说文》："当罪人也；从夲从𠬝，𠬝，服罪也。"其义犹今言判决。今世用为报告之义，乃赴字之假借。《礼记·丧服小记》："报葬者报虞。"注："报读为赴，急疾之义。"此用为急报之意之始。今报纸、报馆、报界等名词，为世所习用，其源盖出于此也。

我国之所谓报，即日本之新闻（我国之所谓新闻，在日本为报道、报知、杂道、新知、新报），英国之 Newspaper，德国之 Zeitung、Nachricht、Bericht，法国之 Journal、Nouvelle、Couriur、Mesager，意国之 Jiornale，俄国之 Газета。此外，尚有形容词的名称极多，不备举。惟报字称谓简而含义广，且习用已久，故本书之所谓报，尝包括杂志及其他定期刊物而言。

报字之定义既如上述，报纸之定义将于下节详言之。今请进而言报学史之定义。所谓报学史者，乃用历史的眼光，研究关于报纸自身发达之经过，及其对于社会文化之影响之学问也。本书所讨论之范围，专述中国报纸之发达历史及其对于中国社会文化之关系，故定名曰《中国报学史》。

第二节　报纸之定义

报纸果为何物？此本书一先决问题也。诸家之说纷纭，大概可分为三类：

（一）以报纸作用为基础而下定义者；

（二）从法律上所规定报纸之性质而下定义者；

（三）从报纸之形式上与作用上之观察而下定义者。

就第一方法而论，如吉文（Given）之见解，谓"报纸为舆论之制造者与新闻之纪录者"①。但将此一语细加玩味，即觉微有偏颇。大凡一事物之作用，极易变化，若仅从作用上而即定一事物之意义，无乃太浅。且从报纸之发达上观之，已有许多变化之迹可寻，故此定义不能谓为确当。不过此定义系明举易见之作用，而暗示其原质之特色，亦大可留意也。又如毕修（Bucher）以经济家之见解，谓"报纸为新闻公布之方法"②，于作用上之意义，可谓揭发无遗。但吾人所欲知者，乃报纸全部之定义，此不能不与他种见解相比较也。

就第二方法而论，如民国三年公布之《报纸条例》规定："用机械或印版及其他化学材料印刷之文字图画，以一定名称继续发行者，均为报纸。"日本明治四十二年公布之《新闻纸法》规定："本法所称之新闻纸，系指用一定之名称，定期发行，或在六个月之期间内不定时期而发行之著作物，及同一名称之临时发行著作物而言。"英国一八八一年公布之《报纸法》规定："报纸系指揭载公报新闻事件注释及观察之纸片。因贩卖而印刷，在英格兰或爱尔兰发行，或系专门或大部分登载广告，在二十六日以内每周一次或一周以上，印刷贩卖及为公众刊行之纸片。"凡此，虽均可借以窥知报纸定期性与继续发行性之特色，但事实上却包含报纸与杂志之二义。盖法律为取缔上之便宜，认报纸为一种定期为公众之刊行物而不与其他同类物相区别。倘欲以此为定义，则尚须加以修正也。

就第三方法而言，此种定义均在吾人目前，但因研究之初步不同，故定义亦异。如班禄客（Belloc）之见解，谓"报纸为不定期或定期（普通每日）而印刷发行之纸片，报告新闻，暗示观念"。③又如建部之见解，谓"报纸以每日一次以上刊行为原则，以报告政治、经济、教育等一切社会生活上之事态为主，且常有若干评论"。④此二种定义中，建部之见解，对于现代报纸之意义，颇能挈其纲要，且将报纸与同一定期刊行物之杂志有加以区别之意。不过此定义侧重报纸外观之特色，乃一种常识上之见解耳。其以科学的眼光，从报纸内部之特色而下定义者，如萨罗门（Salomon）之见解，谓"报纸为定期刊行物，以机械复制，将一般有兴味之现在事件状态之混合的复杂的内容，化为通俗揭载物"。⑤此定义注意在一般兴味，现代之事件状态及内容之诸点，极有见地。但机械复制，乃外观之特色，可不必羼入。较此而更精密者，如布润和波（Brunhuber）之见解，谓"报纸为不定时期而发行，不限于某人而为公众刊行之出版物，内容乃复杂，时宜（或是实在）而有一般的兴味"。⑥此定义之可注意者，为承认报纸发行为不定期，即承认继续发行性而不承认定期性，及表明报纸为公众而刊行。报纸为继续发行而不定期之一点，虽有讨论之余地，但复杂的、时宜的（或实在的）、一般兴味的内容公布之一点，不能不加以承认。故布润和波之定义，从全体而言，曾经过科学之整理，在研究上极有助于吾人也。

观于以上各种见解，可略知报纸之意义。惟有一端不可不注意者，即报纸与杂志之区别如何是。从普通情形而言，杂志之形式内容，及其对于社会之作用，与报纸相似，可以包括于定期刊行物中。但从实际上言，二者之间，对于社会作用之范围及程度，则大不相同；且其形式内容，显有不能混为一谈者在。

报纸与杂志，普通包括于定期刊行物名义之下，正以其形式内容及对于社会之作用，有许多相似之点也。且特殊之报纸，如政治学术团体之机关报等，以及普通日刊报纸之副张，均往往含有杂志的浓厚色彩，可见二者渐相接近。在社会未进化时代，对于社会之作用上，殆有同一效果。但时至今日，报纸为寻求社会的心理之基础，始有独立色彩；故二者对于社会之作用上，其区别乃渐显明矣。今于研究报纸与杂志区别之前，为便于探求二者间关系起见，先一根求印刷（press）一字之变迁。Press 一字，由印刷机械之名称而来。最初之书籍、杂志、报纸等，几纯作为机械所制之印刷物；次则以为定期发行之报纸与杂志之名称；今则仅日刊报纸可用之。⑦普通区别报纸与杂志之方法，多从外观着手，如报纸为折叠的，杂志为装订的。此为一种皮相的见解，夫人而知之，于寻求报纸内容之特色上，无丝毫之裨益也。又有从外观之特色上而侧重数量之多寡者，如建部谓以杂志与报纸相比，其刊行数量即一定时间内编辑发行之总次数常觉较少。由此数量之一点，以求报纸与杂志之区别，较纯从外观之特色而着手者，其见解固已稍有进步，但欲认此点为根本，以为其他性质，均由此附带而生，则又未必。故欲求二者区别最适当之点，则不能不从内容方面乃至原质方面着手，即报纸以报告新闻为主，而杂志以揭载评论为主，且材料之选择，报纸是比较一般的，而杂志是比较特殊的。此乃建部、布润和波与笪艾（Diez）所一致承认者也。笪艾并谓报纸之论说（article），对于时事表示临时的反映；杂志之论文（essay）则以研究对于时事之科学的解决，且杂志之能力，乃在问题自身之解决，是尤有卓识也。报纸与杂志之区别，如上所言，自以从内容乃至原质之特色而决定为最适当。但一方面有偏重某点之机关报，一方面则报纸之杂志的色彩又渐浓厚，此种现象，殊使吾人对于二者之区别，从客观上引起怀疑。不过杂志终属报纸之一部分，则可直率的加以判断者也。

一般对于报纸之定义及报纸与杂志之区别，既如上述。兹更进一步而为有系统的综合的研究。

以上所述诸家之定义，因各人之见解而不同。但综合言之，并非不相容。兹将前所研究者，试再列举于下：

（一）报纸为公众而刊行；

（二）报纸发行有定期；

（三）报纸为机械的复制（即印刷）；

（四）报纸报告新闻；

（五）报纸揭载评论；

（六）报纸之内容乃一般的；

（七）报纸之内容以时事为限；

（八）报纸之内容乃及于多方面的。

上述各点，或注意外观，或注意内容，而成为一方面之见解，然于报纸之构成要素，均甚重要。兹为便利研究计，试化复杂而为单一，如（一）（二）（四）（五）以报纸为公众而刊行，发行有定期，揭载新闻及评论等四项，此种观察虽有根本与枝叶之殊，然在报纸之认识上，可承认其为明确之事实。如（三）以报纸为机械的复制（印刷），此点太拘泥于外观，乃法律上之见解。观于近今科学之进步，则将来未必如此，故殊无意识。如（六）（七）（八）以报纸之内容为一般的、时事的、多方面的。则又不啻从严密之眼光观察以新闻之性质定其价值。故现将新闻一字作为广义的，不将上三项作为独立的表现，为免见解之分歧而综合下一定义曰：

报纸者，报告新闻，揭载评论，定期为公众而刊行者也。

上述定义，非反对其他定义，不过将纷纭不定之见解，加以整理，为便宜计，而作一比较明显之定义耳。从社会学上而研究报纸，其要点在研究其对于某特别时代之特定社会之文化所发生而反应之各种特色，因此各特色之发生与发达之过程，而表明其性质，探讨其本源，以求所谓报纸原质之一物。如此，则方有社会学者所需要之定义。今为求达此目的，故对于报纸之四特点：（一）报纸之所以为公众刊行物之基础，即所谓报纸之公告性；（二）报纸之所以为定期发行物之基础，即所谓报纸之定期性；（三）报纸内容之时宜性；（四）报纸内容之一般性，将顺次而加以研究。又此种研究乃用历史的眼光，注意实际需要，非用哲学家之态度以讨论概念之自身也。

公告性　报纸之公告性，即消息传达之方法。故报纸之成立，即在公开性质可以证明之时。像毕修所言，报纸与私函及公函无异，由传达消息之需要而生。不过公函系写与多数确定之人，私函专写与一人，但报纸乃写与多数不定之人，此唯一不同之点也。换言之，私函及公函为个人传达消息之方法，报纸乃消息公开之方法也。[8]又如布润和波所言，古代及中世纪作客远方者，托友人为之通信，其信中常言及时事问题，但此仍为私人通信，不能作为报纸。[9]因此种私函，对于第三者绝对守秘密也。至于公函，从其接受之人数论，似乎有公布之性质，但对受信以外之人，则依然守秘密，即此种私函与公函，其内容万一有公布的价值，亦必经过受信人之口述，而后始能成为街谈巷议之资料。故王公贵人、政治家、议员、大学教授、从事于教会公共事务之人、大商人、重要人物之驻京代表、邮务局长等，有接受与传递私函及公函之最大便利，常将信中完全关于私人之消息略去，而将有公开性质之一部分加以整理，公之于其友人或主顾；此种报告，即所谓 Zeitung 或是 Neue Zeitung。据毕修所言，十六世纪之初叶，此种 Zeitung 方发生，意大利及德意志诸城市头脑较新之商人，对于此新消息传达之方法，方使之独立存在。即向来可以接受之少数特别人间，以私人传达消息之方法，取一定之代价，推广于不定人之间。如此而中世纪之手写报纸（Geschriebene Zeitung）遂独立存在。对于定阅者供给新闻之职业，亦由此发生。时至今日，报纸更成为资本家营利事业之上品，超过中世纪经济组织的所谓主顾的定阅者，于是报纸之公告性，乃扩大至于无限。

由斯言之，报纸之公开性质，即报纸有公告性之一语，其义甚明。但由此进而论报纸之社会作用，尚觉不足。盖报纸不过为适合于公告性之一种媒介物，所以承认此特色者，为其介绍包含有公告性之新闻耳。

定期性　报纸之定期性，能作为其特色之一否，此诚一问题也。布润和波将报纸之定期性（Periodicity）仅作为广义的续刊性（Faitgesetzte Erscheinung），为报纸之构成要素。萨罗门谓十六世纪定期发行之手写报纸，为报纸正式成立之起源。至于每遇大事发生之时，不定期而报告而贩卖之 Neue Zeitung 或 Realationen，乃报纸之类似物。⑩ 又据李氏（Lee）言，一六〇九年前后发行之一面印刷品（broadside），因其非定期，故不承认为正式报纸。⑪ 又据朝仓言，日本之读卖瓦版亦因为非定期，不与报纸同论。⑫ 然则从何时期始有正式报纸，此非俟诸家意见统一不可。今为便利研究计，姑以定期性之有无，为报纸正式构成之特色。毕修谓报纸之定期发行，不过为求适合于交通之状况。如报纸发达史上所公认最初定期印刷之半年报 Relationes Semestrales 在一五八〇年发行。至一六〇九年前后，即有周报 Strassburger Blatt 发生。在半年报与周报之间，应有月报之一阶级。但不经此阶级，突然发生定期性之变化，即因每半年所开之年市，将商业及交通之中心之印刷通信，向一切方面分布。但邮政在重要之路线上，系每星期往返一次。故英国最初之周报，在一六二二年发生；荷兰在一六二六年发生；法国在一六三一年发生。且所谓手写报纸，实起源于书信，即多数驻于都会之通信人所传递，其与邮政制度相关，尤为明显。[13]但由报纸自身之性质而言，从社会学上观察之，人人立于国家政治之下，养成共同之利害关系。而此种社会生活，又因共同动作而渐趋复杂，故对于社会现象乃有统一之要求。是则报纸之定期刊行，即所谓新闻之公布，自为可能之事。此见解如非谬误，则报纸之刊行，不期而与交通之情形相一致，而定期性遂发生。舍此理由外，使定期性成为报纸之重大要素也，即社会之阅读书报习惯（reading habit）实由定期性存在之故也。

时宜性　报纸之时宜性为报纸构成之特色，此为人所尽知。如新闻之"新"，由时间之距离而起。zeitung一字，由 zeit 一字变化而来，原有当时所发现之事（Was in der Zeit geschieht）之意也。[14]由是言之，报纸以现在发生事件为内容，则时宜性之特色，固甚显明也。布润和波于其书内，在用时宜性（Zeitgemassigkeit）之处，均用现实性（Aktualitat）。但新闻之价值，不止一时间条件可以决定，且须满足读者之感觉，而引起其兴味。故现在发生之事件，在新闻价值上言，当然首屈一指。但从读者兴味上言，材料不必限于现在发生之事件。故与其谓为现实性，不如谓为时宜性，则一切广义有新闻价值之材料，均可包含于内也。

若将现实性及时宜性除去，则报纸尚有何物存在乎？故现实性之与报纸，犹维持生命之血，舍此更无他物也。今日报纸上之新闻与事件之发生，其中究有若干距离，诚一有兴味之问题，但绝不似中世纪事件与新闻，为交通所限制，完全分而为二。且事件即新闻，新闻即事件，其时期当已不远。盖因无线电与无线电话之进步无已，将使报纸之现实性，有极可惊异之发展。英国报纸协会会长唐乃尔

（Robert Donald）尝在年会席上演说报纸之将来，谓"吾人现时家中已有电灯、自来水等种种供给，不久将装置新发明类似留音机器之物，可以随时听新闻"。

故现实性与时宜性之发展，当然与各时代之交通机关并行。如驿传、轮船、铁路、电报、电话、无线电话、无线电报、飞行机等之种种进步，均极影响于报纸之新闻，此固尽人而知之矣。不过报纸之新闻，所以有现在程度之现实性，不仅赖交通机关之能力，报纸自身之努力亦未可轻视，如报馆自设电报房以求新闻之迅速是也。当一九〇三年英国修改关税会议于伯明罕（Birmingham）举行时，其地距伦敦百七十基罗米达，而殖民大臣张伯伦（G.Chamberlain）演说后，相隔只十五分钟，其词已传布于伦敦全市；此为极有名之一事。各报馆之通信网，其范围日以扩大，昔只临时装置，今且每日为新闻之搜集矣。不特此也，印刷等方面技艺上之改良，亦于现实性之发展大有贡献。此非本处所注意之事，姑存而弗论。总之，现在报纸之最大特色为现实性，则固可承认而无疑也。现实性既为报纸之最大特色，则报纸之搜集材料，对于一分一秒之迅速，努力竞争，亦系自然之趋势。因此而报纸之现实性对于社会上，其结果不能有功而无过。何以言之？所应承认为功者，为世界之缩小，将人类之种种意识及活动，在同一时间内，可以互相交换而响应。如劳韦尔（Lowell）所言，人类生活之过程，在极小极速之进化内发展，至不许有时间之停留，此均报纸之功。吾人不必乞怜于"时间之门"，可于报纸上得新观念之供给。至所应承认为过者，当分自然的与人为的二种。自然之过，为新闻之机械化。据班禄客所言，报告一事件时，吾人若直接从某人访得，必须将对方人格及自己对于该事件之见解有充分之预备，但此颇费时间与金钱，故只有将新闻照所得者报告，并不加以思索。倘吾人能取多数人之材料，加以长时间之研究，所得印象，方为有机的，若今日报纸之印象，则为无机的。⑮
人为之过，则捏造事实，今日非常流行。此为报学家所讽知。尤以美国黄色报纸为甚，几视为当然之事。报馆中常备名人之小影与署名，随时可以取用。如关于冯国璋与冯玉祥之事迹，美报常误为一人而登载之。奚罗弗（Sherover）为攻击美国资本家之报纸，计搜集之捏造新闻，竟成一厚册。⑯故两者之过，有积极与消极之殊。积极之过，当然读者不能不负一部分之责任，此乃所谓社会问题。因人类之复杂心理，而引起报纸感觉主义之发展，由现实性而趋向时宜性，即现在人类对于"最新之事""未闻之事"有异常之要求，故仅以机械方法依样供给，断不能使现在人类满足。于以知此种满足，非仅现在发生之事件所可博得，而在寻求读者之感觉，及一般心理所构成现实之状态。但现实性终为报纸之要素，不能加以轻视。且在此观念之适用范围内比较广义之时宜性，可作为吾人所要求报纸之特色也。

一般性报纸之一般性，指普通报纸之内容有一般兴味而言。此与时宜性相似，为报纸与杂志最易区别之一点。但报纸欲有一般兴味，其内容非关系于多方面不可。故萨罗门、劳韦尔与布润和波，均以内容的多方面性（Vielseitigkeit des Inhaltes）作为报纸内容之特色。其实所谓内容的多方面性，即不似杂志有专门性质。内容为一般的，则兴味亦为一般的，此为自然之结果，固不必强为分别也。且报纸之内容，如政治、经济、文艺等一般社会纪事，种类甚多，当然数量一方面须有一般兴味。同时每一纪事，其性质亦须有一般兴味也。关于此点，即如初期报纸，虽编制与今日稍有参差，而大致不甚相远。故恺撒大帝（Julius Casar）之《每日纪闻》（Daily Acts or Acta Diurna），报告每日发生之事件，包含祭祀、罗马远征军之胜利、冒险、社会或文学等多种。⑰十六世纪后半叶，在德国发行之报纸，不但欧洲及近东方面有定期之通信，且有波斯、中国、日本与美洲之通信。此外文艺批评、新书介绍、剧场纪载、商业农业市价等之经济纪事，亦均加网罗。[18] 此尤足以承认其性质之有一般兴味之一端。于是一般性与时宜性，充塞于报纸之内容；报纸之所以能独立存在，其基础在此，其所以根本巩固之原因亦在此。

报纸之内容，一般性若何重要，至今日而更明显。故政党之报纸，宗教之报纸及特殊之报纸，均不易发展。如一九一一年在芝加哥（Chicago）创刊之 Day Book，完全不载广告，致家庭之主妇，不能于此报觅得日用品之价目，因而遂于一九一六年停刊。又如一九一二年在加利福尼（California）所创刊之 Municipal News，完全送阅不取费，但因缺少电报、社论及关于政治之意见，不久亦即停刊。又如一九〇一年在刚萨司（Kansas）创刊之 Daily Capital，将星期日之宗教演说，每日在报上发表，但不久亦废。现存之宗教报纸，仅有一九〇八年在波士顿（Boston）创刊之 Christian Science Monitor，因此报与普通宗教报纸不同，关于艺术、教育、海外贸易诸方面，均极注意。又如劳动团体之报纸，由今日情形而言，似应有势力，其实不然。英国虽有劳动会员三百万人，而周刊不过四种。且此种报纸，仅准劳动党之 Daily Herald 销数稍多，然亦不能过会员全体十分之一。以上所述，虽原因甚为复杂，而各种特殊报纸，因缺乏一般性，故终于不能存在，似可承认而无疑。班禄客尝排斥资本家经营之报纸，而提倡所谓报纸自由运动，然彼亦将特殊性（particularity）作为自由报纸难以持久之一原因[19]，是以今日之报纸，吾人称为社会自身之缩影或反映者，实已不啻确定其社会作用之基础矣。

以上四者，已将报纸之公告性、定期性、时宜性、一般性构成之要素，加以简单之说明。然大都以诸家学说为根据，而不免综合上之缺点。今再从根本上讨论报纸之原质。

报纸之原质，质言之，即新闻公布之谓也。大凡事物之原质，其特色必具恒存性；尤以事物之发生，经过一切发达之过程，即在任何时代，该事物之形式上有发展之特色，方可谓之原质。否则无称原质之价值也，但一切事物，其最初所定之目的，未必完全不变，有时且发生预期以外之结果；且其作用之特色著明时，往往误认为原质之特色。不过作用之特色，并非永远不变，乃附带而生者。故恒存之特色，不能不加以承认。

报纸之原质如何，向无专门之研究。若将各种主张归纳，则多认为发表意见。此种观念之根据，以报纸为舆论之机关。吾人由报纸发达史及现在情形而言，报纸与舆论之生成有关系，确为当然之事实。不过其间不能不加以分别，即报纸与舆论生成有关系之事实，其程度如何，其意思如何，应加以研究耳。舆论为社会之意识，其成立之过程，为消极意思之潜力欤？抑为积极意思之显力欤？为二者之一欤？抑二义俱兼欤？此种详密研究，惜尚无人为之。夫上述意见之发表，若作为报纸之原质，则有积极意思之诸问题，如政治、经济、社会等一般时事，报纸以社会之眼光，用指导之意思，发表一己之意见，似可如斯解释。试以历史上事实证之，如十七世纪英国之所谓大报，在长期议会时，批评政治时事，以论说为主要材料。又如现在报馆之内部组织，有所谓以主笔为领袖之论说记者团，在编制上诚为一种事实也。但报纸之内容，由发生及发达上加以考查，则中世纪之手写报纸，仅为事实之报告，或与此相类之新闻，至积极发表意见，可谓决无。

关于时事之各种通信，由各方面搜集而来，在登载以前，不能无去取。对于一般事实，初未尝不思用客观态度；但至最后，依然入于主观态度。且报纸既已成为商业化，因上述编辑上之便利，记者之主观化，亦系当然之结果。同时报纸不断地处置此种通信，有特别之权能，使报纸对于时事问题，有先觉者或专门家之优越地位。此种现象，使报纸不仅报告事实，对于重要问题，且独立加以评论，且其评论乃以个人之丰富知识为根据，有时可以超越普通仅由事实观察者之意见，甚且超越一报纸之意见因而成为一般公众之意见，是即谓之舆论。此种可能性，适为社会所要求；其最显明可见者，乃十七世纪英国报纸之特色也。

报纸之此种特色，从一般事物之发展过程上观之，日久渐成规律。在法国大革命时代，报纸积极活动，方有所谓舆论之建议（initiative）。今日之报纸，一方受资本家之蹂躏，一方因平民教育之普及，此种荣誉，渐次减色而日趋退化。不过从报纸之全体言，此种评论之重要，依然存在，其特色终不变也。

由上所述，从报纸发达史上研究，发表意见，决非报纸原质之特色，乃附带而生者也。若统观公告性、定期性、时宜性、一般性之特色，即可知前二者为报纸外观方面之特色，后二者为报纸内容方面之特色，即报纸具体成立之特色，及从外观的及内容的两种特色而成。若外观上或内容上之特色而缺少其一，则报纸之形体不完；形体不完，当然无原质之可言。故吾人不可不脚踏实地，从报纸外观与内容之形体上而求其特色也。

外观的原质　吾人研究报纸外观之特色时，究竟公告性与定期性二者之间，何者为原质，何者为根本？夫所谓定期性，在报纸形体成立上，关系颇重。但定期性之存在，常受交通机关及其他情形之影响，不能作为原质，至于公告性，只须社会存在一日，彼亦存在一日也。且初期报纸，当造成报纸形体之时，即手写报纸，由私人书信蜕化而来，不过将有公告性之客观内容，搜集而描写之。故由此种事实加以观察，公告性乃报纸不可缺之要素，固甚明显也。

且古代报纸之发行，常在公众最易知之地方，与公众最密集之时季，更可证明公告性为报纸之原质。即在今日，报纸之公告性，依然为其重要之特色也。不过报纸外观之原质的公告性，渐由消极的性质而成为积极的性质，在今日社会上，占广告的动力（advertising factor）之重要地位；一方面从单纯性质的公告而带宣传色彩，一方面报纸之内容上加入附属事项，是即所谓广告栏是也。

内容的原质　时宜性与一般性，二者孰为重要？若纯从价值上判断，当然别有见解。若以新闻内容为目的而限定其范围，则二者不应分离讨论。如普通私人通信可以缺少时宜性及一般性，若其通信而作为报纸上材料之时，即不能成立。据向来报学家所言，均以时宜性为新闻内容之楔子，即报纸自身之生命。不过此种见解，乃从常识上着想，若用科学眼光研究，吾人与报纸上之新闻接触之时，其知新闻之时宜性必较一般性为早。因时宜性仅由个人之认识而即可知，至一般性之认识，却间接有待于社会。而社会之意识，常隐匿而不易见也。故从主观之认识作用上，使一般性之承认，比较陷于不利，而从客观上研究，一般性依然为新闻内容不可缺少之要素。即所谓公告性之报纸外观的原质，对于新闻内容，必须加入如何之限制乎？即如何性质之内容，方与公告性之外观相配乎？知此，则一般性在内容上之特色，可了然矣。

总之，时宜性与一般性，二者不能分离而存在，且互相维系而成报纸之特殊形体，故不能不以此特殊形体之自身，作为报纸内容之原质。此特殊形体，可名之曰新闻，即新闻为报纸内容之原质。因此为报纸自身问题，虽作新闻的问题观，亦无不可。

新闻（news）果为何物？此一极有兴味之问题也。美国各大学自设立报学科以来，对于新闻之科学研究，方开其端。其中较得要领者，以布乃雅（Bleyer）、哈润登（Harrington）与弗润开宝

（Frankemberg）为最。据布乃雅所绍介者，计有十种之多。[20]各种研究之中，其简而赅者，如（一）新闻者，读者所欲知之事物也；（二）新闻者，使人人引起兴味之发生事件也；稍加详细之解释，如（三）新闻者，对于读者引起兴味与影响之事件发见意见等正确而得时之报告也；（四）新闻者，有人类之兴味，与人类生活上及幸福上能发生影响之一切事件及观念等相关之原质的事实也。上述四者之中，（一）与（二）说明过于简单，颇难得明确之概念。但于人类所欲知及引起兴味之事物云云，已有一种暗示。至于（三）（四）将上述暗示充分表明，即（三）所谓正确而得时之报告，表明何种事项以何种性质状态使读者引起兴味。（四）说明对于人类生活之影响，以表示其性质，但遗其状态之所谓得时之条件；此虽为其所短，但与（三）之报告云云相反，主张原质的事实而研究新闻之题目如何，此点极可注意。总之，此四者均暗示新闻应以何种性质而规定。于是可知新闻之性质，不可不令一般人引起兴味，不可不得时，此二条件极为易知。是即布乃雅所谓新闻者，使多数之人有兴味而得时之一切事物也。使多数之人有兴味云云，是即所谓一般性之意；所谓得时云云，是即所谓时宜性之意。所谓时宜性，即新的、现在的、得时的一切条件，若均能包括，方可谓为完全。但如布乃雅之定义，对于报纸之形体如何，似未注意。由上述四者之见解，或云发生之事件，或云发生之事件及发见、意见等诸事项之报告，或更云此等事件之原质的事实，已有追求明确观念之倾向。关于新闻之形体之见解则有三：（一）主张为发生事件之自身；（二）主张为发生事件之报告；（三）不云发生事件，不云其报告，直接主张为时宜性及一般性之自身。（一）与（二）根本为同一旨趣，但若求适合于报纸内容所限定之标准，则（二）较（一）之见解为适当。但若以（一）与（二）为同一旨趣，根据布乃雅之见解而推阐之，则易陷于谬误，以为发生事件之自身（即固定事物）即为新闻。所以取此见解者，由新闻之具体的事项以求新闻与否之甄别，此于实际上虽若便宜，但于报学之处置上，有散漫而不明显之憾。由科学的眼光以决定新闻之形体者，即为（三）之见解，即哈润登与弗润开宝之性质说（Quality Theory）。由此见解而言，性质与具体的事实乃同一体，其结果可以避免谬误，不致以新闻事实之自身为新闻与否之区别，只须包含上述性质之事实，均可作为新闻，而广告一物为新闻与否之问题，亦即易于解决。盖新闻既作为一般抽象的性质而加以承认，同时又将新闻作为一种具体的特别性质带有所谓报纸之背景。详言之，即报纸内容之一般发生事件，当然含有时宜性及一般性。此二者非对立而存在，乃以联合而互相维系之状态，作为新闻之要件。新闻既为一种性质，故由感觉力而采取以后，其时乃发生主观的外形。例如有"红"之性质，对于生理构造不同之二人，不能成为同一之"红"的感觉。所以新闻之价值，若求范围广泛，则不能不对多数之人即有主观的多数之人使之发生兴味。

大凡一种事物之存在，必有外观与内容之二者。若加以分析，则外观常确定，内容时有改变，故观察报纸之原质，其外观之公告性毫不变更，只其内容之新闻有变更。即在公告性形式的限制之下，新闻之变化，使原质亦起变化。由此一种变化，在报纸发达之过程中，造成种种形式之变化，即所谓内容的新闻之变化，不外求适合于社会而已。当然，新闻之变化并无原型消灭之意，仅其外貌改变耳。总之，报纸之变态，无非对于各特别事情求其适合，因而造成种种报纸。今日之日刊报纸，殊可称为过去各种报纸形式之结晶。若细加观察，除少数之论说、小说、学术论文、杂记及广告以外，其他各种纪事，决非纯粹的新闻之原型，毫不加以雕琢，即因新闻对于社会有一种顺应性也。且新闻之变型，为要求适合于公告性的形式，故在一定范围以内，受有限制，而决非无限制。即因新闻之一般性，乃公告性之里子。若用社会学之眼光，解释公告性之意义，所谓公告性者，即对于多数民众或者至少对于某特别关系范围，用认识行为，借交通之媒介，如言语文字之类，行价值的决定及意志决定之精神公开是也。所谓新闻之一般性，虽受主观的限制，然既为社会之认识行为价值决定及意志决定，承认由特别的多数人而代表，故即得作为一般的而加以公告。

由此观之，公告性之一物，可以解释为由新闻一般性之特色而来。故报纸之原质，直可谓为新闻。若用科学眼光，欲使报纸之研究，能概括而明确，则上述之分析方法，似较适当。此处所以举出新闻之公告性，而不仅言新闻，其原因在此。毕修谓"报纸乃新闻公布之方法"犹是意也。

以上所述，颇取日人藤原勘治之说，对于报纸原质之研究，用概括的态度，可谓推求尽力。但既以社会学的眼光，注意报纸之社会作用方面，姑且假定如此，不能谓已无讨论之余地也。

注释

① Given: Making a Newspaper, p.4.

② Bücher: Die Entstehung der Volkwirtschaft.

③ Belloc: The Free Press, p.4.

④ 建部：《教政学》第一一九九页。

⑤ Salomon: Allgemeine Geschichte des Zeitungswesens, S.i.

⑥ Brunhuber: Das Moderne Zeitungswesens, S.15.

⑦ Jone: Fleet Street and Downing Street, p.10.

⑧ Bücher: Die Entstehung der Volkwirtschaft.

⑨ Brunhuber: Das Moderne Zeitungswesens, S.23.

⑩ Salomon: Allgemeine Geschichte des Zeitungswesens.

⑪ Lee: History of American Journalism.

⑫ 朝仓：《日本新闻史》。

⑬ Bücher: Die Entstehung der Volkswirtschaft.

⑭ Bücher: Die Entstehung der Volkswirtschaft.

⑮ Belloc: The Free Press, p.96.

⑯ Sherover: Fakes in American Journalism.

⑰ Salomon: Allgemeine Geschichte des Zeitungswesens.

⑱ Bücher: Die Entstehung der Volkswirtschaft.

⑲ Belloc: The Free Press, p.60.

⑳ Bleyer: Newspaper Writing and Editing.

Harrington and Frankemberg: Essentials of Journalism.

Schäffle: Bau und Leben des Sozialeu Körpers.

第三节　本书编辑之方法

报纸之定义既明，吾因进而一述本书编辑之方法。

凡稍研究报纸之共通历史者，必知有所谓口头报纸（spoken news-paper）、手写报纸、木版印刷报纸与活版印刷报纸之四类。我国报纸之进化，当然亦循此阶级。惟口头报纸，颇不易得明确之材料，吾故存而勿论。

我国报纸为便利研究计，可分四时期如下：

第一，官报独占时期自汉唐以迄清末，以邸报为中心。在此时期内，因全国统于一尊，言禁綦严，无人民论政之机会，清末虽有外报民报甚多，但为时极短，故称之为独占时期。

第二，外报创始时期自基督教新教东来，米怜（William Milne）创《察世俗每月统纪传》，其内容有言论，有新闻之纪载，是为我国有现代报纸之始，故称之为创始时期。在此时期内，报纸之目的，有传教与经商之殊，其文字有华文与外国文之别，吾为便利计，并一述外报今日在我国之状况。

第三，民报勃兴时期我国人民所办之报纸，在同治末已有之，特当时只视为商业之一种，姑试为之，固无明显之主张也。其形式既不脱外报窠臼，其发行亦多假名外人。迨中日战争之后，强学会之《中外纪闻》出，始闻人民论政之端。此后上海、香港与日本，乃成民报产生之三大区域。其性质又有君宪、民主、国粹及迎合时好之多种，故称之为勃兴时期；而辛亥革命之成功，实基于此。

第四，报纸营业时期民国成立以后，党争岁不绝书，凡不欲牵入政治漩涡之报纸，遂渐趋向于营业方面。物质上之改良日有进步，商业色彩大见浓厚，故谓之为营业时期。分民国以后之报纸及报界之现状二节详述之。夫自常理言之，报馆经济不独立，则言论罕难公而无私。但近观此种商业化之报纸则不然，依违两可，毫无生气，其指导舆论之精神，殆浸失矣。

第二章　官报独占时期

世之尊报纸者，常以之比附《春秋》，盖根据王安石《断烂朝报》之一语也。①按《说文》有釟字，读与记同②，与后世记者之职为近。迊从丌，其义为荐陈，犹今言报也；迊从辵，其义为行走，犹今言访也。孟子云："《诗》亡而后《春秋》作"，迊之所采为《诗》，迊之所记亦即为《春秋》。《左传》引《夏书》曰，"遒人以木铎徇于路，官师相规，工执艺事以谏，正月孟春，于是乎有之"。刘歆《与扬雄书》曰，"三代周秦轩车使者，遒人使者，以岁八月巡路，宋代语童谣歌戏"。知迊之为职，于春秋二季，出而采风问俗，故归而记之，即谓之《春秋》。鲁史曰《春秋》，然《春秋》不必为鲁史。《墨子》书言："杜伯之鬼，射杀周宣王，周人从者莫不见，远者莫不闻，著在周之《春秋》；庄子仪之鬼，荷朱杖击燕简公，燕人从者莫不见，远者莫不闻，著在燕之《春秋》；袾子稿祴观辜，殪之坛上，宋人从者莫不见，远者莫不闻，著在宋之《春秋》；羊触中里徼，殪之盟所，齐人从者莫不见，远者莫不闻，著在齐之《春秋》。"凡此所谓《春秋》，均与后世报纸之性质为近。此王氏之说之所由来也。

虽然，自狭义言之，《春秋》纪已往之事，仅为一种良史，似不能即谓之报。故本书之言官报，仍自邸报始。至《春秋》以严谨之笔，定大公之予夺，故"《春秋》作而乱臣贼子惧"，乃后世报纸纪事之极则。吾人时遭丧乱，痛舆论之萎靡无方而愈为向往不置耳。

邸报始于汉唐，亦称杂报、朝报、条报；其源盖出于起居注、月表、月历、时政记之类。③历代因之。清初改名《京报》，亦称《塘报》《驿报》；此外又有《宫门抄》《辕门抄》《谕折汇存》之类。所纪无非皇室动静、官吏升降与寻常谕折而已。清末预备立宪，由政府刊行《政治官报》，后改名《内阁官报》，各省亦各有官报。民国成立，又改名《政府公报》，各省亦改名《公报》。至是，官报遂成为国家之制度矣。

欧美报纸之滥觞，亦为官报。西历纪元前六年，罗马凯萨大帝所刊之《每日纪闻》乃共和政府之公报，以战事为主要材料，选举之胜负次之，宗教之仪式等又次之。由政府颁发于各地军队，或揭诸政厅之壁，与我国邸报之性质极相似也。

唐宋置起居郎及起居舍人，分掌其职，明初设起居注，后裁革，属翰林院。清曰起居注官，以翰林兼之。

月表，列表记每月之大事也。《史记》有《秦楚之际月表》。

月历，记一月中所行政事之书也。《后汉书》："每月朔旦，太史上其月历，有司侍郎尚书见读其令，奉行其政。"

时政记：唐时朝廷有政事及奏对，由宰相撰录者，谓之时政记。唐初每日朝退，太宗与宰相每日参议政事，即令起居郎一人执简记录，故贞观注记政事极详。高宗命宰相一人专司撰录，每日分送史馆。穆宗时，则岁终付史馆。文宗时分委中书门下丞二人随时撰录，每季送馆，则不必宰相自撰矣。因每日记载，亦谓之日历。

第一节　邸报名称之由来

邸，《说文》"属国舍也"。《汉书》注："郡国朝宿之舍，在京师者率名邸。邸，至也；言所归至也。"《史记·封禅书》："方士多言古帝王有都甘泉者，其后天子又朝诸侯甘泉，甘泉作诸侯邸。"则邸之制度，由来旧矣。邸中传抄一切诏令章奏以报于诸侯，谓之"邸报"。犹今日传达消息之各省驻京代表办事处也。

注释

①《海陵集跋先君讲〈春秋〉序后》云："初王荆公欲释《春秋》以行天下，而莘老之书已出，一见而有愻心，自知不复能出其右，遂诋圣经而废之，曰此断烂朝报也。"

②《说文》五篇上第二十二页。

③起居注，官名，即周左右史之职；动则左史书之，言则右史书之。汉时起居注，本宫中女史任之。魏晋有职无官，后魏始置起居令史。唐宋置起居郎及起居舍人，分掌其职，明初设起居注，后裁革，属翰林院。清曰起居注官，以翰林兼之。

月表，列表记每月之大事也。《史记》有《秦楚之际月表》。

月历，记一月中所行政事之书也。《后汉书》："每月朔旦，太史上其月历，有司侍郎尚书见读其令，奉行其政。"

时政记：唐时朝廷有政事及奏对，由宰相撰录者，谓之时政记。唐初每日朝退，太宗与宰相每日参议政事，即令起居郎一人执简记录，故贞观注记政事极详。高宗命宰相一人专司撰录，每日分送史馆。穆宗时，则岁终付史馆。文宗时分委中书门下丞二人随时撰录，每季送馆，则不必宰相自撰矣。因每日记载，亦谓之日历。

第二节　汉有邸报乎

《西汉会要》："大鸿胪属官有郡邸长丞。"注："主诸郡之邸在京师者也。按郡国皆有邸。所以通奏报，待朝宿也。"[①]通奏报云者，传达君臣间消息之谓，即邸报之所由起也。

秦筑驰道，汉收其利而定驿制[②]。书写之具，竹帛之外，又有纸之发明，其用亦日备。当时西域既通，夷越朝鲜既平，疆宇大拓，商业大兴。君主固极留心边事，而诸侯之心怀叵测者，又极注意皇室动静，则传递消息之方法，因政治上之需要与交通书写之便利，自宜较前代为进步也。

昭帝时，燕王旦遣人告霍光谋反。光惧，不敢见帝。帝召之，光免冠谢罪。帝曰："将军冠！此事朕知其诬也。不然，更调羽林，事方八日，燕王何由知之，已使告变矣？"夫更调羽林事，与燕无涉，帝既不诏谕燕知，群臣亦断不敢以朝事私告外藩，亲王亦断无仅据民间传闻即告大臣谋反之理。帝所谓燕王何由知之者，意或彼时已有邸报传知朝政之事，特史书未明言之耳。

注释

① 《西汉会要》第六十六卷第十二页。

② 汉制每三十里置驿，有驿马，亦称驿骑。驿各有传，传置车称曰传车。旋又改置马，称曰传马。传车有一乘传、四乘传、六乘传、七乘传之称，以其数之多寡别之。又有置传、驰传、乘传诸称，则以传马之良否别之。置传谓四马之高足者，驰传谓四马之中足者，乘传谓四马之下足者。驿传而外，有步传，或称邮，亦称驲。驿马、传马、步传等，皆以供公家之用，非公事不用。又承秦制，十里置亭，有亭长。武帝元光六年，始于南夷置

邮亭，此外所置诸亭皆秦置。迨武帝通西域，自敦煌临泽之间皆置亭。后汉时，亦常有亭传邮驿之制，或通未开之地，置亭传，皆凿山而设邮驿，以利交通焉。

第三节　邸报见于集部之始

"邸报"二字之见于集部者，自唐始。《全唐诗话》："韩翃久家居。一日，夜将半，客叩门急，贺曰：'员外除驾部郎中知制诰。'翃愕然曰：'误矣！'客曰：'邸报，制诰阙人，中书两进君名；不从，又请之。'"①按此为唐德宗初年事，民国前一千一百三十年也。唐之藩镇皆置邸京师，以大将主之，谓之"上都邸务留后使"，后改为"上都知进奏院官"，以传达文报。据《西京城坊考》载，崇仁坊有东都、河南、商汝、汴、淄、青、淮南、兖州、太原、幽州、冀州、丰州、沧州、天德、荆南、宣歙、江西、福建、广桂、安南、邕州、黔南进奏院。此均邸报之所自出也。按隋唐皆都于西北，而财赋则仰给于东南，故开运河以通南北，开广运渠以通长安，修榆林御道以通塞外，修大庾岭道路以通粤东。唐又更定驿制。②迟速有定程，运价有定数。于是京师与各道，交通便利，消息灵通，无隔阂之病。吾国文化之统一，实利赖之。而报纸在政治上之地位，亦由是确立矣。

注释

① 《全唐诗话》第三卷第十五页。

② 唐制，每三十里置驿，若其地险阻，置驿尤多。天下陆驿凡

一千二百九十七,水驿凡二百有六十,兼水陆者凡八十六。驿有驿长,有驿马。都亭置驿马凡七十五匹;诸道一等驿置六十匹,二等驿置四十五匹,三等驿置三十匹,四等驿置十八匹,五等驿置十二匹,六等驿置八匹,皆供公用。凡乘驿者,必先领券,在京由门下省给发,在外由诸军州给发。其行程约以日行十驿为率。至颁行赦急等须紧速者,日行五百里。水驿冲繁者,每驿置舟四,每舟给丁三人,其下置三舟二舟不等。凡重舟溯河而行者,限日行三十里,溯江者四十里,余水四十五里。空舟溯河者,限日行四十里,溯江者五十里,余水六十里。其顺流而下者,无轻重之别,溯河者限日行百五十里,溯江者百里,余七十里。运价平地驴驮每百斤行百里一百文,山阪处,百二十文;车载千斤九百文;江河,上水十六文,下六文;余水,上十五文,下七文。

第四节　唐代邸报之一斑

《经纬集·杂著类》,有读《开元杂报》文:"樵曩于襄汉间,得数十幅书,系日条事,不立首末。其略曰:某日皇帝亲耕藉田,行九推礼。某日百僚行大射礼于安福楼南。某日诸蕃君长请扈从封禅,某日皇帝自东封还,赏赐有差。某日宣政门宰相与百僚廷争十刻罢。如此,凡数十百条。樵当时未知何等书,徒以为朝廷近所行事。有自长安来者,出其书示之。则曰:吾居长安中,新天子嗣国及穷庑自溃,则见行南郊礼,安有藉田事乎?况九推非天子礼耶?又尝入太学,见丛甓负土而起若堂皇者,就视若石刻,乃射堂旧址,则射礼废已久矣,国家安能行大射礼耶?自关以东,水不败田,则旱败苗，百姓入常赋不足，至有卖子为豪家役者。吾尝背华走洛，遇西戍还兵千人，悬给一食，力屈不支。国家安能东封？从官禁兵安能仰给耶？北虏惊啮边甿，势不可控，宰相驰出责战，尚未报功。况西关复惊于西戎，安有鼠从事耶？武皇帝以御史窃议宰相事，望岭南走者四人，至今卿士舌龇相戒。况宰相陈奏于仗乎？安有廷奏诤事耶？语未及终，有知书者自外来，曰：此皆开元政事，盖当时条布于外者。樵后得《开元录》验之，条条可复云。然尚以为前朝所行不当尽为坠典。及来长安，日见条报朝廷事者，徒曰今日除某官，明日授某官，今日幸于某，明日畋于某，诚不类数十幅书。樵恨生不为太平男子，及睹开元中事，如奋臂出其间，因取其书帛而漫志其末。"[1]唐代文人，孙可之为巨擘，昌黎门下，首推斯人。是篇慨谈时事，挟声泪以俱下，有类今日报端之社论。吾国之从报纸以观政局者，当以孙氏为最早矣。据《中国雕版源流考》载："近有江陵杨氏藏《开元杂报》七叶，云是唐人雕本。叶十三行，每行十五字，字大如钱。有边线界栏，而无中缝，犹唐人写本款式，作蝴蝶装。是影漫漶，不甚可辨。"[2]唐代邸报之内容与外观，读此可见一斑。按雕版肇自隋时，唐刻留世绝少。只我国之《开元杂报》与日本之《陀罗尼经》二本耳。此不仅为版本家所重视，在报界尤为奇珍。余虽勤加访求，但尚未能一见之也。

注释

[1]《经纬集》第三卷第九页。

[2]《中国雕版源流考》第二页。

第五节　宋代邸报之一斑

宋本《王荆公文诗》，有《读镇南邸报》篇，李壁注云："仁宗庆历三年三月，吕夷简罢相，上遂欲更天下弊事，增谏官员，以王素、欧阳修、余靖为之；又除蔡襄知谏院，风采倾天下。四月甲辰，韩琦、范仲淹，并自陕西召为枢密副使。乙巳，罢夏竦，令赴忠武本镇，以杜衍代之。富范韩杜同居政府。公诗谓癸未岁四月作，即此时也。"①《汪文定集·与朱元晦书》："见报有旨引见而未报登对之日。窃计诚心正论，从容献纳，所以开寤上意者多矣。"又《与李运使书》："垦田之议，顷于邸报中见之，颇讶其首尾不贯串；今得见全文，甚幸！"②读此可知宋代邸报略而不详，然而欲知朝政，又舍此莫由也。

宋因唐制，各州镇亦设进奏院于京师，始由州镇补人为进奏官。太宗始简充进奏官，以京朝官及三班使臣监之。熙宁四年诏应朝廷擢用才能赏功罚罪，事可惩劝者，中书检正枢密院检详官，月以事状录付院，誊报天下。元祐初罢之。绍圣元年，诏如熙宁旧条。靖康元年三月，诏诸监司帅守文字应边防机密急切事，许进奏院直赴通进司投进。旧制，通进司掌受银台司所领天下章奏案牍，及阁门在臣百司奏牍，文武近臣奏疏以进御，然后颁布于外。银台司掌受天下奏状案牍，抄录其目进御，发付勾检，纠其违失而稽其淹缓。发敕司掌受中书枢密院宣敕著籍以颁下之。此乃当时中央与各道传递文报之大概，因交通与印刷之进步，较唐代为周至。③且朝事公布，见之诏令，是邸报之发行，俨若国家之制度矣。通政使曾改名承进司，后世有称报馆记者为大通政者，盖本此。

注释

① 《王荆公文诗》第二十五卷第五页。

② 《文定集》第十五卷第三页,第十六页。

③ 宋代交通之机关,大别为四:一曰步递,二曰马递,三曰急脚递,四曰水运。步递即汉之步传,马递即汉唐之驿马,急脚递乃军事所用者,而其最发达者为水运。乾德间诸路置转运使掌之。京畿及江淮等枢要之地,有发运使。皇祐中,诸路所置发运使尤多。印刷参看第六章第六节。

第六节　邸报见于史册之始

《宋史·刘奉世传》:"熙宁三年,初置枢密院。诸房检详文字,以太子中允居吏房。先是进奏院每五日具定本报伏上枢密院,然后传之四方。而邸吏辄先期报下,或矫为家书以入邮置。奉世乞革定本,去实封,但以通函眷报,从之。"① 《吕溱传》:"侬智高寇岭南,诏奏邸毋得辄报。溱言一方有警,使诸道闻之,共得为备。今欲人不知,此意何也?"② 《曹辅传》:"政和后,帝多微行,乘小轿子,数内臣导从。置行幸局,局中以帝出日,谓之有排当。次日未还,则传旨称疮痍,不坐朝。始民间犹未知,及蔡京谢表,有轻车小辇,七赐临幸语,自是邸报闻四方。"③ 刘氏之言,所以矫偷传之弊;吕氏之言,则以边氛不靖,何可耸聩国民,亦隐有以戢饰败之非;曹氏之言,可知事虽微细,苟据实直书,亦足使在上者有所儆戒。总之,在君主专制之下,敢为斯言,是无异为报纸扩张势力也。

注释

① 《宋史》第三百十九卷第十页。
② 《宋史》第三百二十卷第三页。
③ 《宋史》第三百五十二卷第八页。

第七节　小报与新闻

宋时，邸报最为流行，如杨万里致周必大函："近读邸报，得感事诗。"《东坡集》"坐观邸报谈迂叟，闲说滁山忆醉翁"，则更以之入诗矣。兹择有关报纸之自身者录之，以见当时风气。《海陵集·论禁小报》："方陛下颁诏旨，布命令，雷厉风飞之时，不无小人诪张之说，眩惑众听。如前日所谓召用旧臣，浮言胥动，莫知从来。臣尝究其然矣，此皆私得之小报。小报者，出于进奏院，盖邸吏辈为之也。比年事有疑似，中外不知，邸吏必竞以小纸书之，飞报远近，谓之小报。如曰，'今日某人被召，某人罢去，某人迁除'。往往以虚为实，以无为有。朝士闻之，则曰：'已有小报矣！'州郡间得之，则曰：'小报到矣！'他日验之，其说或然或不然。使其然耶，则事涉不密；其不然耶，则何以取信？此于害治，虽若甚微，其实不可不察。臣愚欲望陛下深诏有司，严立罪赏，痛行禁止。使朝廷命令，可得而闻，不可得而测；可得而信，不可得而诈。则国体尊而民听一。"①《朝野类要》："边报，系沿边州郡，列日具干事人探报平安事宜，实封申尚书省枢密院。朝报，日出事宜也，每日门下后省编定请给事判报，方行下都进奏院，报行天下。其有所谓内探、省探、衙探之类，皆衷私小报，率有漏泄之禁，故隐而号之曰新闻。"② 读此，则小报与新闻二名词，在宋时盖已有之矣。

注释

① 《海陵集》第四卷第二页。
② 《朝野类要》第四卷第六七页。

第八节　元初之邸报

《癸辛杂识续集》："浙之东，言语黄王不辨，自昔而然。王克仁居越，荣邸近属也。所居尝独毁于火，于是乡人呼为'王火烧'。同时有黄琯者，亦越人，尝为评事。忽遭台评，云其积恶以遭天谴，至于独焚其家，乡人有'黄火烧'之号。盖误以王为黄耳。邸报既行，而评事之邻有李应麟者为维扬幕，一见大惊，知有被火之事，亟告假而归。制史李应山怜之，馈以官楮二万。及归，则家无患，乃知为误耳。"① 读此，可知邸报所载不必尽为官事；社会消息，亦录入焉。说者谓此乃供行旅阅览者也。

注释

① 《癸辛杂识续集》第三十七页。

第九节　禁止传报之无益

明因宋制，设通政司，掌受内外章奏；置驿传，掌交通行政。[①]通政司等官，为把持朝政者所必争。故严嵩当道，即以位置其私党赵文华，盖欲豫知一切而上下其手也。《皇明典故纪闻》："故事，章奏既得旨，诸司抄出奉行，亦互相传报，使知朝政。自成化时汪直用事，其党千户吴绶，以为泄漏机密，请禁之。奸人恐不便己私，遂往往禁诸传报者，然卒未有不传，亦可笑矣。"此与今日军人之检查邮电实无以异！

注释

[①] 明制，置驿传，掌交通行政。在京曰会同馆，在外曰马驿、水驿、递运所。又十五里置急递铺。马驿分三等：上等置马八十匹，次六十匹，又次三十匹。其非冲要者，驿马二十匹、十匹、五匹不等。驿马有自备者，有官给者，为马夫者，免赋役。水驿亦分数等，置驿船二十艘、十五艘、十艘不等；其支路置七艘、五艘不等。每船备水夫十名，以供驾使之用。急递铺每铺置铺司一人，铺兵四人。凡充铺司铺兵者，均免差役。

第十节　邸报用活字之始

书籍之以活字排印者，在宋时已有之。如《天禄琳琅》："宋本《毛诗·唐风》内，'自'字横置，可证其为活字板。"至报纸之以活板排印，则自明崇祯时始。顾亭林《与公肃甥书》："窃意此番纂述，止可以邸报为本，粗具草藁，以待后人；如刘昫之《旧唐书》是也。忆昔时邸报，至崇祯十一年方有活板；自此以前，并是写本。而中秘所收，乃出涿州之献，岂无意为增损者乎？访问士大夫家，有当时旧钞，以俸薪别购一部，择其大关目处，略一对勘，便可知矣。"[①]《书隐丛说》："印板之盛，莫盛于今矣。吾苏特工，其江宁本多不甚工。比有用活字板者。宋毕昇为活字板，用胶泥烧成。今用木刻字，设一格于桌，取活字配定。印出，则搅和之，复配他页。大略生字少刻，而熟字多刻，以便配用。余家有活板《苏斜川集》十卷，惟字大小不划一耳。近日邸报，往往用活板配印，以便屡印屡换，乃出于不得已。即有讹谬，可以情恕也。"[②] 报纸而用手写，其费时可知；一旦改用活版，其出数可以随意增加。则当时阅报者，亦势必因之日众。故改用活字，于报纸之发达，极有关系也。

注释

① 《亭林文集》第三卷第十五页。
② 《书隐丛说》第十三卷第十二页。

第十一节 《京报》

清因明制，设内阁以总揽机要。《通考》："大学士掌赞理庶政，奉宣纶音。内外诸司题疏到阁，票拟进呈，得报转下六科，抄发各部施行，以别本绿旨送皇史宬。"又《会典》："每日钦奉上谕，由军机处承旨，其应发抄者，皆下于阁。内外陈奏事件，有折奏，有题本。折奏或奉朱旨谕旨，或由军机处拟写随旨；题本或票拟钦定，或奉旨改签。下阁后，谕旨及奏折，则传知各衙门抄录遵行；题本则发科由六科传抄。"朝廷消息之传布，其手续大略如此。

据北京报房中人言，清初有南纸铺名荣禄堂者，因与内府有关系，得印《搢绅录》及《京报》发售。时有山东登属之人，负贩于西北各省，携之而往，销行颇易。此辈见有利可图，乃在正阳门外设立报房，发行《京报》，其性质犹南方之信局也。

《京报》所载，首宫门抄，次上谕，又次奏折，皆每日内阁所发抄者也。以竹纸或毛太纸印之，多者十余页，少者五六页；以黄色纸为面；长约六寸，宽约三寸。光绪间，又有《谕折汇存》，其材料即积数日之《京报》而成者。盖杂志式之《官报》，与《京报》并行而不悖也。

《京报》以活体木字排印，常漶漫不可读；各报房所出，其内容亦不尽同。盖内阁发抄之文件甚多，又往往有一件长至万余字者，而《京报》之篇幅则有限，不能毕登，有此有而彼无者，有此无而彼有者，斯时尚系手印，虽可另制泥板，然出数究不能多也。

《京报》每日发行，每册取费十文。若在京师，则另有《宫门抄》送阅，每月取费二百文。每日下午，阁抄既出，有老于刻字者，不必书写，随可刻于一种石膏类之泥板上。此板质柔易受刀，俗称"豆腐干儿板"，以火微烙之，则立坚。用煤屑和水印之，故墨色甚黯淡。此中又分详略两种：略者于黄昏时即可送出，详者须夜午，犹今日之晚报也。铅印既行，遂改由北洋、京华两书局印售。且当时南方报纸，均以转载《京报》为唯一材料。迨京中报纸发生，所载亦无非《京报》材料。报房所出之《京报》，至是遂日归淘汰矣。

第十二节　传抄伪稿案

清乾隆十五年七月，抚州卫千总卢鲁生，虑及办差赔累，希图停止巡幸，乃商同南昌卫守备刘时达捏造奏稿，有五不解十大过名目。因尚书孙嘉淦敢上条陈，即借其名，交各提塘传抄，印入《京报》。十六年七月，由云贵总督硕色发觉奏闻。当谕令直隶、山东、河南、山西、湖北、湖南、贵州督抚，密访严拿，可想见当时传播之广。中间因各省畏事，任意周内，无辜去官受刑者，不知凡几。直至乾隆十八年二月，始行破案。判卢鲁生凌迟处死，其子锡龄、锡荣及刘时达俱斩监候。凡办理不力之官吏，或夺职，或交部议处。诚清初一大文字狱也！兹将重要谕旨，摘录如下[①]：

乾隆十六年八月谕军机大臣等："据云贵总督硕色折奏：本年七月初一日接古州镇总兵宋爱密禀内称：六月二十二日据驻安顺府提塘吴士周呈禀内，另有密禀一纸，词殊不经。查系本月初八日，有赴滇过普之客人，钞录传播。见即著落提塘吴士周跟追。阅密禀所钞传播之词，竟系假托廷臣名目，胆肆讪谤，甚至捏造朱批。种种妄诞，不一而足。显系大恶逆徒，逞其狂悖，不法已极等语。著传谕步军统领舒赫德、直隶总督方观承、河南巡抚鄂容安、山东巡抚准泰、山西巡抚阿思哈、湖北巡抚恒文、湖南巡抚杨锡绂、贵州巡抚开泰，令其选派贤员，密加缉访。一有踪迹，即行严拿，奏闻请旨，勿令党羽得有漏网。务须密之又密，不可稍有张扬泄漏。"

乾隆十七年二月谕军机大臣等："浙省传钞伪稿案内仇英供，系提督内衙传出，应将吴进义家人究明来历。今据吴进义前后具折奏辩，以承审官逼令画供，已成冤狱，请特派大臣审讯等语。伪撰逆稿，本出情理之外。在吴进义身受厚恩，若谓此稿竟出伊手，朕可保其必无是事。但伊本属武人,年已衰老,交移案件,岂能一一过目。或由提塘以新闻禀报,吴进义不加检点,自有应得之咎。若并此俱欲洗刷净尽,转非实在情形。若谓喀尔吉善与之不协,亦何必借此大案,授意问官,株连文致?且平日亦未见其有不协之处,何值特派大臣赴审,骇人听闻?朕看来,吴进义不过如此。是以从前降旨,止以年老解任,不因关涉伪稿,即行革职治罪也。著喀尔吉善将此旨传谕吴进义知之。若有别情,亦令喀尔吉善据实直奏,不可回护。"

乾隆十八年正月谕军机大臣等:"据鄂容安奏,查审传钞伪稿之卢鲁生一案,系南昌卫守备刘时达给与。随提讯刘时达,据供,十五年七月,伊子刘守朴前任浙江金华县典史时,在家书内封寄。并供刘守朴业已告病,回广东原籍等语。看来此案传稿年月,较他案为最早,似于根株渐近。所有供出之刘守朴或系闻风畏罪,先期托病潜回,亦未可定。刘守朴前在金华,既传此稿,则金华地方必有伪稿踪迹。必得干员前往访办,庶能得其根柢。著将供单钞寄庄有恭、雅尔哈善,令其即派承办此案之周承勃、钱度速往该处,密行确加访查办理。应拿问者即著拿问,令其从权行事。并将刘守朴从前在浙系于何时告病回籍,及是否实系患病或系捏词,该地方有无伪稿传播之处,一并详悉体访。务须得其确据,不可稍有疏漏。"

又谕:"各省传钞伪稿一案,朕屡经降旨,宣示中外。此等奸徒,传播流言,其诬谤朕躬者,有无虚实,人所共见共知,不足置辩。而诪张为幻,关系风俗人心者甚大,不可不力为整饬。乃各省督抚,仅视为寻常案件,惟任属员取供详解,过堂一审,即为归案了事,以致展转蔓延,久迷正线。各省就案完结情形大略不过如此,而在江西为尤甚。即如施廷翰案内之张三、施奕度,江西承审各官,草率错谬。及到江南,亦不能审出实情,几认为捏造正犯,经朕命军机大臣等审明昭雪。而千总卢鲁生在江西两次到案，俱被狡饰脱漏。又经军机大臣等从解京之书办段树武、彭楚白等供词互异之处，细加穷诘，始将千总卢鲁生、守备刘时达传稿情节，逐层究出。比卢鲁生、刘时达先后到京，朕督令诸臣虚心研鞫，反复推求。始则借端支饰，继则混指同寅。既不能推卸传稿实情，又不能供得稿来历。诘问再四，即各委之伊子。忍心害理，莫此为甚。迨情竭词穷，始将其会商捏造种种奸伪情节，并将伪稿条款逐一默写，及其造谋起意，于破案后商同借线掩饰情由，一一吐露，矢口不移。当此光天化日之下，乃有此等魑魅魍魉，潜行逞伪，实出情理之外。今不待重刑，供情俱已确凿，殆由奸徒罪大恶极，传钞贻累多人，好还之道，自无所逃耳。卢鲁生、刘时达著议政王大臣、大学士、九卿科道会同军机大臣，再行详细研鞫定拟具奏。至督抚为封疆大吏，不特此等大逆之犯，即寻常案件，孰非民生休戚攸关？而养骄饰伪，妄自托为敦体，可乎？此案若查办之始，即行竭力根究，自可早得正犯。乃粗率苟且，江西舛谬于前，江南迷误于后，均无所辞咎。江西近在同城，群卫弁腾口嚣嚣，毫无顾忌，串供借线，几于漏网吞舟，厥罪较重于南省。解任巡抚鄂昌，按察使丁廷让、知府戚振鹭俱著革职拿问，交刑部治罪。总督尹继善及派往江西同审之周承勃、高麟勋，俱著交部严加议处。钱度、朱奎扬等尚与专委承办者有间，俱著交部议处。至卫弁乃总漕专责，瑚宝亦不能辞责，亦交部严察议奏。当日查办之始，未知根源所在，须披叶寻枝，势不得谓法不及众，畏难中止，以致颟顸了事。朕犹恐拖累者众，屡经密谕各省督抚，分别发落，以省拖延。即武弁大员曾经私看者，亦悉置之不问。然在伊等食毛履土，见此大逆不道之词，当为痛心疾首。譬如闻人詈其父祖，转乐为称述，非逆子而何？然使非有首先捏造之人，则伊等亦无从传阅。是传阅本有应得之罪，不可谓被所愚弄而朕则悯其无知,譬子虽不孝,父不忍不慈。今首犯既得,不妨曲宥。除在京人犯已予省释外,著传谕各省督抚,通行出示晓谕,无论已未发觉,概行从宽免究释放。凡属此案例应拟罪人众,蒙朕格外宽宥,务宜痛自改悔,动尊君亲上之天良,戒造言喜事之恶习,庶不至良苗化为稂莠,永受朕保全爱养之恩。夫逸说殄行,为圣世所不容;奸顽不除,则风俗人心何由而正?而吏治狃于因循,尤关治道。朕宵旰忧勤,与诸臣共相敦勉者,岂可稍存姑息,致启废弛之渐?将此一并宣谕中外知之。"

乾隆十八年三月谕:"军机大臣刑部奏捏造伪稿一案,先经云贵总督参奏,展转追至江西传钞之江绵章,递究至彭楚白,经江抚审拟彭楚白得稿于段树武,发落完结。臣等因案情可疑,将传钞授受未明之段树武、彭楚白等,请旨行提到京,详细推究,据段树武供称,实未给稿,曾经彭楚白告知伊另有得稿来历。及研讯彭楚白,始供系伊本官抚州卫千总卢鲁生给稿传钞,所供得稿于段树武,实因卢鲁生之次子卢锡荣属令隐瞒等情。随提卢鲁生审讯,诘其得稿来历。初供系次子卢锡荣不知从何处钞来。迨再三究诘,忽供系伊在赣州卫千总李世璠处得稿于永新卫千总石宪曾,忽供得稿于南昌卫守备刘时达,并称系刘时达之子刘守朴任所寄来。因其言语支离,反复开导。始据该犯供认,自行起意,与刘时达商谋捏造。缘该犯系四川南部县人,曾任长淮卫守备,缘事降调千总。乾隆十五年七月内,在刘时达家,虑及办差赔累,妄希停止巡幸。与刘时达编造奏稿,凑成五不解十大过名目。复思孙嘉淦肯上条陈,借名耸听。于各帮会议公事时,给众阅看,交书办彭楚白钞传。旋据刘时达供,系广东海阳县人,现任南昌卫守备。于乾隆十五年七月内,卢鲁生起意捏造伪稿,一时听从编凑。当经卢鲁生取去,给人钞传。从前所供儿子刘守朴金华寄来,实系自知罪重,希图推卸,一一供认不讳。卢鲁生业经先行正法,其通同捏造之刘时达应照不分首从律,凌迟处死。卢鲁生之子卢锡龄、卢锡荣,均应斩立决。缘坐家属及见稿不首之犯,均按律分别定拟。得旨,卢鲁生、刘时达二犯商撰伪奏,肆行传播,其诬谤朕躬,凡天下臣民,自所共晓,不足置论。而当此承平之时,乃敢作伪逞奸,摇惑众听,其贻害于风俗人心者甚巨,自应并置重典以昭炯戒。但刘时达提解来京,一经研讯,即将与卢鲁生商谋伪撰及从前串供捏饰情节,逐一据实供认。且伊子刘守朴系患病垂毙之人,该犯亦何难坚执江省初供,以希狡卸。而王大臣等再三详鞫,始终自认不讳,此可见其天良犹未尽昧矣。朕君临海宇,刑赏一秉至公,从无丝毫成见。卢鲁生起意捏造,实为此案罪首,已经先行正法。刘时达著从宽免其凌迟处死,改为应斩。卢鲁生之子卢锡龄、卢锡荣亦著改为应斩,俱监候秋后处决。其刘时达家属之应行缘坐者,俟解京之日,该部另行请旨。"

注释

① 《东华录》第十二卷第十四页至第十三卷第四页。

第十三节 所谓《塘报》与《良乡报》

清之驿制,与明无异。兵部车驾司,于东华门左近,设两机关:一曰马馆,专司夫马;一曰捷报处,收发来去文移,兵部另派武职十六员,驻扎各省会,归按察使司管辖,经管该处直接寄京之文报,名曰《提塘》。此《塘报》名称之所由来也。当时所分之区域,为直隶、江南、山东、山西、河南、陕西、浙江、福建、江西、湖北、湖南、广东、四川、云南及黄河、运河一带。凡经驿站传寄各省之官封,先由车驾司验妥盖戳,随即送往捷报处,经由马馆预备夫马,然后由京传至第一站,西路即系良乡县,东路则系通州;此一州一县,负转发下站之责,如是沿途递转,以达原封应投之处所。而各省之文报,亦系如是送达北京,即交提塘发交首站,再由各站递转,以达在京之车驾司。因此报由驿寄递也,故又称《驿报》。

《京报》出版后,本由塘兵排日传递,然历久弊生。塘兵饷额,不足以自赡,或以一人而兼充数名,或同在一途,而此省兼带彼省;虽京中有专司其事者,然不能沿途稽查也。因而《塘报》多过程限,如苏浙皆止四五十日者,往往迟至三四月。大宪诘责提塘,终无良法。而塘饷或裁或减,益成虚设矣。道咸之间,有所谓《良乡报》者,盖有信局特设于良乡,于《京报》出京后,由良乡按站雇人接递。省中上官,自出资购买之。然价贵,常月费三五千钱。于是省中提塘,又买《良乡报》而翻印售卖矣。

第十四节　请刊《邸报》之受斥

《京报》内容简略,寄递迟延,且价贵不易得。故咸丰元年,张芾奏请刊刻《邸报》,发交各省①,后奉谕严行申斥,有"识见错谬,不知政体,可笑之至!"语。谓"国家设官分职,各有专司。逐日所降明发谕旨及应行发钞内外臣工折奏,例由内阁传知各衙门通钞,即由各该管衙门行知各直省,或由驿站,或交提塘分递。该衙门自能斟酌缓急轻重,遵令妥办,岂有各省大吏无从闻知之理?所有刊发钞报,乃民间私设报房,转向递送,与内阁衙门无涉。内阁为经纶重地,办事之侍读中书,从无封交兵部发递事件。若令其擅发钞报,与各督抚纷纷交涉,不但无此体制,且恐别滋弊端。"盖当时朝廷因循畏事,故不问其事之可行与否及有益与否,即严词而深拒之也。

注释

①《钦定大清会典事例》第十五卷第五页。

第十五节　太平天国之办报条陈

太平天国己未九年(咸丰九年),军师干王洪仁玕进呈《资政新篇》①,其中有设新闻馆之建议,谓:"所谓以法法之者,其事大关世道人心,如纲常伦纪,教养大典,则宜立法以为准焉。是以下有所趋,庶不陷于僻矣。然其不陷于僻而登于道者,必又教法兼行,如设书信馆以通各省郡县市镇公文;设新闻馆以收民心公议及各省郡县货价低昂事势常变。上览之得以资治术,士览之得以识变通,农商览之得以通有无,昭法律,别善恶,励廉耻,表忠孝,皆借以行其教也。教行则法著,法著则知恩,于以民相劝戒,才德日生,风俗日厚矣。"朱批:"钦定此策是也。"又谓:"一兴各省新闻官,其官有职无权,性品诚实不阿者,官职不受众官节制,亦不节制众官,即赏罪亦不准众官褒贬。专收十八省及万方新闻篇有招牌图记者,以资圣鉴。则奸者股栗存诚,忠者清心可表。于是一念之善,一念之恶,难逃人心公议矣。人岂有不善,世岂有不平哉。"朱批:"此策现不可行,恐招妖魔反间。俟杀绝残妖后行未迟也。"时客干王幕者多教士,故能见之独早。我国之言新政者,当莫先于此书矣。

注释

①《资政新篇》一书,现藏英国牛津大学图书馆,由许地山君抄出。

第十六节　西士关于官报之建议

中日战争之后,清廷广征善后之策,英人李提摩太(Timothy Richard)乃草《新政策》以进。其中关于创办官报之事,曾一再言之。如谓:"教民之法,欲通上下有四事。一曰,立报馆。欲强国必先富民,欲富民必须变法,中国苟行新政,可以立致富强,而欲使中国官民皆知新政之益,非广行日报不为功,非得通达时务之人,主持报事,以开耳目,则行之者一泥之者百矣。其何以速济,则报馆其首务也。"又谓:"中国目下应办之事,其目有九:……(六)国家日报,关系安危,应请英人傅兰雅(John Fryer)、美人李佳白(Gilbert Reid)总管报事,派中国熟悉中西情势之人为之主笔。"并请增立广学部以总揽其成。按:光绪十三年,旅华基督教新教派之英美官吏与教士,组织广学会,以赞助中国革新相标榜,李氏其中坚人物也。

第十七节　《官书局报》与《官书局汇报》

光绪二十一年,京师官绅文廷式等,设强学书局,讲求时务;发行《中外纪闻》,以资宣传。由御史杨崇伊,以诽议朝政名义,奏请封禁。旋于翌年正月,御史胡孚宸奏请将强学书局改归官办,嗣经总理各国事务衙门奏准改为官书局,命孙家鼐管理。此为清廷提倡新学之始。盖时当中日战后,民气郁张,故孙奏有"近者倭人构衅,创巨痛深。一二文人学士,默参消息,审此富强之端,基乎学问。讲肄所积,爰出人才。砥砺奋兴,消除畛域,以洞中外之情形,保国家于久大。此与同治初年,设立同文馆之意,实相表里。诚转移风气一大枢纽也"等语,欲借以缓和之也。局中除译刻各国关于律例、公法、商务、农务、制造、测算之学,及武备、工程之书籍外,又刊行《官书局报》与《官书局汇报》二种;其形式与《京报》相似,内容除谕折外,尚有若干关于新事新艺之译文。虽章程中有"印送各路电报,只选择有用者,照原文钞录,不加议论,凡有关涉时政,臧否人物者,概不登载"之语,然不能不谓其有进步也。迨戊戌政变,斯报遂被裁撤。

第十八节 《时务官报》

中日战后,光绪锐意维新。二十四年,自初夏至初秋,督责中外大臣实行新政之上谕,凡数十起。如废八股,改科举,兴学堂,汰冗员,广言路,保荐经济特科人材,删改各衙门则例,废祀典不载之庙宇,裁老弱无用之额兵,是其荦荦大者。同时从御史宋伯鲁之请,将上海《时务报》改归官办,命康有为督办。①又从学士瑞洵之请,在北京创设报馆,以为上海《官报》之续,即命瑞洵办理。并令顺天府府尹五城御史劝导官绅士民创办报馆,以期一律举行。然当时朝臣非真赞成新政及创办报馆,特忌康有为屡有陈奏,欲假名义以出之，故有催其赴沪之谕②。迨八月慈禧太后训政，立于十一日下谕，谓"《时务官报》无裨于治，徒惑人心，著即裁撤"。于是官办之事，遂成虚话。

注释

① 光绪二十四年六月，孙家鼐奏："五月二十九日内阁奉上谕，'御史宋伯鲁奏请将上海《时务报》改为官报一折，著总理大学堂大臣孙家鼐酌核妥议，奏明办理，钦此'。臣窃维明目达聪，唐虞之盛德，采风问俗，三代之隆规。自古圣帝明王，未有不通达下情而可臻上理者也。今之论治者，皆以贫弱为患矣。臣窃为贫弱之患犹小，壅塞之患最深。该御史请将《时务报》改为官报，进呈御览，拟请准如所奏。该御史请以梁启超督同向来主笔人等，实力办理。查梁启超奉旨办理译书事务，现在学堂既开，急待译书以供士子讲习，尚恐分译书功课。可否以康有为督办官报之处，恭请圣裁。抑臣更有请者。唐臣魏徵对唐太宗曰，'人君兼听则明，偏听则暗'。泰西报馆林立，人人阅报，其报能上达于君主，亦不问可知。今《时务报》改为官报，仅一处官报得以进呈，尚恐见闻不广。现在天津、上海、湖北、广东等处，皆有报馆，拟请饬各省督抚饬各处报馆，凡有报单，均呈送都察院一份，大学堂一份，择其有关时事无甚背谬者，均一律录呈御览，庶几收兼听之明，无偏听之蔽。如此，则皇上虽法宫高拱，万里之外，如在目前，于用人行政，似有裨益。臣谨拟章程三条，开列于后：

（一）《时务报》虽有可取，而庞杂猥琐之谈，夸诞虚诬之语，实所不免。今既改为官报，宜令主笔者慎加选择。如有颠倒是非，混淆黑白，挟嫌妄议，渎乱神听者，一经查出，主笔者不得辞其咎。

（二）官书局虽有《汇报》，系遵总理衙门奏定章程，不准议论政事，不准臧否人物，专译外国之事，俾阅者略知各国情形。今新开官报，既得随时进呈，胪陈利弊，将《官书局报》亦请开除禁忌，仿陈诗之观风，准乡校之议政。惟各处报纸送到，臣仍督饬书局办事人员，详慎选择，不得滥为印送。

（三）原奏官报纸经费一节，臣查官书局印报例，令阅报者出价。惟所售无多，故每月经费不足，由书局贴补。兹新设报馆，阅报者自应一体出价。拟请将此项官报随时寄送各省督抚，通行道府州县，均令阅看。每月出价银一两，统十八省一千数百州县，约计每月得价近一千两。常年核算约在两万四千两之谱。加以官商士庶阅报出价，经费亦可得巨款。于纸墨印刷工本，自当游刃有余，可无庸另筹经费。惟创设之始，需费必在数千金。若在上海开办，或由上海道代为筹画，可令该员自往筹商。以上遵旨议奏，及所筹办法，是否有当，伏乞皇上圣鉴训示。"旋奉上谕："孙家鼐奏遵议上海《时务报》改为官报一折。报馆之设，所以宣国是而通民情，自应亟为倡办。该大臣所拟章程三条，均尚周妥。所请将《时务报》改为官报，派康有为督办其事。所出之报，随时呈进。其天津、上海、湖北、广东等处报馆，凡有报单，均着该督抚咨送都察院及大学堂各一册，择其有关时务者，由大学堂一律呈览。至各报体例，自应以指陈利害，开扩见闻为主。中外时事，均许据实昌言，不必意存忌讳，用副朝廷明目达聪勤求治理之至意。所筹官报经费，亦依议行。"

光绪二十四年七月孙家鼐奏："本月十六日工部主事康有为转传军机大臣面奏谕旨，'将筹办官报事宜与孙家鼐说'。臣询之康有为云，《时务报》之设，经费皆由士夫捐助。今改为官报，则无人捐款。此报前经湖广督臣张之洞等札行州县阅看，每州县每年报费共银四元，未便骤增至十二两。捐款既无，价又难增。既为官报，自应拨以官款。拟照官书局月拨千金，请旨饬下两江督臣在上海洋务局按月拨交官报局一千两，以资经费，另拨六千两，以资开办。官报既发明国是民隐，各省群僚皆应阅看，以开风气。且教案既烦，交涉日多，官欲通外国之故，尤以阅报为要。应请旨饬下直省督抚，令司道府厅州县文武衙门，一律阅看。用报若干份，将报费解向上海官报局,按期照数由驿递交各省会,分散各衙门,每年仍收四元,仍按湖广督臣张之洞旧例,由善后局先行垫解官报局,以资办公。至报律由康有为采译各国报律,交臣送呈御览,恭候钦定。臣以康有为所等,事尚可行,请俯如所请,谨具折呈明。"旋奉上谕:"孙家鼐奏,遵议上海《时务报》改为官报,派康有为督办其事。并据廖寿恒面奏,嗣后办理官报事宜,应令康有为向孙家鼐商办。当谕令由总理衙门传知康有为遵照。兹据孙家鼐奏陈官报一切办法。报馆之设,义在发明国是,宣达民情,原与古者陈诗观风之制相同。一切学校、工商、兵制、赋税,均准胪陈利弊,借为鞀铎之助。兼可翻译各国报章,以便官商士庶开扩见闻。其于内政外交,裨益非浅,所需经费,自应先期妥筹,以为久远之计。著照官书局之例,由两江总督按月筹拨银一千两,兼另拨开办经费银六千两,以资布置。各省官民阅报,仍照商报例价,著各督抚解至报馆。所著论说,总以昌明大意,决去壅弊为要义,不必拘牵忌讳,致多窒碍。泰西律例,专有报律一门,应由康有为详细译出,参以中国情形,定为报律,送交孙家鼐呈览。"

② 光绪二十四年八月二日上谕:"工部主事康有为,前命其督办官报,此时闻尚未出京,实堪诧异。朕深念时艰,思得通达时务之人,与之治理。康有为素日讲求时务,是以召见一次,命其督办官报。诚以报馆为开通民智之本,职任不为不重。现已筹办公款,着康有为迅速前往上海,毋得迁延观望。"

第十九节　官报全盛时期

庚子一役,慈禧太后受巨创,乃不能不议改革,以涂饰人民之耳目。光绪二十九年,四川学政吴郁生请修政治专书[①],由政务处议覆:"嗣后凡有内外各衙门奏定各折件,拟由军机处抄送政务处。其非事关慎密,即发交报房刊行,日出一编,月成一册。传观既速,最易流通。则现行政要,外间均可周知。"三十年,御史黄昌年请刊谕旨阁钞②,亦由政务处议覆,"嗣后具奏折件,除事关慎密及通例核覆之件毋庸钞送外,所有创改章程及议定事件,皆于奉旨后咨送政务处,陆续发刊,以广传布。凡军机处于京外折件,向系明发谕旨及有办法者,概交发钞"。均奉旨依议。三十二年,适当日俄战事之后,日本立宪之效大著。要求立宪之声,遂腾播于全国。清廷不得已,乃下诏预备立宪。御史赵炳麟请创办官报,俾人民明悉国政。翌年,由考察政治馆议复,定名《政治官报》③。宣统三年,新官制之内阁成立,又改《政治官报》为《内阁官报》④。一切新法令,以报到之日起发生效力。至是,官报始成为公布法律命令之机关,其用益宏伟矣。

天津者,北方商务之中心,当时新政之试验场也。时直隶总督为袁世凯,颇热心于改革。故光绪二十七年冬,即首有《北洋官报》之刊行⑤,以为鼓吹直隶新政之机关。其体例首载圣谕广训直解,次上谕,次本省学务,次本省兵事,次近今时势,次农学,次工学,次商学,次兵学,次教案,次交涉,次外省新闻,次各国新闻。每期常有诰诫式之序文一篇,与时事风景图画一二纸。附带发行者,又有《北洋学报》与《北洋政学旬报》,诚可谓开风气之先矣。

《北洋官报》既出,山西踵起。光绪二十九年,办理商约大臣吕海寰、伍廷芳于奏陈近今要务折内,又有推广官报之请。嗣外务部议覆,"推广官报,实为转移整顿之要义。现北洋所刊官报,首刊圣谕广训,恭录谕旨,并载奏议、公牍、时政、新闻等类,与该大臣等所拟条例,大致相同。且月出一册,尤便观览。南洋现尚无官报,应令仿照北洋章程妥酌开办,一体发交各属,销售各学堂阅看。南北洋官报如能畅行，各省亦可逐渐推广"。朝廷既视为功令，各省自风景云从。于是有两日刊，如《南洋官报》；有五日刊，如《安徽官报》；有旬刊，如《湖北官报》；有官商合办者，如《江西日日官报》；有官督商办者，如《豫省中外官报》；有始官办而终归商办者，有始商办而终归官办者，如《汉口日报》等。体例大率相同，而办法至不一律。盖各省政务繁简，财政丰啬异也。惟《湖北官报》之体例，系张之洞所手订。一、圣训，二、上谕，三、宫抄，四、辕抄，五、要电，六、要闻，七、政务，八、科学，九、实业，十、杂纂，十一、图表，十二、论述，十三、国粹篇，十四、新说郛，十五、纠谬篇。后半则均他官报所未有，谓如是方可以正人心，增学识。张氏于官报文字，必取雅驯。幕府拟稿，偶不惬意，辄令重改，再三不厌。其第一期曾赠送至二万份之多，此亦有足述者。

一部之有官报，自光绪三十二年之《商务官报》始⑥，《学务官报》次之。盖当时以二部之事为最殷繁也。《商务官报》所载，可别为论说、译稿、公牍、法律、章程调查、报告、专件、纪事诸类；《学务官报》所载，可别为上谕、学务、报告、文牍、章程、奏折、杂志、各国学务新闻、审定教科书目诸类；官报中之含有专门性质者也。光绪二十九年，直隶总督袁世凯请饬外务部仿照蓝皮书办法，刊发交涉事件。嗣外务部议覆，"交涉重要，不得不加慎密，未便一律宣播。臣部条约章程，均经刊布，其余或通行知照，或有案可稽，办事者并非毫无依据，所请应无庸议"。三十二年，外务部曾有将商办之《外交报》改归官办，以张元济经理之议，但未实行。

注释

① 原折谓："简易办法，莫如广刻邸钞。故大学士陈宏谋、曾国藩等，均以点读邸钞为课程，近来报房所录，大抵各省例折，而于在京各衙门折件，

仅千百之十一，实属无从取裁。外务部为洋务总汇之区，六部为天下政事根本。庚子定乱以后，朝廷励精图治，迭经谕令中外，删定旧例，举行新政。所有各该部议复折件及各省办事各章程，时愈近则事愈详，益有裨于实用。"

② 原折谓："各衙具奏奉旨准驳之件，须令各衙门皆知。重要则明发谕旨；次要则编发阁钞。拟请饬政务处妥拟办法，凡政务处、练兵处、学务处及银行、铁路、矿务、电报一切举行要政，或揭署前，或发阁钞，或刊刻告示。"

③ 政务处折："光绪三十二年十月三十日御史赵炳麟奏设印刷官报局一片，奉旨'考察政治馆知道，钦此'。查该御史奏称朝廷立法行政，公诸国人，拟请参用东西各国官报体例，设立官报，以仰副七月十三日懿旨，使绅民明悉国政，为预备立宪基础之意等语。窃惟预备立宪之基础，必先造成国民之资格，必自国民皆能明悉国政治。东西各国，开化较迟，而进化独速。其宪法成立，乃至上下一体，气脉相通，莫不借官报以为行政之机关。是以风动令行，纤悉毕达。或谓英国人民政治智识最富，故其宪法程度最高，盖收效于官报非浅鲜也。中国风气甫开，国民教育尚未普及，朝章国典，罕有讲求。向行邸报，大抵例折居多。而私家报纸，又往往摭拾无当，传闻失实，甚或放言高论，荧惑是非。欲开民智，而正人心，自非办理官报不可。前政务处曾经奏明，汇取中外文牍，编纂政要一书，只因各家抄送寥寥，未能编辑。今学部、农工商部，暨南北洋、山东、陕西等处已有官报，刊行，惟关于一部一省之事。亟应兼综条贯，汇集通国政治事宜，由馆派员专办一报，以归纳众流，启发群治。即如该御史所奏，凡一切立法行政之上谕，及内外臣工折件、电奏，并咨牍、章程等类，除军机外交秘密不宣外，所有军机处发钞暨各衙随时咨送事件。依类分门，悉心选录。取东西各报敏速之意，先办日报一种。一俟钞送日多，流布寖广，再行查照前次奏案，择其尤要，编辑月报，一体印行，以期周备。通国官民，从此传观研究，俾皆晓然于政令条教之本，无不与民休戚相关。自然智虑

开通，共识负担国家之意；忠爱激发，咸有服从法律之心。非特宪法日以修明，而巩固邦基，要不外此。谨奏。"光绪三十三年三月初五日奉旨，"依议"。

《政治官报章程》

一定名　本报专载国家政治文牍，由考察政治馆办理，每月发行，即名曰《政治官报》。

二宗旨　本报敬体上年七月十三日上谕，使绅民明悉国政预备立宪之意，凡有政治文牍，无不详慎登载。期使通国人民开通政治之智识，发达国家之思想，以成就立宪国民之智格。

三办法　本报先出日报一种，将每日发钞咨送到馆文件依类登录，必详必备。如日后钞送渐多，再行按照前政务处奏定章程，择取精要，编辑月报，一体印行，以求完善而备掌故。所有办事人员，约分四项：一编辑，二校对，三印刷，四发行。

四体类　分类如下：谕旨批折宫门抄第一（如有廷寄业经复奏发钞者一并敬谨登录）；电报奏咨第二；奏折第三（次录次序约分外务、吏政、民政、典礼、学校、军政、法律、农工、商政、邮电航路政十门，除军机外交秘密不宣外，凡由军机处发钞暨内外各衙门具奏事件，随时录送到馆，以备登载，以下各类文牍仿此，如咨札章程等件，漏未咨送者，并由馆随时咨取，以期详备）；咨札第四；法制章程第五（如改定官制、军制、民法、刑法、商律、矿律及部章、省章一切规条，均归此类）；条约合同第六（如订定颁行条约及聘订东西各国教习、工师、技师等员合同文件，均归此类）；报告示谕第七（如统计报告及各部示谕、各省督抚衙门紧要告示等件，均归此类）；外事第八（如翻译路透电报、《泰晤士报》及东西各国紧要新闻，及在外使臣领事报告等件，均归此类）；广告第九（如官办银行、钱局、工艺陈列各所、铁路矿务各公司及经农工商部注册各实业，均准送报代登广告，酌照东西各国官报广告办法办理）；杂录第十（如各学堂公所训词、演说及已经采录之各条陈，或见于各官报之紧要调查记事民件，均归此类）。以上十类，每日有则登录，不必具备。凡私家论说及风闻不实之事，一概不录。

　　五发行　本报为开通政治起见，无论官民皆当购阅，以扩见闻。除京内各部院暨各省督抚衙门，由馆分别送寄外。其余京师购阅者，由馆设立派报处，照价发行。外省司道府厅州县及各局所学堂等处，均由馆酌按省份大小，配定数目，发交邮局，寄各省督抚衙门分派购阅。所有报价，应待出版后酌定，知照办理。

　　④宣统三年内阁奏改设《内阁官报》以为公布法令机关折云："窃查东西各国，均以官报为宣布法令之用。凡中央政府之规章条教，一经拟定，即宣付官报刊登。酌量远近路程，分别到达期限。以官报递到之次日或数日为实行之期，法令即生效力。整齐迅捷，与吾国古昔读法悬书之举，同为意美而法良。而其编辑发行，由内阁主之。盖以其地为发号施令之总枢，即有宣化承流之责任。责专任重，所以谋统一而杜纷歧。我国向来谕旨章奏及各部通行文件，由京师达于外省，由长官达于庶僚，不知几何日月，几经转折，而其效力仅及于少数之官宪。至于承学之士，受治之民，隔阂茫昧，有如秦越。欲其率循观感，人人有国家观念，具法律精神，不可得也。迩来既奉明诏，实行宪政，先立内阁以为集合政权之基。凡法制之变更，规章之厘定，以及条文法律之解释，文书传布，倍于曩日。若犹用通咨之例，非特观听有限，不能收法治之成效，即下级官厅亦且因文移迟滞，无以资因应而赴事功。臣等再四筹商，拟将内阁印铸局接收之《政治官报》改为《内阁官报》，即请先将明发谕旨及各部院章奏咨札例须备文通行京外各衙门，一体遵照者，量为变通，以为公布法律命令之程式。凡钦奉明发谕旨，敬谨登载官报，宣示中外，一体钦遵。官报到达之日，即作为奉旨日期。各衙门奏准事件，例应通行者，奉旨后，恭录谕旨，抄黏原奏，盖用堂印，片送内阁印铸局，刊登官报。其通行咨札等件，一并用印片径送该局刊登。

均即以此传布，内阁例应通行之件，亦即照此办理。自后京外各衙门，应即以官报所刊布者为依据，毋庸另文通行。至各衙门对于一部一省并非通行事件，或虽应通行而事关秘密者，仍令各以文书传达，以示区别。每日官报登载例应通行之奏章咨札，篇幅字体，特别区分，以期明显。各部各省接到官报之日，即为文书递到之期。应举行者即举行，应遵守者即遵守。似此办理，庶几国家政令一经刊布，而远近上下可以周知。下令如流水之源，效应如桴鼓之捷。而楮墨之费，吏胥之烦，藏匿伤失延宕欺蒙之弊，均不禁自绝。其余内外紧要奏咨及示谕条约等项，亦均依类附载，供官府之引证，学人之研求。惟目前交通尚未尽便，到达之期，不能一律迅速。拟暂照已设邮政处所及驿递办法，酌定递到各省省城及将军都统办事大臣驻扎地方日期，以资考核。余俱由该省布政局或度支司，分别远近，逐日寄发。此拟改办《内阁官报》大概情形也。除饬印铸局拟定编辑体例及妥订发行章程，由臣等核定遵行外，谨将《内阁官报》条例十二条，缮具清单，恭呈御览，伏候钦定施行。抑臣等更有请者，此次印铸局接收《政治官报》，查悉各省应解报费，按期解到者固多，而历年积欠尚有九万余元之谱，已由内阁电催速解。惟闻外省州县各官零星欠解者实少，司库收集后或有挪移，并间有一二省报纸递到之时，书吏抗匿不发，以致各官不能如期领阅，甚且有需索领费之弊。此后改设《内阁官报》，为公布法律命令机关，代从前通行文书之用，实与重要公文无异。应饬各督抚，责成各该司，按照条例章程，妥为分布，不得如前玩愒。各省领报之数，暂照现在数目给发。不敷之处，准予增加。每年每份仍收回工纸费银币八元。从前欠解《政治官报》费，即交印铸局接收，以为扩充《内阁官报》之用。限令各省于八月以前，一律解清。自《内阁官报》发行之日起，仍令照章预缴半年报费，不得延欠，庶几此项要政可以维持于不敝。谨奏。"宣统三年闰六月二十五日奉旨，"著依议"。

《内阁官报》条例

第一条　《内阁官报》为公布法律命令之机关，凡谕旨、章奏及颁行全国之法令，统由《内阁官报》刊布。

第二条　凡京师各衙门通行京外文书，均由《内阁官报》刊布，各衙门毋庸再以文书布告。其各衙门单行文件，并非通行及未公布者，仍应自用文书传达。

第三条　凡法令除专条别定施行期限外，京师以刊登《内阁官报》之日始，各行省以《内阁官报》递到之日起，即生一体遵守之效力。其各行省先期接有官发印电者，不在此限。

第四条　凡未经《内阁官报》刊布之章程奏折，有在商办报章登载者，不得援据。

第五条　各部院衙门均须指派专任报告员。将例应通行之章奏咨札逐条检校，盖用堂印，片送内阁印铸局，刊登官报。其非通行之章奏咨札而应行刊布者，得并送内阁印铸局，依次刊布。各衙门专任报告员，得随时与内阁印铸局办理官报人员商订刊登事宜。

第六条　各省布政司衙门，应于所属科员中，特派一员，经理寄送《内阁官报》及收集报费事宜，并将该员衔名，申报内阁，年终汇案考成，有延误者，照遗误公文例惩处。其无布政司省分，由该省督抚饬令度支司派员办理。

第七条　各省应解《内阁官报》费，仍照从前《政治官报》派定之数。由该布政司或度支司预将半年报费先期垫汇，以重官本。各该司仍自行向本省阅报各官厅按数分收，归缴司库。

第八条　《内阁官报》既为代达公文之用，凡逐日寄送各省官署之官报，应于封面盖用印铸局印信，交大清邮政局递寄，准免邮费。邮政局凡接有内阁印铸局印信之官报包封，即为免邮费之凭证。

第九条　《内阁官报》递送之法，凡到各省各城之督抚及布政司或度支司衙门，暨各将军、都统、办事大臣驻扎地方，应暂照邮局章程及驿递章程，酌定日限如下：

奉天省城	七日	直隶 天津 保定	四日
吉林省城	十二日	黑龙江省城	十四日
山东省城	五日	山西省城	五日
河南省城	六日	湖北省城	七日
湖南省城	十五日	江西省城	十六日
安徽省城	十四日	江苏 江宁 苏州	十四日 十五日
浙江省城	十六日	福建省城	十八日
广东省城	二十日	广西省城	二十二日
四川省城	五十日	陕西省城	三十日
甘肃省城	五十五日	新疆省城	九十日
云南省城	六十日	贵州省城	五十日
兴都副都统	十二日	察哈尔都统	五日
热河都统	十六日	荆州将军	十五日
乌里雅苏台将军及参赞大臣			七十五日
绥远城将军	十六日	伊犁将军	一百二十日
青州副都统	十二日	密云副都统	六日
山海关副都统	十八日	凉州副都统	六十五日
京口副都统	十五日	归化副都统	十六日
守护西陵大臣	三日	守护东陵大臣	七日
泰宁镇总兵	三日	马兰镇总兵	七日
驻藏办事大臣	一百六十五日	库伦办事大臣	四十五日
科布多参赞大臣	九十日	塔尔巴哈台参赞大臣	一百四十日
川滇边务大臣	一百另五日		

第十条　各省督抚应将自省城至各属之官报到达日限，分别配定列表，咨报内阁备案查核。

第十一条　京外大小官署，均有购读《内阁官报》之义务。

第十二条　本条例自《内阁官报》发刊之日实行。

《内阁官报》发行章程

第一条　印铸局设发行所，专管官报寄递内外事宜。

第二条 《内阁官报》每日出版一份，每月收回大洋八角，常年八元，邮费在外，概不另售。

第三条 《内阁官报》发行以十二个月为一年，六月为半年。

第四条 在京各部院按日送阅一份至三份，不收报费外，其各署厅司局处另行在本局订购者，均于每日出版后即刻派人专送。

第五条 应发各省官署之《官报》，按日包封，于封面盖用印铸局印信，分交邮政总局寄递。除总督或巡抚及将军都统办事大臣，按照在京各部院之例，分别送阅，不收报资外，余均暂照原认领报之数，寄交各该布政司或度支司衙门转发。如有不敷分布，再由印铸局增加。

第六条 各省除行政司法各官厅皆有购读官报义务外，凡武职旗营、自治团体、学堂及候补人员、本地绅民，均可向布政司或度支司衙门经理官报处购买。

第七条 前条阅报人员有欲径向印铸局挂号按日径寄者，每份先缴报费，并酌交邮费，由局按日另寄。

第八条 在京分送各报，系由印铸局送报夫役走送者，均登送报簿。如有遗漏迟误，阅报人得随时函告印铸局处理。外寄各报，有遗漏者，由经理官报处或阅报人函知印铸局查补。

第九条 远近定购本报，至少须先定半年，预交报费后，给与定报收单。即照开明地址，分别送寄。如有迁移事故，随时知照，以便更改。

第十条 应寄出使各国大臣官报，每日照数包封送交外务部转发。

第十一条 《内阁官报》除在京由印铸局发行，及准各报房承领，在外由布政司或度支司发行外，各省官报局商报馆以及殷实店铺，有愿代销者，函告印铸局发行所，书明认领报数，即可订定照寄。扣给报价二成，作为酬劳。惟应常年先付报价三月，以照凭信。愿领销多分者，得另订合同。

第十二条 除各官厅官有事业、官立学堂示谕广告外，凡京外官商曾经奏请办理之银行、铁路、矿务，及在农工商部注册设立各项公司，并有确实证据之不动产,欲刊印单篇告白,随报附送者,可函请本局刊登。其附送以本京为限。五行起码,第一日至第三日每日五元,四日以下四元五角。六行以下,第一日至第三日每日每行加五角,四日以下每行加四角五分。其附登本报,则以半面起码。第一日每半面洋十元,第二日至第十日每半面日收洋八元,十一日至一个月每半面日收洋六元,第二月后每半面日收洋五元。以后官报行销愈广,再行改订。

凡各官厅及官有事业学堂公益等事,欲附登本报者,酌收半费。

第十三条　凡由印铸局印行各书,版权均归所有,各处不得翻刻翻印。

第十四条　书报各项,无论何处代销,除照邮政定章酌收邮费外,概照印铸局定价发售,不能私自增加。

⑤《北洋官报序》:"大易之义,上下交而志通为泰,反之为否。诚以民与民相积而成国,必有人焉以治之。其积愈众,待治之事愈多,其势亦愈急;而治之者之心必愈劳,其法亦必愈求详而不已。此其相维相系之故,至切极巨。凡所以求其志之交通者,故不可苟焉已也。古者輶轩之设,刍荛之询,皆欲使下之性毕达于上,而象魏之悬书,月吉之读法,则欲使上之意遍喻于下。后世如书疏、章表、一切奏议之类,皆所以述下之性也。制诰谕敕一切诏令之类,皆所以明上之意也。然自三代以前,以封建治天下,百里数十里之间,尝有君卿大夫士以分治之。一国之情事,上下得以周知,其相通也犹易。自秦以后,易封建以郡县,合数千里或万里而统治于一人。守宰令长,不得专制。上下之间,已有难于相通之势矣。且上之所以治下者,代有国家之律令,勒为成书,臣若民相与遵守之。承平日久,国家诏谕,率皆依于故事;则遵守者相习相安,而渐以相忘。乃至自薄书期会以外,一若上之意则无待喻于民者。此在安常处顺之时,固亦未觉其弊也。及乎世变多故,一切因时为治之法,非小民所习见,则相与惊异而不安,有告以立法之意者,亦或仍顽固而不信。上下岌岌,势不得已,乃取其尤愚梗者以法绳之;于是上下阂阻之弊暴著而大显,而所谓求其志之交通者,

乃愈知其不可一日已矣。泰西报纸之兴，所以广见闻，开风气，而通上下，为国家之要务。中外大通以来，中国识时之士，亦稍稍仿西法，立报馆矣。然皆私家之报，非官报。官报尝一设于京师，未久而旋罢。夫私家之报，识议宏通，足以觉悟愚蒙者，诚亦不少。独其间不无诡激失中之论，及或陷惑愚民，使之莫知所守。然则求其所以交通上下之志，使人人知新政新学为今日立国必不可缓之务，而勿以狃习旧故之见，疑阻上法，固不能无赖于官报也。今设直隶官报，以讲求政治学理，破锢习，浚智识，期于上下通志，渐致富强为宗旨。不取空言危论，首载圣谕广训直解，次上谕，次本省政治，次本省学务，次本省兵事，次近今时务，次农学，次工学，次商学，次兵学，次教案，次交涉，次外省新闻，次各国新闻。事必其切实可行，文必其明显易晓。凡百有位，与我士民，当其详观而审察之哉。"

《北洋官报》章程

第一章　总则

一、官报专以宣德通情启发民智为要义；登载事实，期简明易解，力除上下隔阂之弊。

一、官报篇首恭录圣谕广训一节，次则恭录谕旨，再次则本省之政治、学务、兵事，旁至时务各学之新理，农工商业之近效，教务洋务之交涉，各国各省之新闻，凡足以惊动国人之心目者，靡不择要登载。

一、官报为直隶本省而设，总局设于天津，分局设于保定、北京。按期递寄各府厅州县，分送各村长各学人堂阅看。至外省之商埠城镇，亦可推广分售。

一、官报每份一册，每册至少八页，多至十余页。开办伊始，间日一出。嗣后酌量情形，或按日一出，以符日报之例。

一、开办官报，本省以一个月为限，外省以十日为限，概由本局捐送，不收报价。

第二章　职务

一、本局总办一员，总理局务。举凡局内应办之事，以及官报之体例、办事之规则、寄报之章程、报价之数目，统由总办核定，禀明遵办。

一、本局自总办以次，分编纂处、翻译处、绘画处、印刷处、文案处、收支处为六股，每股按事务之繁简，定人数之多寡，统由总办延聘之。

一、编纂处，有总纂，有副纂，司撰述、论注、选录、校勘等事；报务是其专责。

一、翻译处，专译东西各国现售之新闻纸及诸杂志、诸新书。

一、绘画处，专摹外国新图，以舆图为大宗，旁及名人胜迹。凡足资观感之一名一物，每图必有说以发明之。

一、印刷处，司印刷、盖戳、号码、裁订、题封等事，兼存储图籍画器及一切需用之物料。

一、文案处，司禀启移咨公牍各件，并刊发公私告白，掌管卷宗，誊写报册，盖用关防等事。

一、收支处，司发售官报，收回报价，采办物料，发给薪俸伙食杂用，及一切出入等款。

第三章　条规

一、总办须分别设立各股每日办公之时刻，局员各有专责，一律遵守。除有疾病大故等情，由总办酌予假期，勿得旷废误公。

一、副纂所订原稿，必经总纂详加参阅后，统由总办过目盖戳，于设定时刻内发印。印刷处不得擅改印样，仍送总纂校阅无讹，始准发售。

一、发售由收支处经管，必于设立时刻内按号分送，勿许停滞。报价照章核收，必受有凭照者，始准发行。

一、报章之体裁，图画之有无，记载之事项及文章之工拙，均有关于风气之通塞。报章之销数，准由总纂随斟酌修改，惟须总办意见之相同。

一、不准妄参毁誉，致乱听闻。

一、不准收受私函，致挟恩怨。

一、所有离经害俗委谈隐事，无关官报宗旨者，一概屏不登录。

一、记载各条必其事实有根据，其或偶涉讹误者，应随时声明更正。

一、各股应办事务，遵现立定章实办奉行。凡章程未尽事宜，准由各股随时商请总办改修；其有应行变通者，即随时商明改订，附入现章，一体遵行。

⑥《商务官报》章程

第一节　总纲

第一条　本报照商部奏定章程开办，隶属商部，名曰《商务官报》。

第二条　本报发行一切事宜，由商务官报局经理。

第二节　宗旨

第三条　本报宗旨，得分列数项如后：（一）发表商部之方针；（二）启发商民之智识；（三）提倡商业之前途；（四）调查中外之商务。

第三节　体例

第四条　本报体例酌定如下：（一）论说，以经济学理为基础，而参以实际应用之方法，此为发挥本报主义之地；（二）译稿，东西各报，其关系商务者，精理明言，不遑枚举，至各国之对我经营，尤足注意，译录于此，以示他山之助；（三）公牍，凡关涉商务重要问题者，节录登载，其例行公事从略。分类如下：（甲）谕旨，（乙）奏稿，（丙）咨文，（丁）批示，凡商部各种批示，悉行登载，商民得以为据；（四）法律章程，凡商部所定各种商律及新颁各种部章，悉行首先登载，以示公布；（五）调查报告，凡调查报告之件，足资参考者，节录登载，或全文照登，约分三类：（甲）本部特派员之报告，（乙）各省商务机关之报告，（丙）各埠领事之报告；（六）专件，凡关于商务上各种条约、合同、条陈、章程等类，悉归此门登载；（七）记事，以关涉商部及商界中之事为限；（八）附录，不拘条例。

第五条　本报每月三册，逢五发行，每册四十页；全年三十三册，闰月增刊三册。

第六条 本报除定期刊行外,遇有要件,仍随时发行,作为临时增刊。

附售报章程

(一)本报总发行所设在商埠工艺局内,此外各省商务局、官报局及商会等处,均有本报寄售。

(二)本京、上海、汉口三处,均设有总代售所,经理另售及定报各事。凡愿阅本报者,可就近购取。

(三)本报定价,全年大洋五元,半年三元,另售每册二角。京外一律。除总代售所外,概不另售。以半年起码闰月加洋五角。

(四)凡邮政已通之处,本报不另取邮费。惟内地由民局转递者,寄资由阅者自给。外洋加收邮费,半年五角,全年一元。

(五)凡向总发行所定报者,均须先付报资,由本所掣取收条为凭。

(六)凡愿代售本报者,可函致总发行所书明认销若干,并附切实铺保,即可照寄。至本报寄出三期后,除应除去酬劳外,函外须先将报资半年汇寄本所,否则停寄。

(七)凡代售本报者,照通例提二成作为酬劳。代售至百份以上,再加酬劳半成。所有汇寄报资汇费,由代售所认付。

(八)凡向总发行所定报者,如迁徙他处,应即先期知照,以免误送。

第二十节　《政府公报》

辛亥革命,武昌军政府发行《中华民国公报》,南京临时政府成立,又发行《临时政府公报》。迨正式政府成立,乃由印铸局仿照《内阁官报》,拟定《政府公报》条例及发行章程①,经国务会议议决施行。历年以来,以事实上之窒碍,又屡有修政。如各县定报,向由省城转寄,往往耽延时日,中间又徒多收发手续,后改为直接寄递之类。袁世凯称帝,以政事堂为其承流宣化之机关,各官署文件均由机要局抄送,故《政府公报》所载,率为通行之公文。有关系者,均为隐匿。袁死,始行恢复旧制。是亦关于《政府公报》之一故实也。

《政府公报》之体例,略可分:(一)法律,由国会议决经大总统命令公布之一切法律属之;(二)命令,大总统命令、军令及国务院令、各部院令等属之;(三)布告;(四)公文,京内外各官署呈文、咨文、咨呈、公函等属之;(五)批示;(六)公电;(七)通告;(八)判词;(九)外报,驻外各使署领事馆商务随员等之报告通信属之;(十)附录,凡不属于上列各类之文件属之,如地方自治及卫生消防违警等事项,并译录东西文各报,惟既名附录,自与正报有别,不一律发生效力也。

民国以来,事务日繁,部有部公报,省有省公报,一省之内,厅局又各有公报。其他如参议院、众议院,亦莫不有公报。其名不胜枚举,亦时势所要求也。吾因《政府公报》及其他公报与官报之性质同,且有连续之关系,遂附述于本章之末焉。

注释

① 《政府公报》条例

第一条 《政府公报》为公布法律命令之机关,凡法令及应行公布之文电等,统由《政府公报》刊布。

第二条 中央各官署通行官外文书,既由《政府公报》刊布,各官署毋庸再以文书布告。其各官署单行之件,并非通行及未便公布者,仍自用文书传达。

第三条　中央各官署，均须派定专员，将应通行之文件逐件检校盖章签字，送交印铸局刊登公报。有非通行文件可以刊布者，得并送印铸局酌量刊布。各署专员与印铸局办理公报人员，得互相商订交付文件事宜。

第四条　凡未经《政府公报》刊布之章程文电，有在其他报纸及印刷品登载者，不得援据。

第五条　凡法令除专条别定施行期限外，京师以刊布《政府公报》之日起，各省以《政府公报》递到该省最高行政官署之日起，即生一体遵守之效力。其先期接有官发印电及文书者，不在此限。

第六条　《政府公报》到达各地方日期，酌定如下：

奉天省城	五日	直隶天津保定	三日	吉林省城	十二日
黑龙江省城	十四日	山东省城	五日	山西省城	四日
江西省城	十日	湖北省城	五日	湖南省城	十日
浙江省城	十日	河南省城	四日	江苏江宁苏州	十日
广西省城	二十六日	安徽省城	十日	广东省城	十二日
福建省城	十二日	四川省城	三十日	青州	十四日
甘肃省城	三十日	新疆省城	八十日	陕西省城	二十日
贵州省城	四十日	兴京	十二日	云南省城	四十日
热河	十日	绥远城	十二日	察哈尔	四日
宁夏	四十日	乌里雅苏台	七十五日	伊犁	九十日
密云	四日	凉州	四十五日	归化城	十二日
山海关	四日	马兰镇	七日	泰宁镇	三日
库伦	十二日或二十日	西藏	一百二十日	西宁	四十五日
阿尔泰	八十日				

第七条　各省城及各属所阅之《政府公报》，均由印铸局直接径寄各属，应缴之报费邮费，均交该省行政长官汇齐，汇解印铸局。

第八条　各省行政长官厅于属员中特派一人，经理收集报费事宜，并将该员简明履历咨送印铸局备案，准由所收报费中提给二成以示奖励。

第九条　京外各官署均有购阅《政府公报》之义务，应由各该长官派定数目，开单送印铸局照寄。

第十条　在京各官署送刊之件，每日下午三点钟以前到局者，即登翌日《公报》；逾时则须延第三日登布。其收到时刻，以印铸局收文凭单所注为据。

第十一条　在京各官署送刊之件，字画务求明晰，易于辨认；如过于草率或致错讹，应由各官署自负其责。

《政府公报》发行章程

第一条　《政府公报》由印铸局发行所发行。

第二条　《政府公报》按照阳历，每日出报一号。定购一月者，收回报费大洋八角，三月二元三角，半年四元五角，常年八元。须先缴报价，邮费在外，零售以本日为限，每号铜元五枚。

第三条　中央各部院及各地方高级官署，按日送阅一份，不收报费；其向印铸局定购公报者，在京于每日出报后即刻派人专送，各地交邮局递寄。

第四条　在京分送各报，系由印铸局送报夫役走送者，均登送报簿，如有遗漏迟误，阅报人得随时函告印铸局办理，其外寄各报如有遗误者，亦同。

第五条　应寄各地方官署之报，按日包封，于封面盖用印铸局发行戳记。

第六条　凡远方定购《公报》，预缴报费后，给予定报收单，即照开明地址，分别寄送。如有迁移事故，须随时知照以便更改。

第七条　《政府公报》除在京由印铸局发行所直接收费外，其外省报房各公报局商报馆以及殷实店铺，有愿代销者，告知印铸局发行所，订明认领报数，即可照发，另给报价二成作为酬劳。惟应先付报价三个月，以昭凭信。愿领多分者，另订合同。

第八条　凡内外官商绅民欲刊印单篇告白，随报附送者，可函告印铸局核定刊登，其附送以本京为限。五行起码，每日五元。六行以外，每行加五角。纸费另加。刊登广告者，第一日每行二角四分，第二日至第七日每日每行一角六分，第八日至第十五日每日每行一角二分，第十六日至一个月每日每行八分。登至半年，每月每行一元六角。均以两行起码，每行四十字，大字照加。其各官署官有事业官立学堂之广告，除第一日照公布之例不收刊费外，其继续登载，一律收费。

第九条　凡代销《政府公报》者，除照邮政定章酌收邮费外，概照印铸局定价发售，不得私自增加。

第十条　本章程自公布之日施行。

第二十一节　结论

本书从顺序上不得不先论官报，于未论官报功过之先，应一述历史上之事实。

秦得天下，民议其政者有诛，民相偶语者有禁；君与民隔，何啻万里？汉法稍疏，故三老尚得干预朝政，而有进言于皇帝者。然孔光于温室之树，尚不敢言其数，其他可知；其朝政之秘密，亦可知矣。魏晋以后，李唐以前，治少乱多，兵不厌诈，事更秘密，故臣下愈无敢泄漏其机密者。贞观之治，稍觉近古。太宗好名，尚能不隐过失。民间疾苦，亦不壅于上闻。厥后高宗昏暗，武氏临朝，下有告密之风，上多罗织之事，其朝政更不堪言。明皇绍统，开元之治，几及贞观；天宝之后，艳妻擅宠于内，奸相专权于外，及至播迁之日，始闻父老之言，而势已无及矣。至德以后，天下用兵，诏制皆从中出。乃妙选臣僚为翰林学士，内择一人，年深德重者为承旨，独承密令，其禁有四：曰漏泄，曰稽缓，曰遗失，曰忘误。双日起草，单日宣旨，遇有机要，则亦双日缮焉。首禁既在漏泄，臣下又何敢故犯其禁以贾祸？所以遇有机要之事，其底稿不敢宣示于众，惟同列尚能知之。其他朝臣，不敢过问，即问之恐亦如孔光之不言，反不如不问之为愈也。又安敢笔之于书，播之于众，相传于草野之间哉？由唐而五代，而两宋，而元，而明，而清，相沿成风，未之或改。故邸报之所得而传录者，仅在习闻习见之事，至于机要大事，则付缺如。专制之下，言禁必严，势也！

虽然，昔人有言：欲知古事，莫如阅史；欲知今事，莫如阅钞。故明季黄陶庵，馆于钱牧斋家，得阅邸报，知朝政，发为文章，遂多讥讽时事之作。卒能以一书生守孤城，死节报国。清初顾亭林，读书旅中，实录奏报，手自钞节。其《日知录》一书，由体及用，将以待一治于后王，而跻斯世于隆古之盛。故古之学者，莫不诵当世之法，读当世之书，学贵致用，理宜然也。

我国之有官报，在世界上为最早，何以独不发达？其故盖西人之官报乃与民阅，而我国乃与官阅也。"民可使由，不可使知"，乃儒家执政之秘诀；阶级上之隔阂，不期然而养成。故官报从政治上言之，固可收行政统一之效；但从文化上言之，可谓毫无影响，其最佳结果，亦不过视若掌故，如黄顾二氏之所为耳。进一步言之，官报之唯一目的，为遏止人民干预国政，遂造成人民间一种"不识不知顺帝之则"之心理；于是中国之文化，不能不因此而入于黑暗状态矣。

第三章　外报创始时期

我国现代报纸之产生,均出自外人之手。最初为月刊,周刊次之,日刊又次之。本章所述以中文杂志为一类,日报为一类,外国文报纸又为一类,而译报附焉。并为便利起见,一论今日外报在我国之状况。至我国人所自办之报纸,并无外人资本在内,仅雇用外人或挂洋旗者,概不列入。

第一节　外报之种类

(一) 中文杂志

官报仅辑录成文,无访稿,无评论,盖 Bulletin(公报)之一类耳。若在我国而寻求所谓现代的报纸,则自以马六甲(Malacca)所出之《察世俗每月统纪传》(原名 Chinese Monthly Magazine)为最早,时民国前九十七年(嘉庆二十年)西历一八一五年八月五日也。

先是,嘉庆十二年(一八〇七年)之春,伦敦布道会遣马礼逊(Robert Morrison)来我国传教,是为基督教新教入我国之始。马礼逊在伦敦,尝从粤人扬善达游。又在博物院中,得读中文《新约》及拉丁文、中文《合璧字典》,而一一亲自誊录之。至广州后,又继续练习中语，故当时欧人之精通中文中语者只三人，马礼逊其一也。

当时欧人之来我国者，以经商为范围。故马礼逊之行为，极为官厅所注意。基督教旧教中人尤忌之，至不许其居留澳门。马氏幸兼任东印度公司翻译，始得免于驱逐。马礼逊之工作，最致力于文字，初编辑《华英辞典》及《文法》，又翻译《新约》为中文，秘密雇人刻版。乃事机不密，为官厅所知，刻工恐祸将及己，举所有付之一炬以灭迹，损失甚巨。嘉庆十八年，伦敦布道会又派米怜（William Milne）东来为之助。次年，马礼逊亦收得刻工蔡高为教徒，此为我国人崇信基督教新教之始。马礼逊知官厅侦之严，恐再蹈前辙，乃遣二人同往马六甲设立印刷所，印刷书报，并创办华英书院，教授中国人以英文。《察世俗每月统纪传》，即发刊于斯时也。

《察世俗每月统纪传》，自嘉庆二十年起，至道光元年止（一八一五年至一八二一年），凡七卷，五百七十四页。内有数期，由马礼逊、麦都思（Walter Henry Medhurst）及梁亚发三人编辑，余均出自米怜一人之手，梁氏为米怜所收之教徒，我国之第一基督教新教教士亦即正式服务报界之第一人也。〔梁亚发（亦译梁发）生于乾隆五十四年。世居粤东内地，距广州约二百里。家贫，十一岁始就塾读书，十四岁辍学。初在广州学笔工，继为梓民。嘉庆十五年，因母丧，曾返里一次。嘉庆二十年，随米怜赴马六甲，刻印华文书报。次年受洗入基督教新教。嘉庆二十四年回国，为宣传教旨，特刊小书，分贻诸亲友。时官厅视该教为异端，捕梁笞三十，并籍没小书木版火之。越二日，由马礼逊设法保释，再往马六甲。道光三年，由马礼逊聘为伦敦传道会助手。道光七年，受教士职，中国之第一基督教新教教士也。道光十四年，官厅以其在内地分送教会书报，又捕之，幸马礼逊之子，时在英领署，出资斡旋，乃得释放。亲友咸劝其避往马六甲，梁因挈子去南洋，来往马六甲新加坡间，勤劳无间。道光十九年，再返祖国，每日向乡人讲道，老而不倦，至咸丰五年谢世，享年六十六岁。葬广州河南凤凰冈。其著述之可考者，有《救世撮要略解》《熟学圣理略论》《真道问答浅解》《圣书日课》《初学便用劝世良言小书》等。其最后一种，洪秀全曾加翻印，传播最广。］

此报所载，关于宗教之事居大半，余为新闻及新智识。最初每期印五百册后增至二千册。每逢粤省县试、府试与乡试时，由梁亚发携往考棚，与宗教书籍一同分送；余则借友人游历船舶之便利，销售于南洋群岛、暹罗、交趾支那各地华侨荟萃之区。其第二期中，米怜曾自述办报之旨趣如下：

"第一期本报文字印刷，胥不免于简陋之讥。惟积学之士，当能心知其意，而曲为之谅。记者深愿此后假以时日，俾得于中国文字研究益深，而逐渐加以改善。至本报宗旨，首在灌输智识，阐扬宗教，砥砺道德，而国家大事之足以唤醒吾人之迷惘，激发吾人之志气者，亦兼收而并蓄焉。本报虽以阐发基督教义为唯一急务，然其他各端，亦未敢视为缓图而掉以轻心。智识科学之与宗教，本相辅而行，足以促进人类之道德，又安可忽视之哉。中国人民之智力，受政治之束缚，而呻吟憔悴无以自拔者，相沿迄今，二千余载，一旦欲唤起其潜伏之本能，而使之发扬蹈厉，夫岂易事？惟有抉择适当之方法，奋其全力，竭其热忱，始终不懈，庶几能挽回于万一耳。作始虽简，将毕必巨，若干人创之于前，若夫发挥光大，则后之学者，责无旁贷矣。是故不揣谫陋，而率尔为之，非冒昧也，不过树之风声，为后人之先驱云尔。"

"本报篇幅有限，种种资料，自不能网罗无遗；然非割弃或停止也，将循序而为之耳。前此所载论说，多属宗教道德问题，天文、轶事、传记、政治各端，采择甚寡。此则限于地位，致较预计为少，非本意也。"

"欲使本报随时改良，以引起读者之兴味，非竭教士一人半月之时间以从事于斯不为功，且须征求外来稿件，以补其不足。记者甚愿致力于是。他日国人之习华文者日多，当有佳作以光本报之篇幅，而年来最不易得者，即此项资料是也。本报发展，尚在萌芽时代，更无酬报可言。年来月印五百册，借友人通信游历船舶之便利，以销售于南洋群岛、暹罗、交趾支那各地华侨荟萃之区，而内地亦时有输入焉。近者改印一千册，需要大增，销路渐畅，三四年后，或能增至二千册以上，未可知也。"①

继《察世俗每月统纪传》而起者，为《特选撮要》（原名 Monthly Magazine），发刊于巴达维亚（Batavia）。自道光三年起，至道光六年止（一八二三年至一八二六年），凡四卷，所载为宗教、时事、历史及杂俎等。

《天下新闻》（原名 Universal Gazette），自道光八年起至道光九年止（一八二八年至一八二九年），发刊于马六甲，为麦都思等所编辑。所载为中国新闻、欧洲新闻、科学、历史与宗教之类。此报系活版与报纸所印，在当时为创见。

《东西洋考每月统纪传》（原名 Eastern Western Monthly Magazine），自道光十三年起至十七年止（一八三三年至一八三七年），凡四卷。最初发刊于广州，所载为宗教、政治、科学、商业与杂俎等。后由郭实猎（Charles Gutzlaff）主持，迁至新加坡。至道光十七年，又让与在华传播实用知识会（The Society for the Diffusion of Useful Knowledge in China）。此报发刊于中国境内，故我国言现代报纸者，或推此为第一种，因前三种皆发刊于南洋也。

道光二十二年（一八四二年），香港以鸦片战争之结果，割于英英华书院即由马六甲迁至香港。斯时教士之从欧美来者渐众，所制中国铅字亦渐完备，于是出版事业日兴。兹择其重要者，略记于后：

《遐迩贯珍》（原名 Chinese Serial），自咸丰三年起（一八五三年），每月发行于香港，每册自十二页至二十四页。初由麦都思为主笔；次年，由奚礼尔（C. B. Hillier）为主笔，咸丰六年（一八五六年），改由理雅各（James Legge）为主笔。旋即停刊。

《中外新报》（原名 Chinese and Foreign Gazette），为半月刊，于咸丰四年(一八五四年)发刊于宁波；每期四页，所载为新闻、宗教、科学与文学。咸丰六年(一八五六年)，改为月刊，始由玛高温（Daniel Jerome Macgowan）主持。后彼赴日本，乃归应思理（E.B.Inslee）主持。至一八六〇年停刊。

《六合丛谈》（原名 Shanghai Serial）②，于咸丰七年（一八五七年）发刊于上海。每月一册，所载为宗教、科学、文学与新闻等。大半出自伟烈亚力（Alexander Wylie）之手，余系投稿。次年，迁至日本，印刷较精美。但关于宗教之著作，均被删去。文字之旁，且加入日本文法之符号。旋即停刊。

《香港新闻》为《孖剌报》（China Mail）之副刊。自咸丰十一年（一八六一年）起，凡八卷。专纪船期、货价，系纯粹商业性质之杂志。

《中外杂志》（原名 Shanghai Miscellany），于同治元年（一八六二年）发刊于上海。每月一册，约十二页至十五页，所载除普通之新闻外，有关于宗教、科学与文学之著作；英人麦嘉湖（John Macgowan）为主笔。至同治七年（一八六八年）停刊。

《中外新闻七日录》（原名 Chinese and Foreign Weekly News），于同治四年（一八六五年）发刊于广州。所载为新闻、科学、宗教与杂俎等；查美司（Chalmers）为主笔。

《教会新闻》，自同治七年（一八六八年）起，每周发行于上海。林乐知（Young J. Allen）为主笔，慕维廉（William Muirhead）、艾约瑟（Joseph Edkins）助之。此报既专言宗教，则销路自不能畅。故出至三百期时，即易名《万国公报》（原名 Chinese Globe Magazine），每月发行，兼言政教。光绪二年（一八七六年），又增出《益智新录》（原名 A Miscellany of Useful Knowledge），为专言科学之姊妹刊。光绪十七年（一八九一年），又增出《中西教会报》（原名 Missionary Review），为专言宗教之姊妹刊。惟亦因销路不畅，未几即废。至《万国公报》之体例，亦屡有更变。盖出资者多教士，主张尽登有关传教之文字，而普通阅者则又注重时事，故于政教二方面之材料，颇难无所偏重。然至光绪三十年（西历一九〇四年）始停刊，其中所载文字，以中东战纪为最有价值，足以唤醒中国人士。林乐知支持此报，先后至三十七年之久，其热心毅力，不能不令吾人钦佩也。

《中西闻见录》，于同治十年（一八七二年）七月发刊于北京。由京都施医院编辑，杂录各国近事及天文、地理、格致之学。时北方多雨，河决屡见，该报关于预防水灾之法，言之綦详，故颇为学者所称道。光绪二年（一八七六年），易名《格致汇编》（原名 Chinese Scientific Magazine），发行于上海，由英人傅兰雅主持。后由月刊改为季刊，至光绪十六年（一八九〇年）始终止。

《小孩月报》（Child's Paper），于光绪元年（一八七五年）出版于上海，为范约翰（J. M. W. Farnham）所编辑。连史纸印；文字极浅近易读，有诗歌、故事、名人传记、博物、科学等。插画均雕刻，铜版尤精美。至民国四年改名《开风报》，但出五期即止。

《益闻录》自光绪四年起（一八七八年）发行于上海，为半月刊，未久改为周刊，由南汇李杕主编。光绪二十四年（一八九八年），与《格致新闻》合并,易名《格致益闻汇报》,每星期发行二次。光绪三十四年(一九〇八年),又简称《汇报》(原名 Revue Pour Tous),而分别出版。《时事汇编》,每星期出两次;《科学汇编》,每两星期出一次。关于科学问答,由此人赫师慎(Van Hee)任之。次年赫师慎回国,《科学汇编》遂停。此后《汇报》乃成专纪时事之半周刊,至民国元年,又易名《圣教杂志》,每月发行,至今存在。此报为基督教旧教之言论机关,继续出版四十余年。在外人所创办之杂志中,当以此为最久。

《图画新报》(原名 Chinese Illustrated News),自光绪六年(一八八〇年)起,至民国二年止,为上海圣教书会所出版。每月发行,连史纸雕刻铜版精印。有地图、风景、天文、地理、科学、风俗、时事、名人像等。

《益文月报》创刊于光绪十三年六月,每月发行于汉口。首论天文、地理、格物之学;次载一切新机新法,及略选各省近事;末录诗词歌赋,并医学。木版印,每册三十页左右。

《亚东时报》,自光绪二十四年五月至二十六年三月,发行于上海,为日人组织之乙未会所编辑。每册约三十页,连史纸印。始为旬刊,继改为半月刊。所载分论说、汇译、杂录、诗赋等;以中日携手相标榜。

《大同报》为上海广学会所出版。自光绪三十二年(一九〇六年),至民国六年止,每周发行。分论说、译著、新闻三部。译著材料最丰富,包括哲学、教育、历史、宗教、农业、动植物等。

此外,据伦敦中国报载,西历一八九五年,德国勃立门地方,曾出一中文报纸,名曰"日国"(日耳曼),为柏林大学掌教东方语言文字者所编辑,印刷极精美。专言中德商务。其创刊号凡一百五十二页。又据圣彼得堡《威得莫斯地报》载,同年俄京曾出一中俄文合璧之报纸，为圣彼得堡大学东方学科清语学系所编辑，专纪中俄交涉事宜。外人在本国创办中文报纸，当以此为仅见。

注释

① 见 Chinese Repository（《中国文库》）第二卷第二百三十四页。惟彼从汉文译成英文，此又从英文译成汉文，与原义恐不无出入。

②《六合丛谈》小引：溯自吾西人越七万余里航海东来，与中国敦和好之谊，已十有四年矣。吾国士民旅于沪者，几历寒暑，日与中国士民游，近沪之地，渐能相稔。然通商设教，仅在五口，而士人足迹未至者，不知凡几，兼以言语各异，政化不同，安能使之尽明吾意哉？是以必须书籍以通其理，假文字以达其辞，俾远方之民与西土人士性情，不至于隔阂，事理有可以观摩，而趋迹自能一致矣。始吾西人之僻在西陲也，耳目所及不远，辙迹所至未周，于时有人采国之奇事异闻，镌板传布，因此一举一动，众无不知，民甚便之。迨后日积月盛，其规渐拓，至于家喻户晓，不独富贵者能知之，即贫贱者亦预闻焉。军国之政，先睹为快，货殖之书，不胫而走，盖几视四海如一室矣。今予著《六合丛谈》一书，亦欲通中外之情，载远近之事，尽古今之变，见闻所逮，命笔志之，月各一编，罔拘成例，务使穹苍之大，若在指掌，瀛海之遥，如同衽席。是以琐言皆登诸纪载，异事不壅于流传也。是书中所言天算舆图及民间事实，纤悉备载。粤稽中国载籍极博，而所纪皆陈迹也。如六经诸子三通等书，吾人皆喜泛览涉猎而获其益，因以观事度理，推陈出新，竭心思以探窔略，舍旧说而创妙法，惟在乎学之勤而已。比来西人学此者，精益求精，超前轶古，启名哲未解之奥，辟造化未泄之奇，请略举其纲：一为化学，言物各有质，自能变化，精识之士，条分缕析，知有六十四元，此物未成之质也；一为察地之学，地中泥沙与石，各有层累，积无数年岁而成，细为推究，皆分先后。人类未生之际，鸿蒙甫辟之时，观此朗如明鉴，此物已成之质也；一为鸟兽草

木之学，举一骨即能辨析入微，知全体形状之殊异，植群卉即能区别其类，如列国气候之不同；一为测天之学，地球一行星耳，与他行星同，远地球者为定星，定星之外，则有星气，星气之说，昔以为天空之气，近以远镜窥之，始知系恒河沙数之定星所聚而成，今之谈天者，其法较密于古，中国古时有天元求一诸法，今泰西代数最深者为微分法，以之推算天文，无不触处洞然矣；一为电气之学，天地人物之中，其气之精密流动者曰电气。发则为电，藏则隐含万物之内，昔人畏避之，以其能杀人也，今则聚为妙用，以代邮传，顷刻可通数百万里，别有重学流质数端以及听视诸学，皆穷极毫芒，精研物理，凡此地球中生成之庶汇，由于上帝所造而考察之，名理亦由于上帝所畀，故当敬事上帝，知其聪明权力无限无量。盖明其末必深其本，穷其流必溯其源也。泰西历代相传之《圣经》新、旧《约》书，自开辟宇宙以迄圣子降生，上下数千年间，治乱兴废之事，靡不悉举，读之深信不疑。浏览古今，援考史册，知《圣经》所言，若合符节。今于是书中，亦当详论之，以明非世人所能忆说其言。帝子耶稣，为世救主，普天之下，咸当敬畏，率土之滨，并宜尊崇，吾侪托其宇下者，自宜阐发奥旨，借以显其荣光。因恩大地之上，惟一造物主，万民之生，惟一救世主，真道流行，无远弗届，圣教所被，靡人不从，是则所望于格物名流也。呜呼，疆域虽有攸别，学问要贵相资，圣人不能无过，愚者尚有一得，以中外之大，其所见所知，岂无短长优绌之分哉？

（二）中文日报

我国现代日报之产生，亦发端于外人。盖斯时商务交涉日繁，其材料非杂志所能尽载也。香港之《孖剌报》，于民国前五十四年（咸丰八年）即西历一八五八年，由伍廷芳提议，增出中文晚报，名曰《中外新报》；始为两日刊，旋改日刊，为我国日报最先之一种。继之而起者，为西洋人罗郎也之《近事编录》；《德臣报》（*Daily*

Press）之《华字日报》；上海则有字林洋行之《上海新报》与《沪报》，英人美查（F. Majer）之《申报》，丹福士之《新闻报》；天津则有德人德璀琳（S. Detring）之《时报》，及汉纳根之《直报》，北京有德人毕连士之《北京日报》。惟岁月既久，人事变更，今巍然尚存者，只上海之《申报》与《新闻报》，香港之《华字日报》三种耳。

《中外新报》为《孖剌报》之中文版。初该报因印刷《中英合璧字典》，曾购中文活字一副。旋从伍廷芳之建议，附刊中文报纸，即延伍氏主其事。西人对于中文报纸之经营，当然非其所长，且在斯时，华人之有报纸，实为创见，办理尤非易事；故名为《孖剌报》所有，实为华人单独主持，所有一切营业权利，皆属华人，而《孖剌报》只每年享有若干权利，以为报酬而已。闻其互惠条件，大约《孖剌报》之店面及机器铅字，供《中外新报》之用，不取租值，只取印刷工价。《中外新报》则登载《孖剌报》所招来之西人广告，亦不取费。此为清末时事，创始时是否如此，则不得而知之矣。民国初元，该报攻击龙济光颇力，为粤人所欢迎，销数逾万，为该报之最盛时期。然经理无方，财政非常竭蹶，乃加入新股若干。欧战时，段祺瑞力主参战，该报持论反对，为港政府所控，从轻罚镪百零一元。该报新股东多系稳健商人，经此波折，不欲再办。其时龙济光已退守琼崖，而图粤之心未死，乃收买该报，以为言论机关。然该报之机器铅字，并非己有，龙氏之所谓收买者，不过每月拨款若干，充该报经费，而派人管理收支，主持编辑而已。于是该报言论，遂由反龙而变为拥龙，前后若出两报，诚该报历史上之一大缺憾也。迨龙氏再败，琼崖不守，该报经济告绝，惟有停版，资格最老之《中外新报》，至此遂废。

中文日报之现存者，当以《华字日报》为最早。该报创刊于同治三四年间，为《德臣报》之中文版。动议者为该报主笔陈蔼亭，而其戚伍廷芳、何启实助成之。陈氏邃于国学，因鉴香港割让于英以后，华人以得为买办通事为荣，不特西学仅得皮毛，且将祖国文化视若陈腐，思借报纸以开通民智，乃展转向教会西人，购得旧铅字一副，编辑陈氏自任之，印刷发行由《德臣报》任之。初创时，篇幅甚小，仅及今日该报四分之一。其取材亦不外翻译西报及转载《京报》而已。未几，陈氏奉命为驻美使馆参赞，及古巴总领事，乃由其子斗垣继任。筚路蓝缕，渐臻发达。后报馆失慎，旧报尽付一炬，从此中西两报乃各立门户，《华字日报》不复为《德臣报》之附庸矣。

《上海新报》发刊于同治元年正月（一八六二年），为《字林报》（ North China Daily News ）之中文版。洋纸两面印，大小约抵普通报纸四分之一。每二日出一纸，星期日亦停刊。由伍德（Wood）、林乐知等编辑，其新闻大半译自《字林报》，余则转录《京报》及香港报纸。时洪秀全已奠都金陵，该报以外人及教会之关系，能探得官军及太平军双方消息而并载之。故凡注意战事者，靡不人手一纸。迨《申报》出版，该报亦改为日刊，且核减报价，刷新内容，以与之竞争。报首画黄浦江风景，颇足代表一地方之特色。后《申报》挽人游说，以同系英商，何苦相煎。字林洋行亦以经营西文报纸，事务已繁，何必再劳精疲神于毫无利益之中文报纸。于是上海最早之《上海新报》，遂自动停刊。

《申报》发刊于同治十一年（一八七二年）三月二十三日，为英人美查所有。美查初与其兄贩茶于中国，精通中国语言文字。某岁折阅，思改业。其买办赣人陈莘庚鉴于《上海新报》之畅销，乃以办报之说进，并介其同乡吴子让为主笔。美查赞同其议，乃延钱昕伯赴香港，调查报业情形，以资仿效。时日报初兴，竞争者少，其兄所营茶业亦大转机,故美查得以历年所获之利,先后添设点石斋石印书局、图书集成铅印书局、申昌书局、燧昌火柴厂与江苏药水厂等。光绪十四年,美查忽动故国之思,乃添招外股,改为美查有限公司,而收回其原本。托其友阿拍拿及芬林代为主持。光绪三十二年,公司以申报馆营业不振,及江苏药水厂待款扩充,由申报馆买办席裕福(子佩)借款接办,名义则犹属之外人。民国元年,席将申报馆售于史家修(量才),于是申报馆遂完全归于华人。史氏延陈冷(景寒)为主笔,张竹平为经理,采取新法,引用新人,营业蒸蒸日上矣。

美查虽为英人,而一以营业为前提。谓"此报乃与华人阅看",故于言论不加束缚。有时且自撰社论,无所偏倚,是其特色也。光绪二年,以《申报》文字高深,非妇孺工人所能尽读,乃附刊《民报》,间日出一纸,每月取费六十五文。光绪十年,又附刊《画报》,每十日出一纸;一纸八图,所绘多时事,每纸取费八文,此为我国日报有增刊之始。同治十三年,台湾生番戕杀琉球人,日本兴问罪之师,美查四出探访,务得真相。光绪十年,法越构兵,美查雇俄人至法营探报,既详且确。次年,法舰侵宁波,又遣人前往观战,且绘图附说以明之。此为我国报纸有军事通信员之始。光绪七年,津沪电线初通,美查即用以传递谕旨。迨京津电线续成,朝野大事,亦间有以电报传递者,由是社会知阅报之有益。凡此荦荦大端,均当时所深为诧怪,而至今报纸尚有未能踵行者。至于增加材料,推广销路,免除误会,亦颇煞费苦心,逐渐前进。虽其间有效有不效,然美查开路之功,不可没也。①

《沪报》亦为《字林报》之中文版,创刊于光绪八年(一八八三年)四月二日;其所以不于初一日出报者,以是日为日蚀之期,旧俗以为不吉也。先是该报主笔巴尔福氏(Frederic Henry Balfour)见馆中存有全副中文铅字，置而不用，以为可惜，乃商得该行同意，延戴谱笙、蔡尔康（紫黻）等为主笔，重振旗鼓，续出《沪报》。其材料大半译自《字林报》，杂著有《野叟曝言》《花团锦簇楼诗》等。据蔡氏语予，当时报界有一种迷信，谓报名纵书者，俱不能长存，以《汇报》《益报》为殷鉴，故《沪报》后改名《字林沪报》而横书之。但营业仍不振，乃售于日人之东亚同文会，改名《同文沪报》。

《时报》于光绪十二年一月（一八八六年十一月六日）出版于天津，为津海关税务司德璀琳与怡和洋行总理笳臣集股所创办，延李提摩太为主笔。每日著论一篇，每七日登一图，均希望中国仿行新法，以跻富强者。《时事新论》一书，即集报中论说成之。是报封面画初出之日，上书《在明明德》四篆文，盖隐寓时字之意也。

《新闻报》发刊于光绪十九年（一八九三年）之元旦，初为中外商人所合组，推英人丹福士为总董，延蔡尔康为主笔。嗣以经济竭蹶，遂为美国 Buchesster 公司所有。丹福士于光绪二十五年，以个人所办浦东砖瓦厂折阅，由美公堂宣告破产。该报遂由美人福开森（John C. Ferguson）出资购得。光绪三十二年，改组英国公司，照香港法律注册。民国五年，又改组美国公司，照特来福省法律注册。福开森任汪龙标（汉溪）为总理。汪事必躬亲，二十余年，未尝稍懈。故中国报纸之能经济独立者，以《新闻报》为最早。汪氏逝世，由其子伯奇继任。

最近三十年中，外人在华所刊之中文报纸。属于日人者为最多，英德人次之，兹举其知名者如下：

《闽报》于光绪二十三年十二月，发刊于福州，为日人报纸在华之第一种。

《顺天时报》于光绪二十七年，发刊于北京，民国四年，以反对袁世凯为帝，销数颇畅，其言论多关系中国内政，与该国外交政策相吻合。

《盛京时报》于光绪三十二年十月，发刊于奉天。以张作霖取缔中国报纸颇严，而该报独肆言中国内政，无所顾忌，故华人多读之，东三省日人报纸之领袖也。

《泰东日报》于光绪三十四年十月，发刊于大连。大连者，日人在东三省之商业根据地也。后此又有民国八年十一月发刊之《关东报》，与民国十年七月发刊之《满洲报》。

《铁岭每日新闻》于民国六年十一月，发刊于铁岭。《大北日报》于民国十一年十月，发刊于哈尔滨。

《胶东新报》于民国十三年七月，发刊于青岛。后此又有民国十四年发刊之《大青岛报》。

其已废刊者，有上海之《华报亚洲日报》；汉口之《湖广新报》，济南之《济南日报》等。

英人于欧战时，曾于上海发刊《诚报》，所附战事画报印刷甚精美，后此又于北京发刊华文《东方时报》，但现已入华人之手。

德人曾于上海发刊《协和报》，今废。

注释

①《申江新报》缘起，书册之兴，所以纪事述言，因其意以传之世者也。惟今书而赖众口以传，则其所传必不能广且大，且必不能确；而人之得闻所闻而习所习者，抑亦寡矣。吾申新报一事，可谓多见博闻而便于民者也。曷言乎其便于民？盖古书之事，昔日之事；而新报之事，今日之事也。今日之事何便乎？盖古书仅集前人之意以为今事之鉴；新闻则书今日之事，以见今人之才。若无新报，则古书所传可朝稽而夕考，而今人之事，所谓天下之大无奇不有者，心所未识，耳所未闻，使徒赖众口以扬目前之事焉，又乌足以殚见而博闻哉？乃世局既以时为变迁，兼之天下之大，万民之众，

则古记之所云，实不足以窥今时之全豹矣；又乌可不有新报以集其大成乎？即如今欧罗巴诸国，其规模之日兴月盛，人得者知之；而溯其由来，即在数百年之内，人又乌得而知之？盖欧洲诸国，数百年之前，无新闻纸以纪其事；其人之留心见闻者，亦仅有之。迨近数百年间，有新闻纸出，而天下之名山大川，奇闻异见，或因其人而传之，或因其事而传之，而人之所未闻者，亦得各擅其矜奇斗巧之才，以传其智能之技，作者快之，闻者获之；甚且不远千万里而受教者有之，讲求者有之。至合为成书，如远者《遐迩贯珍》，近者《飞龙报篇》等书，至流传中国，岂不获益无穷者哉？则其所以日新而月盛者，非新闻纸其谁归美乎？今如英京伦敦一处，每日所发之新报不啻数十纸，而每纸且如中国史鉴数十纸之多，其语言文字皆出于才人之笔，故阅之者不惮烦；则所以广其意而大其识者，岂浅鲜哉？仆尝念中华为天下第一大邦，其间才力智巧之士，稀奇怪异之事，几乎日异而岁不同，而声名文物从古又称极盛，则其纪述之详明，议论之精实，当必大有可观者；又岂僻壤遐陬之可比哉？惜乎闻于朝而不闻于野，闻于此而不闻于彼，虽有新闻而未能传之天下。尤可异者，朝廷以每日所下之训谕，所上之章票，咸登《京报》，为民表率，而民间无一事一闻以上达于君。所谓上行而下效者，其果何心乎？夫《京报》以见国家之意，而民亦宜皆有意；苟民之意不达于上，而上所为治理者，其何能如乎民心乎？是故新闻者，真可便民而有益于国者也。夫民间不立新闻者何？惧其有诽谤之罪也，惧有虚妄之嫌也。乃朝廷不惮烦以垂教万民，而民反无以献于上，揆诸古者采风问俗之典，其咎将安归乎？吾今特与中国士大夫缙绅先生约，愿各无惜小费而惠大益于天下，以冀集思而广益。其法捷，其价廉，为活字版以印行，将见日异而月不同焉。倘此举可久行，无大亏损，则不胫而走，得以行吾志焉；是盖鄙念所甚慰已。本馆先设海上，故颜曰《申报》。至于价目日期，另字申明，不赘书。《申报》主人启。

申报馆条例

启者：新闻纸之设，原欲以辟新奇，广闻见，流布四方者也。使不事遐搜博采，以广我见闻，复何资兼听并观以传其新异，是不可徒拘拘于一乡一邑也。兹者本馆特将条例开列于下，如贵客愿赐教或乐观者，祈惠顾一切为幸。

一、本新报议价，于上海各店，零售每张取钱八文，各远处发卖每张取钱十文；本馆趸售每张取钱六文。

一、如有骚人韵士有愿以短什长篇惠教者，如天下各名区竹枝词及长歌记事之类，概不取值。

一、如有名言谠论，实有系乎国计民生，地利水源之类者，上关皇朝经济之需，下知小民稼穑之苦，附登新报，概不取酬。

一、如有招贴告白、货物船只、经济行情等款，愿刊登入本馆新报者，以五十字为式。买一天者，取刊资二百五十文；倘字数多者，每加十字照加钱五十文。买二天者收钱一百五十文；字数多者，每加十字照加钱三十文起算。如有愿买三四天者，该价与第二天同。

一、如有西人告白附刻本馆中者，每五十字取洋一元。倘五十字以外，欲再添字数，每一字加洋一分，并先取刊资。此只论附刊一天之例。如欲买日子长久，本馆新报限于篇幅，该价另议。如系西字，本馆代译亦可。

一、西人告白，惟轮船开行日期及拍卖二款、刊资照中国告白一例。倘系西字，欲本馆译出者，第一天加中国刊资一半，并祈先惠。

一、苏杭等处地方有欲刊告白者，即向该卖报店司人说明，某街坊某人生理，并须作速寄来该价，另加一半为卖报人饭资。

一、本馆开设伊始，今雇人分送各行号，或沿街零售。如贵客欲看者，请向该送报人取阅，每张取钱八文。如有愿买一月之新报者，先请向送报人注明入册，本馆上期收一月之价，每张取钱六文，余二文为送报人饭资。俟其于月底自取，以免逐日零星收钱之累。

一、本报之设新报，原冀流传广远，故设法由信局带往京都各省销售。贵信局如有每日定买一二百张者，请先赴本馆注明入册，以便逐日分送。本馆议价每张六文，该价于月底算账时再付。各处不能销售，俟月底仍将新报交回本馆，不取报资。

一、贵客如欲贩至他处销售，其价钱一切与信局一式，请赴本馆面议可也。

一、本馆新报系整卖；贵客如欲零买，向送报各店自取，本馆事繁，不能兼顾也。

以上各款，本馆经营伊始，条例未周，望四方君子赐教为幸。

（三）外国文报纸

外人之在我国办报也，最初目的，仅在研究中国文字与风土人情，为来华传教经商者之向导而已；而其发荣滋长，实亦借教士与商人之力。今时势迁移，均转其目光于外交方面矣。语其时间，以葡文为较早；数量以日文为较多；势力以英文为较优。外人在我国殖民政策之努力，可于此推而知也。

此种外国文报纸之发行，当然系供给其本国人阅览，然外人在华所设学校之中国学生及少数注意外事之华人，亦有购而读之者；同时亦能招致我国大商店及有关外人之广告，故不能谓其直接与华人无关系也。

今举外国文报纸之比较知名者如下，其专言教务者未列入。

葡文报纸

▲澳门

A Abelha da Chine（译意《蜜蜂华报》）发刊于一八二二年（道光元年）九月十二日。一八二四年，入一急进党之手，易名 *Gazetache Macao*。越二年停刊。

Chronica de Macao（译意《澳门钞报》）发刊于一八三四年十月十二日。一八三八年停刊。

O Macaista Imperial（译意《帝国澳门人》）发刊于一八三六年六月九日。一八三八年为政府所封禁。

Ta-ssi-yang-Kuo（译意《大西洋国》）发刊于一八三六年十月八日。

O Verdadiers Patrial（译意《真爱国者》）发刊于一八三八年。

The Boletim Official de Governo de Macao（译意"澳门政府公报"）发刊于一八三九年一月九日。自第二期起，易名 Gazette de Macao。

按粤省于明初即有葡人足迹，嘉靖十四年，官厅纳葡人贿，以晒货为名，划澳门地与之。三十四年，互市由广州移澳门，西人、荷人、意人踵至，法人、英人继之，于是澳门遂成当时东方第一商埠矣。英人善经商，葡人忌之，常阴掣其肘。英以鸦片启衅，葡报颇袒中而抑英，盖恐中国并外人为一谈，则将有害于彼之商业也。《海国图志》所载之"夷情备采"，大率译自上述各报，所谓《澳门月报》似即 *Chronica de Macao* 之译文也。

英文报纸

▲广州

Canton Register（译意《广东纪录》）发刊于一八二七年（道光六年）十一月八日，为在华英文报纸之第一种。系马德生 James Matheson 所创办。执笔之知名者，有马礼逊、施赖德（John Slade）等。每周一册。第二册易名 The Canton Register，一八三九年，迁至澳门发行，一八四三年又迁至香港，易名 *HongKong Register*。一八三三年起在广州，曾附刊 *Canton General Price Current*，一八四五年起在香港曾附刊 *The Overland Register and Price Current* 于中英之初期

商务，言之綦详。

Canton Press（译意《广东报》）发刊于一八三五年九月十二日，每周一册。一八三九年，迁至澳门，并附刊 *Commercial Price Current*。一八四四年停刊。

Chinese Courier and Canton Gazette（译意《华人差报与广东钞报》）发刊于一八三一年七月二十八日，次年四月十四日停刊，简称 *Chinese Courier*。

The Canton Miscellany（译意《广东杂志》）发刊于一八三一年。

Chinese Repository（译意《中国文库》）发刊于一八三二年五月，为美国医生柏克（Peter Parker）所创办。每月一册。执笔之知名者，为马礼逊、郭实猎等。至一八五三年停刊。其中所纪，多为当时英人在华之商务报告，对于中国文字及华人生活，有极精密之研究。

▲香港

HongKong Gazette（译意《香港钞报》）发刊于一八四一年五月一日，为马礼逊等所创办。次年并入 *The Friend of China*。

The Friend of China（译意《中国之友》）发刊于一八四二年三月十七日，系半周刊。执笔之知名者，为马礼逊、华德（James White）、卡尔（Jorr Carr）、笪润特（William Tarrant）等。一八五八年，以英政府不满意于其论调，曾停刊数月。一八六〇年，迁至广州发行。一八六六年又迁至上海，改为晚报。一八六九年易名 *The Friend of China and Shipping Gazette*，旋即停刊。

China Mail（旧译《孖剌报》）发刊于一八四五年二月二十日。初为晚周刊，执笔者为萧德锐（Andrew Shortrede）。后与一八六四年发刊之 HongKong Evening Mail and Shipping List 合并，至一八七六年二月一日，改为日刊，为香港重要报纸之一。

The Overland Friend of China（译意《中国之外友》）发刊于

一八四五年八月三十日。

Daily Press（旧译《德臣报》）发刊于一八五七年十月一日，为香港重要报纸之一，发行兼编辑为英人茹兜（Ges M. Ryden）。

Dixions HongKong Recorder（译意《狄兴氏香港纪载》）发刊于一八五〇年六月十七日，于一八五九年一月十四日停刊，简称 The HongKong Recorder。

HongKong Shipping List（译意《香港航运录》）发刊于一八五五年八月一日，三年后停刊。

The Chinese Magazine（译意《华人杂志》）发刊于一八六八年三月七日。

The Daily Advertiser（译意《香港广告报》）发刊于一八六九年十一月一日，于一八七三年五月一日，易名 The HongKong Times，越三年停刊。

The HongKong Government Gazette（译意《香港政府公报》）发刊于一八五三年九月二十四日，每周一册。

China Punch（译意《中国滑稽报》）发刊于一八七二年八月二日。

The Far East（译意《远东》）发刊于一八七六年七月，每月一册，在香港、上海及东京三处发行，由布纳凯（J. R. Black）编辑。图画极多。

South China Morning Post（译意《南华晨报》）发刊于一八八一年，为英人所有。

HongKong Telegraph（译意《香港电报》）发刊于一八八一年，为英人所有。

Central Post（译意《中央邮报》）发刊于一九〇四年。

▲上海

The Journal of the North China Branch of the Roya Asiatic Society

（译意《皇家亚细亚文会北中国分会报》）发刊于一八五八年，为伟烈亚力所编辑，每年一册，今尚继续出版。其中如梅雅士（W. F. Mazers）之《华人发明火药史》，笪伟德（Abbe Armond David）之《中国博物志》，布润珠（Emill Bretschueider）之《马可·波罗（Marco Polo）事略》，与鲍乃迪（Archimandrite Palladius）之《中古时代亚洲中部地志》等篇，均极有价值。

Evening Express（译意《晚差报》）发刊于一八六七年十月一日，系《中国之友》主笔琼斯（C. Treasure Jones）所编辑，数年后停刊。

The Shanghai Courier（译意《上海差报》）发刊于一八六八年十月一日，系郎格（Hugh Long）所编辑，评论多出其手。

The Shanghai Budget and Weekly Courier（译意《上海锦囊与每周差报》）发刊于一八七一年一月四日，一八七五年为 Evening Gazette 所并。

The Evening Gazette（译意《晚报》）发刊于一八七三年六月二日，购入 The Shanghai Courier and China Gazette 后，由巴尔福编辑。

The Celestial Empire（原名《华洋通闻》）发刊于一八七四年，系葡人陆芮罗（Pedro Loureiro）所发行，后由巴尔福编辑，巴尔福所著之 Waifs and Strays from the Far East（译意《远东浪游》）即集此报与《上海差报》之论文成之者。

North China Herald（译意《北华捷报》）发刊于一八五〇年八月三日，为重要英文周刊之一，一八六七年四月八日，增加商情，易名 North China Herald and Market Report，一八七〇年一月四日，又发行 The Supreme Court and Consular（译意《最高法庭与领事公报》），但不久即合而为一，易名 North China Herald and Supreme Court and Consular Gazette。一八六四年七月一日，因关于船舶及商业之材料日多，乃别出 North China Daily News（原名《字林报》），今已成为重要英文日刊之领袖，而《北华捷报》转成此报之附刊。先后执笔于《北华捷报》之有名者，为奚安门（Henry Shearman）、马诗门（Samuel Mossman）、詹美生（R.Alexander Jamiesson）、盖德润（R.S.Gandry）、海单（G.W.Haden）、巴尔福、李德尔（R.W.Little）、毕尔（H.T.Montague Bill）、葛林（O.M.Green）等，其中所载上海开埠后之情形，颇足供我国历史家之参考。《字林报》为纯粹英国式之报纸，在上海为工部局之喉舌，故在社会上颇占势力。其立论常与华人意志相反，故注意外事之华人多阅之。近因经营有方，自建房屋，駸駸然为英人在东方之唯一言论机关矣。

Shanghai Daily Times（译意《上海每日时报》）发刊于一八六一年九月十五日，一八六二年停刊。

Notes and Queries on the Far East（译意《远东释疑》）发刊于一八六七年，每季一册，为当时在华学者伟烈亚力等所组织，泛论中国历史、宗教、语言等及批评关于远东之书籍，至一八七二年，易名 China Review，每二月一册，至一九二〇年，又易名 The New China Review，至一九二三年，又易名 China Journal of Science and Art（原名《中国科学美术杂志》）每月一册；由苏万岁（C. Sowersy）编辑。科学方面，苏氏自任之，美术方面，由福开森任之，甚有精彩。

The Cycle（译意《循环》）发刊于一八七〇年五月七日，主笔为詹美生，为海关之言论机关，专谈政治与文学，每周出版，一八七一年停刊。

Mesney's Chinese Miscellany（原名《华英会通》）发刊于一八九五年，为梅思来（William Mesney）所创办，未数年停刊。

The Shanghai Recorder（译意《上海载纪》）发刊于一八六七年正月，旋即破产。

The Shanghai Mercury（原名《文汇报》）为上海重要晚报之一，系英人开乐凯（J. D. Clark）、布纳凯、李围登（C. Rivington）等，于一八七九年四月十七日创办。近数年其股份大半曾为日人购入，故论调颇有更变，但日人现又将股份售出矣。

Shanghai News Letter for California and the Atlantic States（译意《上海通信》）发刊于一八六七年十月十六日，为美人所有，每月一册，至一八七四年，为《上海差报》所并。

Commonwealth（译意《共和政报》）为《上海通信》之主笔茹波特（J. P. Robert）、马尔（John Morne）所创办，但六星期后即停刊。

Shanghai Times（原名《泰晤士报》）为英人所创办，带亲日之彩色。

China Press（原名《大陆报》）为美人密勒（F. Millard）等所创办，华人亦有若干股份，为纯粹美国式之报纸。学界初颇喜阅之，今已为英人所有，论调一变矣。

Weekly Review of the Far East（原名《密勒氏评论报》）为美人所创办，系论政治与财政之周刊，由鲍威尔（J. B. Powell）编辑。

British Chamber of Commerce Journal（原名《上海英商会报》）。

China and Far East Commerce and Finance（译意《中国远东商业金融报》）为英人所创办，系论金融之周刊。

The East of Asia Magazine（译意《东亚杂志》）发刊于一九〇二年正月，为研究中国社会问题之季报。其中如李提摩太之《中国社会与风俗》，海宁汉（Father Henninghams）所译之《今古奇观》等，均极有趣味。

Far Eastern Capital and Trade（译意《远东资本与商业》）。

Far Eastern Review（原名《远东时报》）发刊于一九〇四年，

系论商业工程金融之月刊。

China Medical Journal（原名《博医会报》）为教会之中外人士所合编。

Oriental Motor（译意《东方汽车报》）为美人所创办之月刊。

Oriental Advertising（译意《东方广告报》）为法人所创办之月刊。

▲汉口

Hankow Times（译意《汉口时报》）发刊于一八六六年一月六日，二年后停刊。

Central China Post（原名《楚报》）发刊于一九〇四年。

The Independent Herald（原名《自由报》）以上均英人所创办。

▲福州

The Foochow Courier（译意《福州府差报》）发刊于一八五八年十月十二日。

The Foochow Advertiser（译意《福州广告报》）。

The Foochow Daily Echo（译意《福州每日回声报》）。

The Foochow Herald（译意《福州捷报》）。

▲厦门

The Amoy Gazette（译意《厦门钞报》）发刊于一九〇二年七月十六日。

▲天津

The Peking and Tientsin Times（原名《京津泰晤士报》）发刊于一八九四年三月，初为周刊，至一九〇二年十月一日，始改为日刊。为英人裴令汉（W. Bellingham）所创办，北方英文报纸之翘楚也。

China Times（译意《中国时报》）发刊于一九〇一年正月二十一日，为高文（J. Cowen）所创办。

North China Daily Mail（原名《华北日报》）。

China Illustrated Review（原名《星期画报》）以上二种亦英人所创办。

North China Star（原名《华北明星报》）为美人报创办，华人执有一部分之股份。

The China Advertiser（译意《中国广告报》）为日人所创办。

North China Commerce（译意《华北商务报》）为论商业之周报。

China Critic（译意《中国评论》）。

▲烟台

Chefoo Express（译意《芝罘差报》）发刊于一八九四年，为沙泰（H. Sietas）公司所有。

▲北京

North China Standard（译意《北华正报》）为日人所创办。

Peking Leader（原名《北京导报》）为华人所创办，现已入美人之手。

Far Eastern Times（原名《东方时报》）为英人所创办，现已入华人之手。

Chinese Political and Social Science Review（译意《中国政治社会科学评论》）为教会中之中外人士所合编。

法文报纸

▲上海

La Nowvelliste de Shanghai（译意《上海报界》）发刊于一八七〇年十二月五日，每周出版，一八七二年停刊。

Le Courrier de Shanghai（译意《上海差报》）发刊于一八七三年一月十六日，每周出版，但至三期即停刊。

Le Progrès（译意《进步》）发刊于一八七一年三月二十一日，每周出版，因与《上海报界》竞争颇烈，遂同归于尽。

L'cho de Shanghai（译意《上海回声报》）发刊于一八八五年。每日出版，但数月即止。

L'cho de Chine（原名《中法汇报》）发刊于一八九五年，每日出版，篇幅甚小，但为在华法文报纸之领袖。

▲北京

Le Journal de Pèkin（原名《北京新闻》）。

La Politique de Pékin（原名《北京政闻报》）。

▲天津

Echo de Tientsin（译意《天津回声报》）。

La Tientsinois（译意《天津人报》）。

德文报纸

▲上海

Der Ostasiatische Lloyed（原名《德文新报》）发刊于一八六六年，至一九一七年，我国对德宣战而止。

Der Ferne Osten（译意《远东报》）发刊于一九〇二年，为《德文新报》主笔苏克（C.Fink）所创办，满三卷即停。

▲北京

Deutscher Ostasien Bote（译意《德国东亚差报》）。

俄文报纸

▲哈尔滨

哈尔滨为俄国在东方之商业根据地，故有报纸亦最多。属于白党者：如 *Новости Жизни*（译意《新生活报》）创立已二十一年，每星期增周刊画报一纸。但现渐与该国政府接近，有左转之倾向。

Заря（译意《霞报》）每日发行二次。晨刊名曰朝霞，夕刊名曰晚霞。昔在哈尔滨最占势力，在上海亦设有分馆。

Pynop（译意《传声报》）仅载普通消息。

Русское Слово（译意《俄声报》）属于皇室一派，但无势力。

属于红党者如 Эхо（译意《回声报》）为俄政府在东三省之机关报。注意俄人在东三省之生活。宣传共产主义，不遗余力。凡中东路职员之隶白党者，一律送阅不取费，以期移转其意志。

Молва（译意《风闻报》）销数甚少。

Экономический Бюллетень КВжд（《中东路经济周刊》）为中东路职员所编辑，偏重学术方面。

▲上海

Шанхайская Заря（译意《上海霞报》）为哈尔滨《霞报》之分支，亦以反对该国政府为事。

Россия（译意《俄国》）为前皇族尼可来公等所组织，专事鼓吹复辟。执笔者多武人，持论颇激。有以张宗昌及张作霖之收容白党要人，故推崇备至。

▲上海

China Observer（译意《中国观察报》）。

日文报纸

▲北京

《新支那》（一九一三年）、《支那问题》（一九二二年）、《极东新信》（一九二三年）、《北京新闻》（一九二三年）。

▲天津

《天津日报》（一九一一年）、《京津日日新闻》（一九一八年）、《天津经济新报》（一九二〇年）。

▲奉天

《奉天新报》（一九一七年）、《奉天每日新闻》（一九二〇年）、《奉天商工周报》（一九二二年）、《大陆日日新闻》（一九二二年）、《满蒙经济新报》（一九二三年）半月刊。

▲营口

《满洲新报》(一九〇九年)、《营口经济日报》(一九二二年)。

▲铁岭

《铁岭时报》(一九〇九年)。

▲开原

《开原时报》(一九一九年)、《开原实业新报》(一九二三年)。

▲吉林

《吉林时报》(一九一二年)周刊、《松江新闻》(一九二三年)。

▲长春

《长春日报》(一九一〇年)、《长春商业时报》(一九一五年)、《长春实业新闻》(一九二〇年)。

▲安东

《安东新报》(一九〇六年)、《满鲜纵横评论》(一九二〇年)月刊、《满鲜时报》(一九二〇年)。

▲大连

《辽东新报》(一九〇六年)、《满洲日日新闻》(一九〇九年)、《满洲商业新报》(一九一七年)、《大连新闻》(一九二〇年)、《关东新报》(一九二〇年)、《极东》(一九二四年)周刊。

▲抚顺

《抚顺新闻》(一九二二年)。

▲本溪湖

《安东新闻》(一九一二年)。

▲哈尔滨

《哈尔滨日日新闻》(一九二二年)、《哈尔滨时报》(一九二三年)。

▲公主岭

《公主岭商报》（一九二〇年）。

▲辽阳

《辽阳每日新闻》（一九〇九年）。

▲间岛

《间岛新报》（一九一八年）。

▲四平街

《四洮新闻》（一九二〇年）。

▲济南

《山东新闻》（一九一六年）、《山东商报》（一九二三年）、《胶济时事新报》（一九二三年）。

▲青岛

《青岛新报》（一九二五年）。

▲上海

《上海日报》（一九〇四年）、《上海》（一九一三年）周刊、《上海日日新闻》（一九一四年）、《上海每日新闻》（一九一八年）、《上海时论》（一九二六年）月刊。

▲汉口

《汉口日报》（一九〇八年）、《汉口日日新闻》（一九一八年）、《汉口公论》（一九二二年）周刊。

▲福州

《福州时报》（一九二四年）半周刊。

▲厦门

《南支那》（一九二二年）周刊。

▲广州

《广州日报》（一九二三年）。

▲香港

《香港日报》(一九一〇年)。

此外尚有发刊于其本国之外国文杂志,而以研究东方政治、宗教、社会、文学、美术为事者,其文字之关于中国者极多,今举其知名者如下:此种杂志中最先之数种,系在东方编辑,因当时在东方不能得外国铅字,故不得不寄往其本国印刷云。

伦敦 Transaction of Royal Asiatic Society.

Journal of Royal Asiatic Society.

Asiatic Researches.

Chinese and Japanese Repository.

Bulletin of the School of Oriental Students, London Institution.

巴黎 The Asiatic Quarterly Review.

Journal Asiatique ou Recueil.

Annales de I' Extreme Orient.

Revue de I' Extreme Orient.

Annales du Mussee Guimet.

T'oung Pao.(华名《通报》)。

Le Progres, Journal de I' Extreme Orient.

柏林 Mitteilung des Seminars fur Orientalische Sprachen.

Ostasiatische Zeitschrift.

东京 Gesellschaft fur Natur und Volkerkund Ostasiens.

维也纳 Monatsschrift fur den Orient.

罗马 Societa Asiatica Italiana.

L' Oriente.

纽约 Asia.

新加坡 Journal of Royal Asiatic Society Straits Branch.

海防 Bulletin de I' Ecole Francais d' Extreme Orient.

（四）译报

鸦片之役，两广总督林则徐延通西文者翻译外报，故于英人动静，了如指掌。尝将外报所论中国、茶叶、军事、鸦片四端，附奏进呈。又编成《华事夷言录要》一书，见两江总督裕谦奏折中。时客林幕者为魏源（默深），倡议译报最力。其所著《圣武记》及《海国图志》，颇采外报之说。其《答奕山将军防御粤省书》，至以译报为其一端。[①]兵志有之，"知彼知此，百战百胜"；以言译报之功，魏氏实开其先也。光绪初，上海机器制造局延美人金楷理、林乐知等翻译外报，每日或数日择要闻十余条，印送官绅阅看，其式如手折。其刊印成册者，名曰《西国近事汇编》，至光绪二十四年始止。此乃译报之大观。惟时过境迁，不免明日黄花之诮耳[②]，后此，部臣疆吏多有以译报为言者，如安徽巡抚王笃棠奏请设立译报馆，谓"今中国贫弱至此，危殆至此，臣敢以一言括之，曰不明彼己而已。何也？我所日与争者，地球各国也。然各国人才如何，国势如何，学校何如，我不知也。我之人才，我之国势，我之学校，较各国如何，我亦不知也。各国议论我国人才国势学校如何，我更不知也。若此，岂特不知彼哉？直不知己耳。语云，知彼知己，百战百胜。果不知也，其能胜乎？为今日计，拟请旨设一译洋报处，派翰林部员数人，率同翻译数人，专司其事。凡所得东西洋报，有关中国政事者，逐日译成，进呈御览。京外大小臣工，一并发观。其言本国政事，亦一律译呈。于是可以知彼，并可以知己矣。或云洋报坏人心术，惑人耳目，此误国之言，欲以塞我皇太后皇上之聪明，不复求所以御侮之策也。前两广督臣林则徐在任日，多方求外国新闻纸阅之，遂知洋情。林则徐精忠大节，中外所敬，岂亦为坏人心术惑人耳目之事乎？"又刑部左侍郎李端棻奏请推广学校折内，亦视分译西报为要图。谓"知今而不知古，则为俗士，知古而不知今则为腐儒。欲博古者莫若读书，欲通今者莫如阅报，二者相需而成，缺一不可。泰西各国，报馆多至数百所，每馆每日出报多至数万张。凡时局、政要、商务、兵机、新艺、奇技，五洲所有事故，靡所不言。阅报之人，上自君后，下至妇孺，皆足不出户而于天下事了然也。故在上者能措办庶政而无壅蔽，在下者能通达政体以待上之用；富强之原，厥由于是。今中国邸抄之外，其报馆仅有上海、汉口、广州、香港十余所；主笔之人不学无术，所言率皆浅陋不足省览。总署海关近译西报，然所译甚少，又未经印行，外间未有得见。今请于京师及各省会并通商口岸繁盛镇埠，咸立大报馆，择购西报之尤善者，分而译之。除恭缮进呈御览并咨送京外大小衙门外，即广印廉售，布之海内。其各省政俗土宜，亦由各报馆派人查验，随时报闻。则识时之俊日多，干国之材日出矣"。嗣总署议覆，谓"西人报例有专谈时务者，有专谈艺学者。时务之报，译者尚多；艺学之报，译者寥寥，而为用甚广，亦不妨令学堂中选择译之，以收知新之效。"曾奉旨允准，亦一时之风气也。

　　昔时报纸，访稿鲜少，以译报为大宗材料；且为规避法律责任计，亦以译报为便利，《上海闲话》云："上海报纸于不受政治暴力之外，尤得有一大助力，则取材于本埠外报是也。查本埠外报以《字林泰晤士》为最大，继之者为《文汇报》《大陆报》，皆英文也。此外复有法文报、德文报、日文报，皆各国殖民政策中之一手段也。沪上华报所得消息，其始既无本报专电，即路透电亦仅代外人为喉舌；而各外报则均受各该本国政治上之委任，即各方面之消息，亦较灵通。故十数年前华报所得紧要消息，十八九均自外报转译而来。且一经登载，声明由某外报译录，即有错误，本报可不负责。盖其时报纸为不正当营业之一，偶有误闻，无所谓具函更正之手续，小而起诉，大而封闭，此更办报者之所寒心。故转登外报，既得灵便之消息，又不负法律之责任，其为华报之助力者大矣。"

注释

① 魏源《答奕山将军书》："澳门地方，华夷杂处，各国夷人所聚，闻见较多。尤须密派精干稳实之人，暗中坐探，则夷情虚实，自可先得。又有夷人刊印之新闻纸，每七日一礼拜后，即行刷出，系将广东事传至该国，并将该国事传至广东，彼此互相知照，即内地之塘报也。彼本不与华人阅看，而华人不识夷字，亦即不看。近雇有翻译之人，因而辗转购得新闻纸，密为译出，其中所得夷情，实为不少。"

② 练青轩《自强刍议》："官书局译西报，语涉中国，多置不录，是弃有用而收无用。江南制造局译西报，除送要署数处，待数年后始刊《近事汇编》，时过境迁，何关要领，是收有用而置无用。——故通商数十年，官吏士民，能识洋情者盖寡——驻使随员，并令多译西报，汇寄刊行，必较中国辗转译者尤多翔实。"

第二节　当时报界之情形

吾前不云乎："我国人民所办之报纸，在同治末已有之，特当时只视为商业之一种，姑试为之，固无明显之主张也。其形式既不脱外报窠臼，其发行亦多假名外人。"故由鸦片战争以迄戊戌政变，其时期俱为外报所占有，而《申报》《新闻报》又为此中翘楚。兹节所述，虽以外报为中心，然此时期之一切报纸情形，可由此推而知也。

（一）编辑之形式　自同治末年，以迄光绪中叶，日报编辑之形式，大率首论说，次上谕，或宫门钞，次为各省各埠要闻，末为本埠新闻。论说则有若制义。新闻必重要者始有题目；琐屑者则各就其地冠以总名。如北京则"上林春色""禁苑秋声"；江宁则"白门柳色"；镇江则"铁瓮涛声"；苏州则"屧廊艳影"；松江则"峰泖闲云"；杭州则"西湖棹歌"；嘉兴则"鸳湖渔唱"；武昌则"鹤楼留韵"；九江则"湓湖潮声"；安庆则"皖公山色"；广州则"羊城夕照"之类。颠倒变换，应用不穷。本埠则称某界公堂琐案，或某界捕房琐案而已。其时尚无专电之名词，除电传上谕外，如各省大员出缺，或兵变、大火灾，间由访员发电报告，然亦非常见之事。故斯时报务至简单，午后着手，上灯时已一律竣事矣。《最近五十年之中国》云："彼时报纸所撷拾，大率里巷琐闻，无关宏旨。国家大政事大计划，微论无从探访，即得之亦决不敢形诸笔墨。故报纸资料，大半模糊而琐细。核其门目，约分数端：一为谕旨、奏折、宫门抄、辕门抄等，备官场中人浏览，借知升迁降调等情形与送往迎来之事迹；盖宦海之珍闻也。一为各省各埠琐录，如试场文字、书院题目与夫命盗灾异，以及谈狐说鬼等，备普通社会阅之，借为酒后茶余之谈助；盖稗官之别派也。一为诗词，彼唱此和，喋喋不休，或描写艳情，或流连景物，互矜风雅，高据词坛，无量数斗方名士，咸以姓名得缀报尾为荣，累牍连篇，阅者生厌；盖诗社之变相也。此外如商家市价、轮船行期、戏馆剧目等等，皆属于广告性质，借便一般人士之检查；是又游客之指南针，旅人之消遣品也。要而言之，其时开报馆者，惟以牟利为目标；任笔政者，惟以省事为要诀。而其总原因，由于全国上下皆无政治思想，无世界眼光，以为报纸不过洋商一种营业，与吾侪初无若何之关系。"言之可谓深切。吾尝纵览昔日之报纸，觉其材料之简陋，与编辑之板滞，视今日报纸之副张，犹有逊色。但此亦时势使然，非果昔人之才智不如今人也。

（二）记者之地位　记者之职业，誉之者至谓为"无冕之王"，而在昔则不敢以此自鸣于世也。《上海闲话》云："昔左文襄在新疆，由胡雪岩介绍，向洋商借款一千二百万，沪上报纸颇有非难。夫兵事借债，最为非计，特彼时朝野上下，知此者鲜；无论借者不明斯义，即反对者亦只知以中朝向外国贷款为有失体面，直不过无的之矢，双方均属蒙昧而已。然文襄闻有反对者，即大怒不止，故与其友人书，有云：'江浙无赖文人，以报馆主笔为之末路'之语。其轻视报界为何如！惟当时并不以左氏之诋斥为非者。盖社会普通心理，认报馆为朝报之变相，发行报纸为卖朝报之一类（卖朝报为塘驿杂役之专业，就邸钞另印以出售于人，售时必以锣随行，其举动颇猥鄙，而所传消息，亦不尽可信，故社会轻之，今乡僻尚有此等人）。故一报社之主笔访员，均为不名誉之职业。不仅官场仇视之，即社会亦以搬弄是非轻薄之。宜文襄之因事大施讥评也。"夫左之言诚过矣；然当时社会所谓优秀分子，大都醉心科举，无人肯从事于新闻事业，惟落拓文人，疏狂学子，或借此以发抒其抑郁无聊之意思。各埠访员人格，犹鲜高贵，则亦事实之不可为讳者。迨梁启超等以学者出而办报，声光炳然，社会对于记者之眼光乃稍稍变矣。

社会之观察记者既如此，自报馆以观察记者又如何？《最近五十年之中国》云："当时报馆房屋，均甚敝旧，起居办事之室，方广不逾寻丈，光线甚暗，而寝处饮食便溺，悉在其中。冬则寒风砭骨，夏则炽热如炉。最难堪者，臭虫生殖之繁，到处蠕蠕而动，大堪惊异。往往终夜被扰，不能睡眠。馆中例不供膳，每日三餐，或就食小肆，或令仆人购餐于市肆，携回房中食之。所谓仆人者，实即馆中司阍而兼充主笔房同人差遣奔走，并非专司其事之馆役。

薪水按西历发给，至丰者月不过银币四十元，余则以次递降，最低之数，只有十余元，而饭食、茗点、茶水、洗衣、剃发与夫笔墨等等无不取给于中。生涯之落寞，盖无有甚于此者。"此种情形，虽未必馆尽如是，然设备上之简陋，经济上之节省，概可知矣。

（三）营业之状况　当时报馆必延一华人为买办，与洋行制度无异。而所谓买办者，其职权不啻账房。又卖报之人，即招揽广告之人，外埠且兼任访员，以访员与账房接近，偶有访稿，亦即附致账房信中，故无形中账房隐有支配主笔之力焉。每日印报不过数百纸，每纸取费八文，预定六文，卖报者得增取二文。广告每五十字起码，每日取费二百五十文，每加十字加费五十文。报费每月一结，未卖去者可以退还。然阅报者与登广告者，仍以洋商或与洋商有关系之人为多。报馆经济之维持，惟赖此耳。《上海闲话》云："昔日每日发行之报，无过数百份。每份仅一纸，其事务之简单可知。而偏有一种雇用之人，为今日之所无须，乃为昔日之所必有。其人惟何？则每日挨门送报之人是也。缘今日各日报，其发行本埠之报纸，均由贩报者先时订定或由一人承包，已为今日沪上一种专业，若彼时则无有也。而社会间又不知报纸为何物，父老且有以不阅报纸为子弟勖者。故每日出报，外埠则托信局分寄；而本埠则必雇有专人，于分送长年定阅各家者外，其剩余之报，则挨门分送于各商店。然各商店并不欢迎，且有厉声色以徇之者。而此分送之人，则唯唯承受惟谨。及届月终，复多方善言，乞取报资，多少即亦不论，几与沿门求乞无异。惟其中有一事，至可为吾人纪念者。报馆每日所出之报，其总数无过于数百份，而社会之不欢迎又如上述，则所谓长年定阅之各家，究系何人？盖大率洋商开设之洋行公司，及与洋商有关系之商店为多。噫！中西人知识之不侔，于此可见矣。"

至于各报之间，既无公会，且少联络，当时并有一种风气，各报喜于笔战,夸己之长,蹈人之短,而所争者乃极细微而无意识之事。自今视之,亦可笑矣。

第三节 当时国人对外报之态度

外人之在我国办报,自别有其作用。昔之有识者,已慨乎其言之。《盛世危言》云:"中国通商各口,如上海、天津、汉口、香港等处,开设报馆,主之者皆西人。每遇中外交涉,间有诋毁当轴,蛊惑民心者。近通商日久,华人主笔议论持平,广州复有《广报》《中西日报》之属,大抵皆西人为主,而华人之主笔者,亦几摈诸四夷矣。今宜于沿海各省,次第仿行,概用华人秉笔;而西人报馆,止准用西字报章。"此指外人所办之华字日报而言也。

至对外人所办之西字日报,则有主张自创西文报纸者。如王韬之《上方照轩军门书》云:"一宜设洋文日报以挽回欧洲之人心也。迩来西人在中土通商口岸,创设日报馆,其资皆出自西人。其为主笔者,类皆久居中土,稔悉内地情形。且其所言论,往往抑中而扬外,甚至黑白混淆,是非倒置。泰西之人,只识洋文,信其所言为确实,遇中外交涉之事,则有先入之言为主,而中国自难与之争矣。今我自为政,备述其颠末,而曲直则自见。彼又何从以再逞其鼓簧哉?"又尝在报端著论,言中国自设西文日报之利,谓:"由今之时观今之势,中国之所宜自设者,不在乎华字日报,而在乎西字日报。盖日报而系华字,而传而诵之者,只华人而已;西人则无从辨其文义也。中外交涉,于今称胜,远非昔日之比。修好睦邻之道,首在于联声气,通梱素,明事理,达情形。然此则非一朝一夕之所能致,必先于平日预为之地然后可。若是者，非自设西字日报不为功。请进而言其利：以西国之人，述中国之事，容有择焉不精，语焉不详之病，斯固势之所必然，而无足怪者。中国既自设西文日报，则可以拾其遗而补其缺，纠其谬而正其讹，然后事理不至于乖错，即可泯猜贰于无形。就使西报一无错误，而我复重言以申明之，亦未始非互证旁稽之一助。此其利一。凡中外利病之所在，因革损益之所宜，或在事前，或在事后，皆得秉公论断，指陈得失，使彼知孰为不便，因以定从违之准，分取舍之途，则彼此可免扞格不通之病。此其利二。交涉巨案，兵戎玉帛，胥于是焉系。西报苟稍存左袒之心，或措辞之轻重失其宜，叙事之详略失其当，皆足以激愤而致祸。要之，直道自在天壤，吾第据事直书，不以加减臧否褒贬于其间，务使公是公非，灿然大白于天下，则彼求全责备之心，不烦言而自解，国家或于此得转圜之力。此其利三。斯三者，皆其彰明较著，而于中国政事人民极有关系者也。"后此言创办西字报而较有计划者，为熊希龄之呈请设立寰球通报社，谓："外交之术，不外乎通。通者，知彼知己之谓也。欧美各国，犬牙相错，消息灵通。苟有关于政治问题，甲国之密议初开，乙国则新闻缕载；丙国之报章方出，丁国则诋辩旋来。捕风捉影之谈，转瞬即而冰释。秣马厉兵之说，当时立见调和。故报馆之力，几若操各国和战之权，不独耸世界人民之观听已也。日本自变法以来，即于各国都城开设洋文杂志，政府助以津贴。故日俄之役，俄虽以黄祸之说煽动欧美各报，日本即于其所设杂志中反复申辩，以释各国之疑忌，而免其干涉，卒以是收效果焉。近更于吾国各省，设立华文报，如上海《同文沪报》，北京《顺天时报》《天津报》，奉天《辽东新报》《盛京时报》，约有数十余家。俄法仿之，亦于吉林、青岛、上海等处，开设华字新报，意在与各国商务竞争，并以联吾国官民之感情也。然上海虽有西人所设之《字林报》《南方报》之附译洋文，足以供西人之浏览。然各国居沪者多属商人，于其本国政界，无甚势力，言之未足以动听也。夫东西各国，立国既异，而政体、历史、风土、人情、语言、文字，亦不相同。中国文学之艰深，言语之复杂，政体历史之相沿，风俗人情之习惯，尤非西人所能尽悉。希龄等游历欧美，与其国官绅来往酬答，知其于东方事实，全属隔膜之谈，故于吾国外交，多凭耳食，往往误会宗旨，相持不下。一教案之交涉，则疑为官吏之唆成；一聘使之往来，则疑为朝廷之密约。上海公堂一案，而西文各报则指为贩奴之恶习；抵制美货一案，而西文各报则指为排外之风潮。南北大操，为吾国讲武之政，而各国咸有疑心；路矿争抗，为吾国自主之权，而各国皆谓为仇外。甚至北京聘一教习，直省延一顾问，各国报纸喧腾，非以为偏重日德，则以为左袒法俄。因讹生疑，因疑生忌，忌则机械变诈，牵制抵抗，见之实行，而吾国政府应办之内政，亦多受其影响，几不能出各国势力范围之外矣。苟于各国都城，设立洋文杂志，遇有关于各国政治之交涉者，则先为登述；遇有各国报纸之误疑中国政策者，则曲为申辩。使之洞然于理之是非，时之难易，事之曲直，而更正焉，而扶助焉，将于吾国外交界中实有无形之裨益也。希龄等拟仿日本之意，纠集公私各股，专于日本、英、美、德、法、俄、奥、意八国，次第设立洋文杂志，每月一册，赠送各国政府官绅及各报馆，余则售诸民间。其经费，汇寄各国驻使，请其按月发给。其杂志，则雇请外人主笔，而由本国学生授之以意。其事实，则由各省官吏钞寄案件，而由上海通信员为之转递。希龄等前在欧美各国时，彼此集商，意见相同。又以上海一埠，滨临江海，中外交通，极形利便，拟先设立寰球通报社一所，以为枢纽。由日而美，而英，而法，而德，而俄，而奥，而意，次第开办，渐求完全。此举系为通外情申公论起见，合应仰恳宪台鼎力维持，并咨行内地各省督抚宪,遇有交涉应登之件,邮寄寰球通报社以便转递外洋,登之杂志。庶几联国际之感情,解条文之误会,实于目前大局,极有关系。"当时东三省总督曾批准年拨五万两,以为之倡,惜未见之实行。近人之言办西字报者日多,然出版不过数种。且规模甚小,宗旨又时变易,以云宣传,戛戛乎其难之矣。

以上乃对国内外报及自办西字报而言也。至注意国外外报而所见更进一层者,如寿萱室条陈,列结纳洋报为其一端,谓:"查外洋各报,大者日出兆数,小者亦销万余。一纸传来,争相购阅。况其流布之捷,秉笔之公,有时反足为中国助。昔者越南洋事起,曾惠敏适秉驻法使节,除与译署随时电商机要外,一面即结好各洋报之主笔访事。故维时各报之论说,不致袒法侮中,其首相兼外部斐礼,遂大不理于人口。民志骚然,竟有袖枪以谋击刺者。厥后镇南之败,斐礼至议院请再添饷添兵,而议院竟不之允。斐礼不得已,即日辞职卸权,是以继任之茀来西尼遂肯乘势转圜,议和就款,不复索偿兵费,则实洋报维系之功也。惟近来各报于彼国在华之种种迫胁要求,每多附和之词。虽法国《奴弗利斯忒报》之主笔访事,如虚素拂拉维男爵、白吕楠及覃尔玛三人,尚能独排众议,秉公昌言,然卒以势孤而无济于事。至该三人之所以肯出此者,不过曾与中国使署往还耳。而其发议,已肯为中国代鸣不平如此。诚使各出使大臣平日皆以曾惠敏为法则,月旦公评,遍于道路,其受益有在于无形者。此事关系匪轻,拟请旨密令各出使大臣及参赞译员等,于外洋各报馆之主笔访事,广为结纳,并许以宝星之奖,俾作隐援而联声气,则于交涉事件实大有裨益也。"

第四节　外报对于中国文化之影响

外报之影响于中国文化，可略举数端如下：

（一）政治方面　甲午以前，报纸罕言政事，对于官场中人尤不敢妄加只字。如英使郭嵩焘在伦敦画像，为彼国报纸所讥讽，《申报》载之，大费交涉。又如江南提督谭碧理往来淞沪，为报纸所纪载，即命人与报馆交涉，不得登载。后又行文总督，大肆诋。在今日视之，固不值一哂也。迨戊戌政变，沪报始对旧派有微词。至各报之论说，亦常建议创办航路邮政，改良市政水利，诸凡兴利除弊裕国便民之事，虽不尽为当局所采纳，而促起其注意之力，则甚伟也。

（二）教育方面　明清以制义取士，同光间其风尤盛，时报纸初兴，为迎合社会心理，常征刻时艺，谓以供士子揣摩。而每逢考试，则题目视为重要新闻之一，榜名尤须快著先鞭。不惜糜金钱耗精神以赴之。有所论列，亦皆科场中事。而学政黄某提覆一案，尤哄传一时[①]，盖亦受科举之影响也。《上海闲话》云："清时科举盛行，每当直省乡试之年，则各报必延聘一科甲者，于放榜之前，拟作江浙两省闱题文，登之报者，以代论说。此风不知始自何时，其后乃相沿成例。盖举世为科举梦所浸灌也。犹忆丁酉江南乡试首场，第一题为'文学子游'四字。《申报》既延某太史拟作闱墨，发之报端矣；嗣于九月初旬，俞曲园自苏寄来拟作一篇，嘱登报端，其破题为'殿四科以文学，圣道南矣'云云，通篇即以此作骨，一时士子轰传。未几，该报邮寄南京监临某，携达主考官，时距放榜之期，尚有两旬。两主考官见曲园拟作如是云云，即就以习礼作骨之阅定各卷，重行去取，而以圣道南行作骨之各卷补其额。吾友孙君霆锐即被摈于此者。孙其时即主《申报》之笔政者。揭晓后，其荐卷房师某过沪，以语霆锐，并询曲园之文之所自来，并为孙惋惜不置。此为报纸之用，本不在科举之末政，而影响反中于是。亦上海自有报纸以来之异闻矣。"又："当戊戌四五月间，朝旨废八股，改试经义策论，士子多自琢磨。虽在穷乡僻壤，亦订结数人，合阅沪报一份。所谓时务策论，主试者以报纸为蓝本，而命题不外乎是。应试者亦以报纸为兔园册子，而服习不外乎是。书贾坊刻，亦间就各报分类摘抄，刊售以牟利。盖巨剪之业，在今日用之办报，以与名山分席，而在昔日，则名山事业且无过于剪报学问也。"当时主笔之职责，以报首论说为重要。每星期中，某人轮某日，预为认定。题则各人自拟，大概采取本报所载时事，或论、或说、或议、或书后，体裁与科场试题相仿佛。而篇幅则须满足一千二百字左右，纵意竭词穷，亦必敷衍至及格始已。又与科场程式为近。夫以纵谈时事之文，而限以字数，使言者不得尽其意，其无理孰甚于此。迨甲午一战以后，诽议杂兴，旋废八股试士之法，此风始稍稍革矣。

（三）科学方面　外人之传教也，均以输入学术为接近社会之方法。故最初发行之报纸，其材料之大部分，舍宗教外，即为声光化电之学。惟当时我国人因鸦片之战，洪杨之役，见西人之船坚炮利，以为西学即在于此，致有中学为体西学为用之说。一方面，来华之教士，亦未必均为博学之士。报中文字又极肤浅，分期出版，亦觉一鳞一爪，破碎不完。重以报纸因传教之关系，有使科学同被厌弃之倾向。故虽有印刷发行之利便，而迄不能发展我国之科学思想也。

（四）外交方面　外报之目的，为传教与通商而宣传，其为一己谋便利，夫何待言。当时教士与关吏，深入内地，调查风土人情，探剌机密，以供其国人之参考。故彼等之言，足以左右外人舆论与其政府之外交方策，而彼等直接间接与报纸均有关系。初外报对于中国，尚知尊重，不敢妄加评议。及经几度战事，窘象毕露，言论乃肆无忌惮。挑衅饰非，淆乱听闻，无恶不作矣。

外报今日在中国之势力，英人为最，日人次之，美、法等国又次之。其言论与纪载，均与其国之外交方策息息相关。一步一趋，丝毫不乱。近二十余年来，日人所办之华字报，如《顺天时报》《盛京时报》等，因军人压制言论之关系，乃与彼等以绝大推销之机会。借外交之后盾，为离间我国人之手段。夫报纸之自攻击其政府与国民可也，彼报之攻击我政府与国民亦可也，今彼报代表其政府，以我国之文字与我国人之口吻，而攻击我政府与国民，斯可忍，孰不可忍！附述于此，以当国人棒喝。

（五）商业方面　日报之发生，与商业极有关系。其唯一之需要，即船期与市情之报告是。外货之推销，以广告为唯一方法，不胫而走，实报纸传播之力也。从乐观方面言，因新经济学说之输入，足以促华商之觉悟，使具国际间之知识，而渐启其从事企业之思想。从悲观方面言，则外货阑入内地，漏卮日巨，因而物价腾踊，民生日困，在我国经济史上，诚一大变迁也。

（六）宗教方面　基督教之传入，极注意文字上之宣传，欲以新偶像代旧偶像，流弊所及，遂养成一种功利主义，以致民教不和。民国以后，教案较少。此非教会之让步，乃外势之屈伏，当宪法议至人民一章时，国教一问题，在国会中争论至烈，其影响之大可知矣。其实教士之来华，不啻为其政府之密探。此在彼等报纸通信中，及彼使馆所持为交涉之证据而知之。近者"五卅"案发生，彼等爱中国爱和平之假面具，更揭破而无余矣。

注释

①光绪七年十二月，江苏学政黄某考试文童，于向例正场出图之后

即行复试,改为正场之后先行悬牌提覆,于正额之外溢取若干名,俟提覆之后,再行出图。《申报》著论讥之,以为徒多周折。黄某阅报大怒,特发告示,令会审公廨张贴申报馆前,大致谓:"本月二十四日,阅《申报》中列有论院试提覆,信口讥评。显系童试被黜之家散布流言,希图泄忿。而该馆受其嘱托,为之推波助澜。事关文风士习,不得不为该馆详悉言之。(中略)总之,此事已经奏闻,非奉旨停止,断不为蜚语所摇。该馆平日议论,公私参半,于中朝大政,且有所是非,于廷臣直言,且有所臧否,何有于学使?本官虽单寒出身,一官如寄。焚香清夜,临上质旁,心苟无瑕,即使群不逞者聚而诅咒之,强有力者随而排挤之,亦所不顾,何有于该馆执笔之徒?惟素性酷爱人才,乐闻己过。该馆既明目张胆,不必隐姓埋名。如另有别伪求真之良法,实在有利无弊,至公无私,自应降心采择。至各学书斗,与本署丁役人等,如果有从中索诈,如所称曩年童生鲍某一案,尽可据实指斥,以开本院之耳目。除讯明惩治,心感无既,万万不至于护前。若专斥提覆为非法,指被黜为冤屈,诬慎重为害人,袒横议为近理,藏头露尾,自居于匿名揭帖之列,此端一开,必至失意各童生纷纷私嘱,使执笔者以簧鼓士林。于风俗人心,贻害不浅。本院当移咨本省各大宪,转饬地方官,按律惩办。毋谓有怿不恐也。"

第五节　结论

秦汉唐元以还,我国声威远播,几乎震烁全球。然而文化实力,终觉局于一隅。其与我国接近之民族,又无一不为我国文化所濡染;即有可为我国他山之助者,仍因限于东方之一部分,故于文化之进步上,未能有充分发达。虽元代以兵力沟通欧亚,在战争史上诚为无上光荣；而在文化史上，颇足阻同化之进行。至若意人马可·波罗之东来，及其留仕我国，此只一坚苦卓绝之旅行家，旷代一至，于交通上之关系甚微。明代遣郑和七下南洋，诚可化干戈而为玉帛，但亦只一时之盛事，均无裨于文化之交换。盖当时我国人之心理，对于西人，若汉之于西域，东晋之于五胡，唐之于东西两突厥，以文明之地位自居，以域外蛮荒拟人也。

自葡人发见印度航路，基督教东来，而后我国人始知世界大势。基督教传教之方法，旧教由上行下，故重在著书；新教由下向上，故重在办报。而均以实学为之媒介以自重。其中如利玛窦（Matteo Ricci）、汤若望（Johann Adam Schall von Bell）、南怀仁（Ferdinand Verbiest）、伟烈亚力等之天算物理，慕维廉、裨治文（Elizah Coleman）等之地志，艾儒略（Jules Aleni）、艾约瑟等之重学，玛高温之电学，丁韪良（William Martin）之律学，合信（Thomas Hall Hudson）之医学，以及哲学、矿学、艺术、外国文字等，均足补我国旧有学术之不足，而另辟一新途径。同时渠等又致力我国经籍，贯串考核，讨流溯源，别具见解，不随凡俗。其印为专书而销行欧美者不少。中间又经过中英与英法之战，我国人士之守旧思想，渐次为之打破，而以研究新学相激励。至是，中西文化融和之机大启，开千古未有之创局。追本溯源，为双方灌输之先导者，谁欤？则外人所发行之书报是已。虽然，从文化上之全体以观，外报在我国，关于科学上之贡献，当然为吾人所承认；惜以传教为主要目的，是去一偶像而又立一偶像也。且流弊所及，一部分乃养成许多"boy"式之人材，舍本逐末，为彼辈之走狗，得不偿失，无过于此。若就近日之外报言之，几一致为其国家出力，鼓吹资本主义与帝国主义。关于外交问题，往往推波助澜，为害于我国实大。不过以第三者眼光观之，外报于编辑、发行、印刷诸方面，均较中国报纸胜一筹，销数不多而甚有势力,著论纪事,均有素养,且无论规模大小,能继续经营,渐趋稳固。是则中国报纸所宜效法者也。

第四章　民报勃兴时期

官报，无民意之可言也。外报，仅可代表外人之意思；虽其间执笔者有华人，然办报之宗旨不同，即言之亦不能尽其意也。我国民报之产生，当以同治十二年在汉口出版之《昭文新报》为最早。次为同治十三年在上海出版之《汇报》，在香港出版之《循环日报》，光绪二年在上海出版之《新报》，及光绪十二年在广州出版之《广报》；斯四者皆当时深悉外情者之所为，惜国人尚不知阅报为何事，未为社会所见重耳。迨光绪二十一年，时适中日战后，国人敌忾之心颇盛，强学会之《中外纪闻》与《强学报》，先后刊行于京沪，执笔者皆魁儒硕士，声光炳然。我国人民之发表政论，盖自此始。后此《时务报》与《时务日报》等接踵而起，一时报纸，兴也勃焉。语其比较知名者如下：

上海：《苏报》《国民日日报》《俄事警闻》《警钟日报》《时报》《神州日报》《中国公报》《新世界日报》《指南报》《维新报》《博闻报》《爱国日报》《华洋报》《申江日报》《少年中国报》《独立报》《江浙汇报》《苏海汇报》《民吁报》《民立报》《民呼报》《天铎报》《民意报》《时事报》《舆论报》《舆论时事报》《海上日报》《时事新报》《国民公报》《商务日报》《南方报》《世

界通报》（以上日报）

《农学报》《艺学报》《算学报》《中外算报》《实学报》《萃报》《工商学报》《商务报》《江南商务报》《政艺通报》《国粹学报》《普通学报》《通学报》《学报》《新学报》《格致新闻》《新世界学报》《政治学报》《集成报》《求是报》《女报》《外交报》《求我报》《蒙学画报》《新中国白话报》《大陆》《教育世界》《教育杂志》《中外大事报》《五洲时事汇报》《扬子江丛报》《新小说》《科学世界》《东方杂志》《译林》《选报》《卫生报》《预备立宪公会报》《书画谱报》《欧美法政介闻》《飞影阁画报》《飞云阁画报》《政论》《国风报》《民声杂志》《进步》（以上杂志）

北京：《京话日报》《强学报》《燕京时报》《京报》《刍言报》《北京日报》《中华报》《中国报》《全京日报》《帝国日报》《京都时报》《帝京新闻》《华字汇报》《金台组报》《宪志日报》《公论实报》《国民公报》《新闻汇报》《京津时报》（以上日报）

《启蒙画报》《工艺报》《宪法新闻》《地学杂志》《北京商务报》（以上杂志）

天津：《津报》《国闻报》《天津时报》《天津日日新闻》《大公报》《时闻报》《北方日报》《多闻报》《通报》《中外实报》（以上日报）

《国闻汇编》《农学报》（以上杂志）

广州：《博文报》《岭南报》《岭海报》《寰球报》《商务报》《纪南报》《广智报》《羊城报》《七十二行商报》《越峤纪闻》《南越报》《商务总会报》《人权报》

《粤东公报》《公言报》《时敏报》《亚东报》《亚洲报》《醒报》《廿世纪报》《国事报》《光华报》《光汉报》《震旦报》《天运报》《国民报》《中原报》《又新报》《可报》《陀城报》《安雅书局世说编》（以上日报）

《报华五日大事纪》《南洋七日报》《半星期报》《农工商报》《保国粹旬报》（以上杂志）

潮州：《公理报》

苏州：《苏报》《苏州白话报》《日新报》

无锡：《锡金日报》（日报）《无锡白话报》（杂志）

镇江：《扬子江日报》

扬州：《淮南日报》（日报）《广陵涛》（杂志）

芜湖：《商务日报》《皖江日报》《皖报》《鸠江日报》

安庆：《爱国新报》

南昌：《博闻报》《新民报》《自治日报》

九江：《江报》

赣州：《又新日报》

汉口：《汉报》《商务报》《武汉新报》《中西报》《大江报》《夏报》《楚报》《湖北日报》《汉皋新闻》《鄂报》《绎言报》《新汉报》《大汉报》

武昌：《通俗报》《湖北商务报》

长沙：《湘报》《长沙日报》（以上日报）《外交俚语报》《湘学报》《经济报》《广雅俗报》《算报》《蒙养学报》《演说通俗报》《通俗教育报》（以上杂志）

重庆：《救时报》《重庆日报》（以上日报）《渝报》《广益丛报》（以上杂志）

成都：《蜀学报》《蜀报》（杂志）

济南：《济南报》《简报》（以上日报）《国文报》（杂志）

烟台：《胶州报》《芝罘日报》《山东日报》《勃海日报》

青岛：《青岛报》

太原：《晋报》《晋阳日报》

奉天：《东三省日报》《大中公报》《微言报》《醒时报》《盛京报》

吉林：《自治日报》

长春：《长春公报》

营口：《营商日报》

哈尔滨：《滨江日报》《东陲公报》

伊犁：《伊犁白话报》

杭州：《杭报》《经世报》《全浙公报》《浙江日报》《危言报》（以上日报）《杭州白话报》《医学报》《五日报》《新政交儆报》《群学社编》（以上杂志）

宁波：《四明日报》《甬报》

厦门：《漳泉日报》《福建日报》（以上日报）《鹭江报》（杂志）

福州：《福报》《福建日日新闻》《福建日报》《福建新闻报》（以上日报）《福建七日报》（杂志）

汕头：《岭东月报》《中华新报》

贵州：《西南日报》

桂林：《广仁报》（日报）《官话报》（杂志）

梧州：《广西新报》

香港：《循环日报》《中国日报》《公益报》《维新日报》《香港新报》《公益报》《有所谓报》《少年报》《香港商报》《通报》《广东报》《香海日报》

澳门：《澳报》（日报）《知新报》（杂志）

新加坡：《天南星报》《日新报》《叻报》《总汇新报》《图南报》《中兴日报》《阳明报》

槟榔屿：《槟城新报》

雪梨：《东华新报》《广益华报》

爪哇：《乌岛日报》

巴达维亚：《华铎报》

马尼剌：《岷报》

旧金山：《文兴日报》《金港日报》《华洋报》《大同晨报》《世界日报》《少年中国晨报》《翰香报》《实文报》《中西报》《华美报》《万球报》

檀香山：《新中国报》《隆记报》《华夏报》《丽记报》

温哥武：《大汉公报》《华英日报》

纽约：《光报》《纽约日报》

巴黎：《新世纪》

神户：《东亚报》《日华新报》

东京：《浙江潮》《湖北学生界》《江苏》《云南杂志》《四川杂志》《河南》《晋乘》《粤西》《直说》《游学译编》《译书汇编》《新译界》《中国新报》《学报》《牖报》《学海》《医药学报》《卫生世界》《中国商业》《研究会日报》《南洋群岛商业》《研究会杂志》《农商杂志》《中国蚕丝业会报》《法政学交通社月报》《政法学报》《宪法新志》《大同报》《廿世纪之中国女子》《新女界》《廿

世纪之支那》《天义报》《民报》《复报》（以上杂志）

　　横滨：《大同学录》《开智录》《清议报》《新民丛报》（以上杂志）

　　高丽：《皇城新闻》

　　暹罗：《启南报》《华暹新报》

　　西贡：《光兴日报》

以上各报，其中一大部分，始因外侮之刺激，倡议维新，继以满人之顽固，昌言革命。武汉义旗一举，而清社遂屋。虽曰天命，岂非人事哉！

第一节　日报之先导

我国人自办之日报，开其先路者，实为《昭文新报》，《循环日报》次之，《汇报》《新报》《广报》又次之。今硕果仅存者，惟《循环日报》耳。

《昭文新报》于同治十二年闰六月，即民国前三十九年创刊于汉口，为艾小梅所发起。最初每日一出，以阅者甚少，乃改为五日一出。但销路仍不佳，未几遂停。

《循环日报》，创刊于同治十三年之春。先是，有王韬（紫诠）者，以上书太平天国忠王李秀成之嫌，清廷欲得而甘心，乃随麦华陀牧师走香港。旋应英华书院之聘，编辑《圣经》，遂家焉。迨欧海理牧师解散英华书院，王氏遂与该院买办黄平甫集股购入，易名中华印务总局，此同治十年事也。后就印务总局改组《循环日报》。

"循环"云者，意谓革命虽败，而借是报以传播其种子，可以循环不已也。王氏自主笔政，洪幹甫及其婿钱昕伯辅之。钱氏盖奉《申报》主人美查之命，赴港调查报务以资仿效者也。初创时，新闻用洋纸印刷，船期尚用土纸（南山贝）。新闻常占篇幅三分之一，区为三栏：首栏选录《京报》，次栏为羊城新闻，又次则为中外新闻栏。然其时交通未便，消息难通，故主笔政者常须述野语稗史以补白。次年，附刊月报，择重要时事汇为一册，每年取费一元。嗣因销数不多，未期年而罢。当时该报有一特色，即冠首必有论说一篇，多出自王氏手笔。取西制之合于我者，讽清廷以改革。《弢园文录外编》，即集该报论说精华成之。其学识之渊博，眼光之远大，一时无两。自是而后，上海、新加坡等地报纸渐兴，互相转录，材料遂不虞缺乏。光绪四年，该报因省港消息灵通，特将每日报纸于先一夕派送，是为香港汉文晚报之先声。但往省船只，例于下午四时开行，而报纸印竣须在八时，故寄往广州澳门者，仍须俟诸次日。历四年，因时促事忙，遂取消晚报。光绪三十年，增加篇幅，分为庄谐二部，附以歌谣曲本，字句加圈点，阅者一目了然。光绪三十四年，京沪要事以电报传达，于是港中各报遂以专电互竞优劣。近年该报又迭有改良，无待缕述矣。

《汇报》，于同治十三年五月初三日创刊于上海，为中国第一留学生容闳（纯甫）所发起。集股万两，投资者多粤人，招商局总办唐景星实助成之。然又以文字易于贾祸，乃延英人葛理为总主笔，黄子韩、贾季良等为编辑。新闻中时涉及官事，股东不以为然。至七月二十一日，由葛理出名承顶，易名《汇报》，延管才叔为主笔。以《申报》为外人所开设，遇有当时以为不利于中国之事，即与之笔战。但营业不佳，乃清理账目，加入新股，于光绪元年六月十四日，易名《益报》，延朱莲生为主笔。至是年十一月初七日，朱氏辞职，斯报遂废。此三报以为时势所限，致难销行。然每日报首必载新闻目录，使阅者一目了然，是其特色也。

《新报》，于光绪二年十月初八日创刊于上海。由各省商帮出名，而其款实出自道库。新闻中英文并列；后此《南方报》《太平洋报》实仿之。惟外人未必阅此报，故次年五月即将英文取消，报名亦改横写为直写。至八年五月二十九日，以销路不畅，遂归并于制造局。

《广报》，于光绪十二年五月二十三日创刊于广州，为邝其照（蓉阶）所发起。延吴大猷、林翰瀛为主笔。其形式与《申报》同。当道以报馆之馆字不妥，令改为局字。光绪十七年，以事触怒粤督李小泉，令番南两县封闭，不准复开。有"辩言乱政，法所不容。广报局妄谈时事，淆乱是非，胆大妄为，实堪痛恨，亟应严行查禁，以免淆惑人心！"等语。该报不得已，乃迁沙面租界，请英商必文出面，改名《中西日报》，继续出版。后又易名《越峤纪闻》，但不久亦停。

第二节 《中外纪闻》与《强学报》

强学会者，清季维新运动之总机关也。先是，康有为及其弟子梁启超、徐勤、汤觉顿等，在南方组织桂学会，谓非变法自强，则无由救国；并联合公车一再伏阙上书请求革新政治，此光绪二十年事也。时北方由文廷式之主倡，亦有强学会之组织，已而改为强学会书局，其目的亦在改良政治。其会员有黄绍箕、汪康年、黄遵宪、岑春煊、陈宝琛、陈三立等，而工部尚书孙家鼐、湖广总督张之洞胥其有力之后援者。康有为等闻之，因即遵海北游，往来上海北京，加入斯会，于是强学会势益大振，时光绪二十一年秋季也。斯会最初著手之事业，为办报馆与图书馆。袁世凯首捐金五百，加以各处募集，得千余金，遂在北京后孙公园设立会所，向上海购得译书数十种，而以办报事委之梁启超，英人李提摩太亦参与之。当时会中殊无自购印刷机器之力，而坊间亦不闻有此物，乃向售《京报》处，托用粗木板雕刻印行，日出一册，名曰《中外纪闻》。其形式与《京报》相似，即托售《京报》人随《宫门钞》分送诸官宅，酬以薪金。发行月余，每日居然可送出二三千册。是年冬季，上海分会亦发行《强学报》①，用铅字排印，每日出一小册，亦不取费。守旧派见而忌之，由杨崇伊奏请封禁。翌年二月下谕："御史杨崇伊奏参翰林院学士文廷式一折，据称文廷式在松筠庵广集徒众，妄议朝政，及贿通内监，结党营私等事。虽查无实据，事出有因。文廷式著革职永不叙用，并即行驱逐回籍，不许逗留。"于是《中外纪闻》与《强学报》，遂同归消灭。

注释

① 康有为之《强学会报》序云：号物之大者，曰驼、象、骡、马、牛，皆彭亨庞巨，倍于人体。然而槛之、縶之、服之、乘之，甚且刲之、炰之。驼、牛、马宛转悲啼痛苦，受縶、缚、驾、乘、刲、炰，而呼号终莫救，仇怨终莫雪者，何哉？为其弱也。牛马无罪无辜，服勤供役，劳亦甚矣；而不免宰割者，何哉？为其愚也。《书》曰："兼弱攻昧"，既弱既昧，自召兼攻，奈之何哉？尝考三千年青史氏之册，五大洲万国之志，若刘石之破洛阳，耶律氏之取石晋，金斡离不之破汴，驱虏掳掠，有若犬羊，断殊骨肉，宛转道路，托命异类，寄生鼎俎。当此之时，其与象、驼、牛、马之受縶、缚、驾、乘、刲割，岂有异哉？岂有异哉？彼马基顿之破波斯，回教突厥之破罗马，及近者泰西之分非洲，虏掠凌暴，异种殊族，皆以愚

弱被吞食者。然则天道无知，惟佑强者。《易》首系乾以自强不息；洪范六极，弱居极下。盖强弱势也，虽圣人亦有不能不奉天者欤？然则惟有自强而已。夫强者有二：有力强，有智强。虎豹之猛，而扼于人；虎豹不能学问考论则愚，人能学问考论则智，是智胜也。至于天人、鬼物、昆虫、草木，莫不考论，则益智，故贵学。美人学会繁盛，立国百年，而著书立说多于希腊罗马三千年。故兵仅二万，而万国莫敢谁何？此以智强也。夫物单则弱兼则强，至累重什百千万亿兆京陔之则益强。荀子言物不能群，惟人能群，象、马、牛、驼不能群，故人得制焉。如使能群，则至微之蝗，群飞蔽天，天下畏焉，况莫大之象马而能群乎？故一人独学，不如群人共学；群人共学，不如合百亿兆人共学。学则强，群则强；累万亿兆皆智人，则强莫与京。吾中国地合欧洲民众倍之，可谓庞大魁巨矣，而吞割于日本。盖散而不群，愚而不学之过也。今者思自保之，在学群之。昔在京师，既与诸君子开会以讲中国自强之学，朝土集者百数，然犹未足合天下之才。海内耆贤通学，捧手推襟，欲推广京师之会，择合群之地，而益宏厥规则。沪上总南北之汇，为士夫所走集，乃群中外之图书器蓺，群南北之通人志士，讲习无间，而因推行于直省焉。凡吾神明之胄，衣冠之族，思保其教，思保其类，以免为象驼牛马之受槛、絷、刲割，岂无同心乎？抑其甘沦异类耶？其诸有乐于会友辅仁欤？仁者何？仁吾神明之胄，先圣孔子之教非欤？

第三节 杂志之勃兴

  北京强学会既被封禁，其上海支会不得已乃改为时务报馆；由汪康年为经理，梁启超为主笔，努力继续鼓吹其主张，时光绪二十二年七月也。《时务报》每旬一册，每册二十余页，以石版印连史纸上，极清晰而美观。所载有论说、谕折、京外近事、域外报译等；而域外报译，独占篇幅至二分之一而强。时四方新学士子喜康梁之议论新颖，群相呼应，起而组织学会讨论政治问题与社会问题。举其著者，如长沙之湘学会、时务学堂；衡州之任学会；苏州之苏学会；北京之集学会；其他如算学会、农学会、天足会、禁烟会等，尤不可以计数，而每会必有一种出版物以发表其意见。于是维新运动，顿呈活跃之观，而杂志亦风起云涌，盛极一时。《劝学篇》谓："乙未以后，志士文人创开报馆，广译洋报，参以博议，始于沪上，流衍于各省，内政外事学术皆有焉。虽论说纯驳不一，要以扩见闻，长志气，涤怀安之鸩毒，破扪籥之瞽论。于是一孔之士，山泽之农，始知有神州；筐篋之吏，烟雾之儒，始知有时局。不可谓非有志四方之男子学问之一助也。"盖指此时而言也。

《时务报》乃捐款所开办，而湖广总督张之洞所捐最多。张以报中论说太新，频加干涉，视主笔若资本家之于雇佣。时梁启超年少气盛，不能耐，翌年冬舍而之他；报事遂由汪康年一人主持。迨光绪二十四年夏，朝廷允御史宋伯鲁之请，改《时务报》为官报，命康有为督办。汪康年乃改《时务报》为《昌言报》，延梁鼎芬为主笔，另行出版。于是时务报馆乃发生移交与否之问题，而大开笔战。但未几戊戌事起，康梁出走海外，《昌言报》亦旋停。此事遂无人过问。①

梁启超走日本后，又创《清议报》，以攻击慈禧太后及刚毅、荣禄为事。清廷相疾甚，至禁止入口。庚子后，创《新民丛报》，偏重灌输常识，极受社会欢迎。尝复印十余版，至今流行。光绪三十三年，发起政闻社，发行机关报，名曰《政论》，但旋为清廷所封禁。宣统二年，创《国风报》，从各种政治问题，为具体之研究讨论，思灌输国民以政治常识。与《新民丛报》同时又创《新小说报》,以鼓吹革命。中有一小说,名《新中国未来记》,其理想的国,号曰大中华民主国,所言多与后事暗合。

《清议报》,创刊于光绪二十四年十月,每旬出版于横滨,每册约四十页。所载分论说、名家著述、新书译丛、文苑、外论汇译、纪事、群报撷华等。阅三年,以不戒于火而止。

《新民丛报》,创刊于光绪二十七年冬季,每半月发行于横滨,发行人为冯紫珊。每册约四十页。所载分论说、学说、时局、政治、杂评、小说、文苑等。出至七十二册而止。

《政论》,创刊于光绪三十三年九月,每月发行于上海,由蒋智由编辑,为政闻社之机关。每册六十余页,所载分演讲、论著、记载、社报等。出至七期而止。

《国风报》,创刊于宣统二年正月,每旬出版于上海,发行人为何国桢。每册五六十页。所载分论说、时评、著译、调查、纪事、文苑等。出至五十三期而止。

当时继《时务报》而起者,为光绪二十三年正月在澳门出版之《知新报》,同年三月在长沙出版之《湘学新报》,时有三足鼎立之称。

《知新报》由康广仁、何廷光为经理,徐勤、何树龄等为主笔。始五日一出,后改每旬一出,每册约十五页,杭连纸铅印。所载分论说、上谕、近事、译报等。初拟名《广时务报》,后以报主维新不取复沓,乃用此名;至光绪二十四年十二月始止。

《湘学新报》后简称《湘学报》,为长沙校经书院所编辑。每旬发行,每册约四十页,木刻连史纸印。内分史学、掌故学、舆地学、算学、商学、交涉学、格致浅例等,盖讲义体也。出至二十三期而止。

其以纪述国内外大事与介绍新学术与新知识,继此发行,足资称述者,有光绪二十三年七月在杭州出版之《经世报》;同年八月在上海出版之《实学报》;同年十月在重庆出版之《渝报》;光绪二十四年三月在成都出版之《蜀学报》；五月在上海出版之《东亚报》；光绪二十七年正月在上海出版之《东方杂志》及《译林》；光绪二十八年六月在厦门出版之《鹭江报》；光绪二十九年正月在上海出版之《大陆》；光绪三十三年三月在广州出版之《振华五日大事记》；及三十四年三月出版之《半星期报》；与宣统二年七月在成都出版之《蜀报》。

《经世报》为章炳麟（太炎）、宋恕等所编辑，论说外，多译英法文报章；十余册即止。

《实学报》为王斯源、王仁俊等所编辑，每月三册，首载章奏及英日报文，后附刻中西人书籍甚多，均未全。原此报主义，将分天地人物为四纲，包举宏广；惜十余册即止。

《渝报》之总理为宋育仁（芸子），主笔为潘清荫（季约）。每旬发行，每册约二十页，木刻贡川纸印。所载分谕折、译报、新论、川省物价、渝城物价、各省新闻、本省新闻、外国新闻等；出至十六期而止。

《蜀学报》每旬发行，为尊经书局所出版。每册约二十五页，木刻毛边纸印。总理为宋育仁，主笔为吴之英（伯杰）。所载分谕旨、学会讲义、专论、海外近事、中国近事、蜀中近事等。《丛书报》为此报之附刊。

《东亚报》为韩昙首等所编辑，分论说、宗教、政治、法律、商务、艺学、经世文选诸门。每月三册，发行未一年而止。

《东方杂志》，为商务印书馆所出版，注意国内外大事。始每月一出；十七年后，改为半月刊。至今继续发行，为杂志中时期最长久而最努力者。前年为该报二十周年纪念，曾取二十年内材料之有系统者，仿丛书体例，编为《东方文库》，计八十二种一百册，该报精粹之所在也。

《译林》每册二十五页，考贝纸印。所载分法律、经济、名人传、商业史、游记等。执笔者为林长民、魏易等，林纾监译。出至十二册即止。

《鹭江报》每旬发行，每册二十余页，杭连纸印。所载分论说、谕折、中国纪事、各国纪事、汇论、西文译编、闽峤琐闻等。出至八十六期而止。

《大陆》为归国留日学生江呑所编辑。每月发行，每期约百页。所载分言论、学术、史传、军事、商工、教育、时事批评、杂录、文苑、小说、外论等。出至三十四期而止。

《振华五日大事记》，每小册约二十页。所载分论说、群言、学理、世界大事、中国大事、本省大事、浅说、白话、粤声等。出至五十一期而止。

《半星期报》，每三日发行，为莫梓斡所编辑。每册约二十页。所载分论说、短评、科学、新法、群言、小说、文苑、世界大事、中国大事、本省大事等。

《蜀报》，每半月发行，每册约三十页，铅字考贝纸印。由朱山编辑。所载分论著、文汇、译丛三大类。出至十二期而止。

其仿各史纪事本末及中西纪事体者，有光绪二十三年八月在上海发行之《萃报》，主持之者为朱强父。每周发行，连史纸石印，每册约三十页。所载分谕折、中国要务、各国要务、中华新闻、外事新闻、《路透》电音等。继之者为同年九月出版之《求是报》，为曾仰东、陈彭寿等所编辑。内编分交涉、时事、附录；外编分西报、西律、制造、格致、泰西稗编诸门，所采多出自法文书报。每旬发行。后此又有《集成报》，及光绪二十八年所出之《选报》，均每旬发行。而《集成报》印刷最精，所载多各省紧要成案，及各使馆档案，分类编纂，删繁而就简焉。

其提倡改良农工商事业者，有光绪二十三年四月在上海出版之《农学报》；光绪二十四年八月出版之《工商学报》；光绪二十九年出版之《商务报》；光绪三十三年在广州出版之《农工商报》与《实业报》。

《农学报》，每半月发行，每册约二十五页，连史纸石印。主持之者为罗振玉（叔蕴）、蒋斧。所载分公文、古籍调查、译述、专著等。二十四年改为旬刊，九月让渡于日人香月梅外。出至三百十五册而止。

《工商学报》，为张德坤编辑，每月四册，每册二十余页，连史纸石印。所载分谕折、论说、公牍、工商情形、译论、调查、市情。不久即停。

《商务报》，每旬发行，每册三十余页。所载分上谕、公牍、论说、浅说、商情、译述、实业、小说等。出至六十五期而止。

《农工商报》，编辑者为江宝衍（侠庵），每旬发行，每期约二十余页。所载分论说、农业、工业、商业、工商时事等。至四五十期，改名《广东劝业报》，至宣统二年始止。

《实业报》，每旬发行，每册约二十页，为曾公健等所创办。体例与《农工商报》相仿佛。至光绪三十四年十月止。

其偏重数理者，有光绪二十三年七月在上海出版之《新学报》；光绪二十四年三月出版之《格致新闻》；光绪二十七年出版之《普通学报》；光绪二十八年出版之《中外算报》。

《新学报》，每半月发行，为新学会与算学会所编辑。每册二十余页，石版连史纸印。所载为上谕、算学、政学、医学、博物等。

《格致新闻》，每旬发行，为朱开甲、王显理所创办，连史纸石印。报中有问答栏，颇便于初学者。又设学舍，请教士讲演，并实地试验，且得代购一切理化器械。后因事中止，与《益闻录》合并。

《普通学报》，每月发行，连史纸石印小册，每册约四十页。所载分经、史、文、算、格致、博物、外国语、学务等。

《中外算报》，每月发行，有光纸石印小册，每册二十余页。为杜亚泉等所编辑。

其专言教育者，则有光绪二十七年四月在上海出版之《教育世界》，与宣统元年正月出版之《教育杂志》。

《教育世界》之创刊，为罗振玉所发起，王国维为主笔，每旬发行。初专事译述；自六十九期起，改为半月刊，始加改良，分论说、学理、教授、训练、学制、传记、小说、本国学事、外国学事等。出至百十六期而止。

《教育杂志》，为上海商务印书馆所出版，每月一册。今尚继续发行。

其注意通俗教育者，有光绪二十四年三月在无锡出版之《无锡白话报》，每五日发行，木刻活字毛边纸印，每册十余页，为裘毓芳（梅侣）女士所创办。第五期起，改名《中国官音白话报》，每半月发行。继此者，有《苏州白话报》《杭州白话报》《扬子江白话报》《京话报》等，其名不胜枚举。我国报界之有女子，当以裘女士为第一人矣。[②]

其提倡女学与女权者，则有光绪二十八年在上海出版之《女报》，为《苏报》主人陈范之女撷芬所创办。每月发行一小册，每册约二十页。所载分论说、新闻、翻译、教育论等。初出版时，随《苏报》附送六期，我国之有女报自此始。后此有丁初我、曾孟朴等所创办之《女界月刊》；陈以益所创办之《新女子世界》；秋瑾女士所创办之《中国女报》。秋女士就义后，《新女子世界》与《中国女报》合而为一，易名《神州女报》。

其提倡儿童教育者，则有光绪二十四年正月出版之《求我报》，每半月发行，连史纸石印。所载分方名、正蒙二编，由浅入深，与今日通行之初等小学教科书无异。继此者，有光绪二十九年在北京出版之《启蒙画报》，与光绪三十四年上海中华学会所出之《蒙学画报》，均每半月发行，若今之儿童教育画也。

其专言外交者，有光绪二十七年十一月上海普通学书局所出之《外交报》，及三十年所出之《日俄战纪》。

《外交报》，每半月发行，每册约二十页，考贝纸印。所载分论说、谕旨、文牍、外交纪闻、译报、要电等；出至一百三十二期而止。

《日俄战纪》，为上海商务书馆所发行，每册约五十页。所载分地图、图画、军事、小史、战国文牍、海陆战事、日本防务、俄国防务、中国中立、各国中立、韩国近事、战地人物、杂记、时论，自开战迄议和，凡三十册。

其专研究外国语者，有光绪二十三年正月在上海发行之《通学报》，为任独（申甫）所编辑。始每旬发行，二年后改为月刊。所载有英语与世界语，分历史、地理、理化诸学科，由浅入深，与今之函授讲义同。发行六年始止。

其专言侨务者，有宣统元年四月巴达维亚华巫编辑所所出之《华铎报》，主笔为白洲。每周发行，每册约二十页，以引导华侨有独立合群尚武之性质，有国家之思想为宗旨。出至次年八月而止。

其专言地理者，有《地学杂志》，于宣统二年正月出版于北京，为中国地学会之言论机关。由张相文编辑。始全年十册，后改月刊，有光纸印。分论丛、杂俎、说部、记事诸栏。民国八年十二月休刊。

其专言法政者，有《法政杂志》，于宣统三年二月出版于上海，是陶保霖等编辑以研究法律政治现象，参证学理，以促进群治为宗旨。每月一册，分社说、资料、杂纂、记事诸栏。民国四年十二月休刊。

清代文字，受桐城派与八股之影响，重法度而轻意义。自魏源、梁启超等出，绍介新知，滋为恣肆开阖之致。留东学子所编书报，尤力求浅近，且喜用新名词，文体为之大变。守旧者不以为然，乃创国学保存会，发行《国粹学报》等杂志，以期挽救。但虽注重旧学，而实寓种族革命思想，是其特色也。

《政艺通报》，创刊于光绪二十八年正月，每半月出版于上海，编辑者为邓实（秋枚）。每册约四十页，考贝纸印。每册分上下两篇，上篇言政，下篇言艺。宣统元年，改为月刊；但旋即停止。

《国粹学报》，创刊于光绪三十年正月，每月发行于上海。编辑者亦为邓实。每册约四十页，所载以章炳麟、刘师培之文字为多。有光纸印。分政篇、史篇、学篇、文篇等。出至八十二期而止。[③]

《国文报》后改名《山东国文报》，创刊于光绪三十二年二月，每旬发行于济南。每册三十余页，考贝纸印。所载分论议、序跋、考古、公牍、书札、讲义等。出至二十八期而止。

《国粹丛编》，创刊于光绪三十三年正月。所载为佚书、遗籍，出十二期而止。

《保国粹旬报》，创刊于宣统二年正月，每旬发行于广州。为黄德钧（继和）所编辑。但仅出六期即止。

慈禧太后复政后，立于光绪二十四年八月二十四日下谕，谓："莠言乱政，最为生民之害，前经降旨将官报局《时务报》一律停止。近闻天津、上海、汉口等处，仍复报馆林立，肆口逞说，妄造谣言，惑世诬民，罔知顾忌，亟应设法禁止。著各该督抚饬属认真查禁。其馆中主笔之人，率皆斯文败类，不顾廉耻。即饬地方官严行访拿，从重惩办，以息邪说，而靖人心。"大有借口康、梁，将报馆一网打尽之意。逮《清议报》出版，清廷衔康梁益甚，故于光绪二十六年正月十五日，又下谕，谓："前因康有为、梁启超罪大恶极，迭经谕令沿海各省督抚，悬赏缉拿，迄今尚未弋获。该逆等狼子野心，仍在沿海一带，煽诱华民，并开设报馆，肆行簧鼓。种种悖逆情形，殊堪发指。著南洋、闽、浙、广东各省督抚，仍行明白示谕，不论何项人等，如有能将康有为、梁启超缉获送官，验明实系该逆犯正身，立即赏银十万两。如该逆犯早伏天诛，只须呈验尸身，确实无疑，亦即一体给奖。此项银两，并着先行提存上海道库，一面验明交银，免致展转稽延。如有不愿领赏，愿得实在官阶及各项升衔，亦必予以破格之赏。至该逆犯开设报馆，发卖报章，必在华界。但使购阅无人，该逆犯等自无所施其伎。并着各该督抚实力严查，如有购阅前项报章者，一体严拿惩办。此外如藏有该逆犯从前所著各逆书，并着严行销毁，以申国宪而靖人心。"但康、梁均寓海外，此谕固无若何之效力也。

注释

①汪康年启事：

（一）康年于丙申秋创办《时务报》，延请新会梁卓如孝廉为主笔，至今二年。现既奉旨改为官报，则《时务报》名目，自非草野所敢擅用刻印。即从七月初一日起，谨遵六月初八日据实昌言之谕，改为《昌言报》。另延请番禺梁节庵先生鼎芬为总董。一切体例，均与从前《时务报》一律。翻译诸人，亦仍其旧。祈代派暨阅报诸君共鉴之。

（二）自甲午以来，吾华士大夫，鉴于中国以二十一行省之大，四万万之众，败于扶桑三岛，割地偿金，为世大辱，始有亟亟于知彼知己，舍旧谋新，以图自强而洗大耻者。丙申春，康年与诸人同议，知非广译东西文各报，无以通彼己之邮；非指陈利病，辨别同异，无以酌新旧之中，乃议设时务报馆于上海。时梁卓如孝廉方留滞京邸，致书康年，有公如设报馆某当惟命是遵之语。乃发电信，延之来馆，专司论说。及公延古城坦堂张少堂二君翻译东文西文报。是后诸君去来不常，故撰论译报，时易其人，而要其直言无隐，冀以草野之见闻，上备朝廷之采择，则犹夫初志。办理两年，未敢谓尽妥善，犹幸上承京外诸大吏之扶掖，中赖同志诸君之辅助，得以渐次推广，遍及各行省。馆中经费，全赖集资。核计五月开馆时，南皮制军倡捐千元，强学会留存余款七十余元，又康年经手斥卖无用器具银三百数十元，收回多付房租银一百数十元（以上三项，即首次捐款清单内所列之六百二十元），暨出版后诸同志陆续捐助，计共收银一万一千余元，又二千六百余两，报费五万八千余元（约及十成之八五），撙节支用，幸得撑拄至今。窃自谓可告无罪于海宇士夫矣。惟是去夏以来，人言藉藉，咸谓康年有亏空八千金情事。康年先时犹谓无根之言，不足置辩。近日则言者愈多，京城尤甚。并风闻业已见诸奏章，上尘天听。事之可诧，莫过于斯。夫馆中所收之经费，以捐款报资二者为大宗，其余均为数甚微。捐款除随时登报志谢外，又于每六阅月所开之收支清册，将实收之数，详细开列。试问助资诸君，有已付款而未登报者否？使此八千金之款，康年取为已用，匿不以报，则彼助资诸君何为默不一言？至于所收报资，亦已两次开列寄报收款清单表，供人检核。大约除所托非人被其乾没，或其人不善经理，以致报费无着，又或相距较远，尚未收到外，其余即已尽数列入表内。使康年所侵匿以八千金或取之报费，则必有曾付八千金而未获列入表内者矣。盍亦就代派诸君而一问之乎？收款之凿凿可指，既已如是，则必支用之帐或有不实，而后此八千金之数乃可融入其中而使人不觉。然自丙申初秋以至今夏，计共用七万二千余元又二百两，其用之也，有其时，有其人，并有其籍。且旧年以前，姑不置论。今岁上半年，计共用一万八千余元，内除薪资、印报费、寄报费，暨还代派处各款共一万四千八百余元外，其余房租、饭金、各项零用，都共三千二百余元。以半岁七月除之，计月用四百五十余元。其为款归实用，确凿可知，更何处容此八千金之虚数乎？至于此时所存银四百两又一千八百余元（以六月底为断），除实存现银外，亦有款可抵（此皆有着之款，惟暂不能入帐，诸君欲知其详，请到馆查阅可也）。则亏空八千金之说，抑亦不辩而自明矣。此外蜚语谤言，尤不一而足。凡此流传之言，本不愿琐琐辩论。惟是吾辈办事，贵使人信其无他。若所办之事，甫经就绪。而生平之操守几不能自白于人，则此后即日与人言维新，言开化，而人将以不肖相待，更有何事可为，不益为当世士大夫所羞辱乎？附缀数言，以谂知者。或不以为哓哓也。

（三）兹将康年上黄钦使之呈稿，刊录于后，借呈助资诸公公鉴。现在帐目均已齐备，一俟奉有明文，即行交出。仍另行筹款，续办《昌言报》，合并奉闻。"具呈进士汪康年，呈为据实申呈事。窃康年七月二十九日奉到苏松太道蔡谕开：七月二十三日，奉南洋大臣刘札，准总理衙门电开：两江总督转电出使日本大臣黄，湖广总督转电出使日本大臣黄，奉旨，刘坤一电称，康有为电，奉旨改《时务报》为官报，汪康年私改为《昌言报》，抗旨不交等语。该报馆是否创自汪康年，及现在应如何收交之处，着黄遵宪道经上海时，查明原委，秉公核议，毋任彼此各执意见，致旷报务。钦此等因。到本大臣承准此，合行恭录札饬，札道即便遵照，转饬该报馆钦遵等因。奉此，合即谕饬，谕到该报馆即便钦遵毋违等因。奉此，康年窃惟已前之时务报馆，系由众人集捐而成，即是商款商办。故款项出入，非康年所敢独专。伏读六月初二日特派康有为督办之谕中，并有另给开办费六千两之旨。又检查协办大学士吏部大堂孙复奏，第筹议开办常年各经费，亦未提及交收一字，名为开办，事实创而非因；费有常年，责在官而无借商力。是朝旨既未令交代，而康年所办又系众人集捐之事，亦何能独自擅交。此康年难于交代之缘由也。康年于获见电传上谕后，遵即暂行停办《时务报》，一面电催康主政速行来沪，候其主持，以明不敢擅专之意。又读谕旨，令民间广开报馆以开风气，康年窃思时务报馆原有之款，本系公共纠集，以为办报之用，故即续办《昌言报》，上副圣天子广开言路之盛心，下答捐款诸人集资委托之重任。商款仍归商办，此则康年另办《昌言报》

之缘由也。康年办理报馆,至今两年,以众人公捐之财,办众人愿办之事,若未奉交代之明旨,又未见督办官报之康主政,遽以商馆所有,率行交出,置身事外,设捐款诸人责康年以未能体会谕旨,任意委弃,康年岂能任此众怨?现在帐目一切,本自齐备。所有以前时务报馆之商款,应否并归官报之处,迭次上谕并无明文,理合静候秉公核议,谕示遵行。自当按照临时帐目交代。兹奉前因,合将先今办理情形,及听候核议交收缘由,呈明查核。除呈苏松太道蔡转呈南洋大臣刘外,合行据实申呈。谨呈。"据呈,时务报馆原系民间设立之报,商款商办,由该进士经理其事。既奉旨改《时务报》为官报,派员督办,由官拨款。该进士遵即就原办报馆,另拟《昌言报》,刊印发售,尚无不合,应准照办,候咨明总理衙门查照。该报所出报单,并应按时呈送来辕,以凭汇择咨送。至《时务报》应否交收,仰候出使黄大臣过沪查明,秉公核议具奏,并印缴照。此批。

又梁启超有"创办《时务报》原委记"一文,照录于下:

本日在《国闻报》中见有汪君穰卿告白云:"康年于丙申秋在上海创办《时务报》,延请新会梁卓如孝廉为主笔等语。"阅之,不胜骇诧。现《时务报》既奉旨改为官报,又适派吾师南海康先生督办。局外人见穰卿告白,恐将有谓启超攘夺彼所独创之事业者,故不得不详细言之。夫所谓创办者何:一曰筹款,二曰出力而已。查《时务报》初起,系用上海强学会余款。当乙未九月,康先生在上海办强学会,张南皮师首倡捐一千五百两为开办经费,沪上诸当道亦有捐助者。遂在王家沙地方开办。当时康先生以母寿之故,不能久驻上海,因致穰卿一函两电,属其来沪接办。当时穰卿犹在湖北就馆也。既而穰卿到沪,而京师强学会为言者中止,沪会亦因之停办。当时尚余银七百余两,又将原租房屋已交去一年之租银追回半年,得三百五十元,又将会中所置器物书籍等项变卖,得二百余元,共得一千二百金,实为《时务报》嚆矢。第一期报中所登汪穰卿进士梁卓如孝廉捐集银一千二百两者,即此项也。第三期以后,改为张孝达制军捐银七百两，汪梁集捐六百元者，系原存七百两，乃南皮师原捐，故改登，其追回房租变卖器物等项，无从指名，故仍冒我等二人名也。当时穰卿因欲灭康先生旧迹，故不将此款声明强学会之余款，而登为汪某等捐集云云。黄公度京卿改之，使并列两名，实则启超何尝有捐集之功，而冒此称，实滋不安耳。此《时务报》最初之起点也。强学会停办之后，穰卿即在沪度岁（穰卿已移家上海）。时启超方在京师，康先生并招至沪，改办报以续会事。同乡黄公度京卿遵宪适在沪。公度固强学会同事之人，愤学会之停散，谋再振之，亦以报馆为倡始。于是与穰卿启超三人，日夜谋议此事。公度自捐金一千元为开办费，且语穰卿云：吾辈办此事，当作为众人之事，不可作为一人之事，乃易有成。故无所谓集款，不作为股份，不作为垫款，务期此事之成而已。此等语固公度屡言之，穰卿屡闻之者也。创办时所印公启三十条，系由启超所拟草稿，而公度大加改定者（彼时穰卿力主办日报，欲与天南遁叟争短长，公度及启超力主旬报之说，乃定议）。其后聘请英文翻译张少堂，系公度托郑瀚生司马代请者。东文翻译古城贞吉，系由公度托日本驻上海总领事代请者。所立合同，亦出公度之手。其致函各处劝捐，托各处派报，亦均公度之力。当时公度在上海，至九月方北行。数月之中，报馆一切事，公度无不与闻。其捐款之独多也如彼，其开办之出力也如此。今穰卿自称《时务报》为彼所创办者，不知置公度于何地也？邹展书部郎凌瀚，亦强学会同事之人，志愿与公度同，故首捐五百金开办。吴季清大令德绵与公度、穰卿、启超皆至交，当时又与启超同寓京师，故《时务报》开办，一切事无不共之，丙申五月，季清先生与其子亡友铁樵石樵同到沪，即寓在报馆，朝夕商榷一切。故《时务报》公启，即以公度、季清、展书、穰卿及启超五人出名，此人人所共见者。（当时公启订成一小本，自四五月间即分送各处同志，至第一期出报时，用单张夹在报内，想阅报诸君无不共见。四人之名，岂可剔去？）今穰卿自称《时务报》为彼所创办，不知置季清、展书于何地也？同人既议定此报为众人之事，不得作为一人之事，因得以公议向各同志助捐，而海内君子亦以公议之故而乐助之。二年以来，得款至万余金。此实《时务报》公事而非私事之明证。今穰卿称《时务报》为彼所创办者，不知置捐款诸君于何地也？至启超既为穰卿雇工之人，亦复何足比较。然自问创办时，固不无微劳矣。当丙申五六月间，穰卿湖北馆地尚未辞去，恐报馆之或不能支，住鄂住沪，不能自决，屡商之于启超，启超谓报能销四千份，则此事便可支持，因固留之。启超自以不谙会计，惮管杂务，因与穰卿约，彼理事务兼外间应酬，而启超主报中文字，此总理撰述之名所由分也。当时各因天才，自执一职。天泽之分不甚严，总办之与属员名分平等，而启超亦贸贸然自忘其受总办厚恩为总办所请之人也。当时总办之勤劳固云至矣，然即如启超者，忝任报中文字。每期报中论说四千余言，归其撰述。东西各报二万余言，归其润色。一切公牍告白等项，归其编排。全本报章，归其复校。十日一册，每册三万字。启超自撰及删改者几万字，其余亦字字经目经心，六月酷暑，洋烛皆变流质，独居一楼上，挥汗执笔，日不遑食，夜不遑息。记当时一人所任之事，自去年以来，分七八人始乃任之。虽云受总办厚恩，顾东家生意，然自问亦无负于《时务报》矣。然犹不止此。计丙申七月初一日为《时务报》出报之日，而穰卿于六月前赴湖北，月底始返沪。七月下旬又因祝南皮寿辰，前赴湖北，中秋后始返沪。彼时正当创办吃紧之时，承乏其间谁乎？虽以启超之不才，亦只得竭蹶从事，僭行护理总办而已。此后局面既成矣，捐款既至万余金矣，销报既至万余份矣，穰卿之以启超为功狗，固其宜也。且穰卿之称《时务报》为彼创办，不自今日始。当丙申夏秋间，海内巨公同志提倡斯举，捐款日多。当时我两人商议，谓不可无谢启。启超谓宜将公启内之五人作为公函。凡有捐款者，五人公谢之。穰卿谓何必如斯，只我两人出名足矣。凡此等馆中杂务，向章皆由穰卿主办，启超不能争也。自八月以后，凡有捐款者，皆穰卿一人出名函谢矣。其函中之言，犹夫本日《国闻报》告白之言也。盖当初办之时，早有据为汪氏产业之计，而天下之人视此局为汪氏产业也，亦已久矣。穰卿既为东家，则启超虽欲辞佣工之名，岂可得哉？当开办之始，公度恐穰卿应酬太繁（盖穰卿宗旨，谓必吃花酒，乃能广达声气，故每日常有半日在应酬中。一面吃酒，一面办事，因不能兼办全局之事），乃议推吴铁樵（名樵，四川人，季清先生之子，去年已即世矣）。又开办时所出公启内办事规条第九款云：在报除住馆办事各人外，另举总董四人，所有办事条规，应由总董议定，交馆中照行云云。自丙申秋至丁酉夏，公度屡申此议，谓当举总董。以此两事之故，穰卿以此深衔公度，在沪日日向同人诋排之。且遍腾书各省同志，攻击无所不至。以致各同志中，有生平极敬公度转而为极恶公度者。至去年六月，公度赴湘任，道经上海，因力持董事之议，几乎翻脸，始勉强依议举数人。然此后遇事，未尝一公商如故也。总董虽有虚名，岂能干预汪家产业哉？穰卿尝谓启超云：公度欲以其官稍大，捐钱稍多，而挠我权利，我故抗之，度彼如我何？公度一抗，则莫有毒予者矣。此言，启超之所熟闻者也。自兹以往正名之论大起。日日自语云：总理之名，不可不正；总理之权利，不可不定。于是东家之架子益出矣。去年一年中，馆中凡添请十余人，时启超在沪同事也，而所添请之人未有一次与启超言及者。虽总办之尊，东家之阔，亦何至如斯乎？启超性狭隘，诚不能无所芥蒂。自去秋以来，常不免有龃龉总办之事，此实不容自讳也。至于馆中开销，公度与启超当开办时再四熟筹，但能销报四千份，即可支持。乃此后捐款万金，销报万余份，而去年年底几于不能度岁。致使万国公报，后旁姗笑。虽曰各处报费难于收齐，然其中曲折，固有非佣工小人所能窥者。穰卿与启超之有意见，自去年以来矣。同事之难，自古所叹。以乱易整，旁观所笑。启超所以隐忍于心，绝不敢为我同志一言之也。独所不解者，穰卿于康先生何怨何仇，以启超有嫌之故，迁怒于康先生，日日向花酒场中专以诋排为事。犹以为未足，又于《时务日报》中编造谣言，嬉笑怒骂。犹以为未足，又腾书当道，及各省大府，设法构陷，至诬以不可听闻之言。夫谤康先生之人亦多矣，诬康先生之言亦种种色色怪怪奇奇无所不有矣，启超固不与辩，亦不稍愤。独怪我穰卿自命维新之人，乃亦同室操戈，落井下石，吾不解其何心也！康先生之待穰卿，自启超观之，可谓得朋友之道矣。乙未办强学会，屡致函请其来接办，是久以同志可信之人待之也。此次奉旨督办《时务报》后，即致一函一电与穰卿，请其仍旧办理，己不过遥领而已（电文云：奉旨办报，一切依旧，望相助，有为叩。其函则系六月十二日邮政局寄者，文长不能全录）。康先生之于穰卿，可谓尽道矣。而穰卿既无覆电，又无回信，既不可同办，又不肯交出。私众人所捐之金为己产，私众人所出之力为己功，不顾交情，显抗圣旨，吾不解其何心也！此后之事，既改归官办，则亦非启超之所敢言。惟于创办之原委，及启超之为佣工与否，不得不哓哓一辩白之。褊心之诮，固不敢辞；知我罪我，听之海内同志而已。六月二十四日新会梁启超谨白。

②女子之服务报界，我国以裘毓芳女士为最早。次之，则为陈撷芬女士与胡彬夏女士。光复后，张默君（时名昭汉）女士曾创办《大汉报》，同时又与汤国黎、谈社英、杨季威三女士合编《神州女报》。近年胡彬夏女士曾主编商务印书馆出版之《妇女杂志》，张默君女士曾主编《时报》之《妇女周刊》，谈社英女士曾主编《中华新报》之《妇女与家庭》。其著声于外交界者，则有《时报》驻欧通信员李昭实女士；其专门研究报学而得学位者，则有张继英女士；在北方创办《女子日报》者，则有万璞女士。就吾所知，服务报界最久及撰述最多者，又当推谈女士为第一也。

③《国粹学报》发刊词："学术所以观会通也。前哲有言，执古之道以御今之有，睹往轨，知来辙。史公之言曰，知天人之故，通古今之变。又曰，好学深思，心知其意。班孟坚曰，函雅故，通古今。盖化裁为变，推行为通，观会通以御世变，是为通儒之才。但所谓观其会通者，非斷斷于训诂词章之末，株株守一先生之说也。乃综贯百家，博通今古，洞流索源，明体达用。昔庄生作《天下篇》，荀卿作《非十二子篇》。皆明学术

之源流，历叙诸家之得失。炎汉代兴，通儒辈出。马谈论六家要旨，刘班志七略艺文，于学派源流，反复论说，尤能洞见元本。至谓修六艺之文，采诸家之言，舍短取长，可通万方之略，观古人会通之学，何其盛哉？自汉氏后，二千余年，儒林文苑，相望而起。纵其间递兴递衰，莫不有一时好尚以成其所学之盛，然学术流别，茫乎未闻。惟近儒章氏龚氏，崛起浙西，由汉志之微言，上窥官守师儒之成法。较之郑焦，盖有进矣。无如近世以来，学鲜实用。自考据之风炽，学者祖述许郑，以汉学相高。就其善者，确能推阐遗经，抉发闾奥。及陋者为之，则拾摭细微，剽袭成说，丛脞无用。而一二为宋儒学者，又复空言心性，禅寂清谭，孤陋寡闻，闭聪塞明。学术湮没，谁之咎欤？海通以来，泰西学术，输入中邦。震旦文明，不绝一线。无识陋儒，或扬西抑中，视旧籍如苴土。夫天下之理，穷则必通。士生今日，不能借西学证明中学，而徒炫暂种之长，是犹有良田而不知辟，徒咎年凶，有甘泉而不知疏，徒虞水竭，有是理哉？嗟乎！旧籍未沦，风徽未沫。旧国旧都，望之畅然。虽百世之下，犹将感发兴起，况生于其邦，可不知尚论其人乎？夫前贤学派，各有师承，懿行嘉言，在在可法。至若阳明授徒，独称心得。习斋讲学，趋重实行。东原治经，力崇新理。椎轮筚路，用能别辟途径，启发后人。承学之士，正可师三贤之意，综百家之长，以观学术之会通，岂不懿欤？惟流俗昏迷，冥行索途，莫为之导，虽美弗彰。不揣固陋，拟刊发报章，用存国学。月出一编，颜曰《国粹》。虽夏声不振，师法式微，操钟鼓于击壤之乡，习俎豆于被发之俗，易招覆瓿之讥，安望移风之效。然钩元提要，刮垢磨光，以求学术会通之旨，使东土光明，广照大千，神州旧学，不远而复。是则下士区区保种爱国存学之志也。知言君子，或亦有取于斯。"

第四节 《国闻报》《时务日报》与《时报》

《国闻报》[①]为严复等所发起,于光绪二十三年十月初一日出版于天津。次月增出旬报,名《国闻汇报》。首译外论,次译俄、英、法、德、美、日各报中之各国纪闻,乃北方报纸之最佳者。惜发行未久即停耳。

《时务日报》[②]于光绪二十四年之闰三月二十一日,创刊于上海。时《时务报》风行一时,然月止三册,又以提倡变法为主旨。故其经理汪康年（穰卿）乃别出此报,以纪载中外大事,评论时政得失,是时日报故步自封,而《申报》又以先进自负,汪氏乃锐意革新,增加材料,分栏编辑,用报纸两面印刷,与《申报》相竞争,遂开我国日报改进之机。是年六月,《时务报》改归官办,故次月此报亦易名《中外日报》以别之,光绪三十四年,以经济不充,由沪道蔡乃煌资助。是为我国报界受政界津贴之始。蔡派其乡人沈仲赫至馆监督,编辑者咸感不便,纷纷他去,汪遂以报馆全部售于蔡。惟官吏迁调靡常,办报仅为一时计,未几《中外日报》销数大落,遂停刊。

汪氏于光绪三十二年,又创《京报》于北京。至宣统元年,以论杨翠喜案被封。次年,又创《刍言报》,侧重评议,为三日刊之滥觞。宣统三年,汪氏逝世,此报亦停刊。其所著社论,以变法图存为宗旨,而《自强策》三篇,尤传诵于人口。《汪穰卿遗著》即集各报之文字而成者。

关于《京报》,尚有一事足述。先是,《京报》出版,对于庆亲王父子及其私人,讥刺备至。汪为军机大臣瞿鸿禨之门人,为人所共知。以是瞿乃为权贵所侧目。光绪三十三年五月某日,瞿入值军机。慈禧太后偶与谈及庆亲王，颇致不满，有拟令其退出军机之语。瞿归告其夫人，其夫人又告汪之夫人。汪又以告曾敬贻，初不过闲谈而已。讵曾竟告之《伦敦时报》驻北京访员马利孙。马即据以为实在消息，电告报馆发表。而驻京英使反无所闻，乃向外部询问。事为慈禧所知，甚责瞿之漏言。旋言官即起而劾瞿。所谓暗通报馆，即指《京报》；阴结外援，即指《伦敦时报》。是月七日下谕："恽毓鼎参军机大臣瞿鸿禨暗通报馆，授意言官各节，着交孙家鼐铁良秉公查明，据实复奏。"同日不俟复奏，又下朱谕："恽毓鼎奏参军机大臣瞿鸿禨暗通报馆，授意言官，阴结外援，分布党羽。瞿鸿禨着即开缺回籍，以示薄惩。"当时倾轧之烈可想。故九日庆亲王有奏请开去军机大臣要差之举。然瞿去而庆亲王转得慰留，亦可见慈禧太后之好恶无恒也。

　　《时报》[3]于光绪三十年四月二十九日，创刊于上海，主持者为狄葆贤（楚青）。先是，狄氏抱革新思想自日本归国后，即与《湘学报》主笔唐才常在上海组织中国独立协会，图大举。假名东文译社，以掩官厅耳目。经济无出，则鬻旧藏古书画以充之。初拟结连各秘密党，乘间入京。寻八国联军之役起，首都沦陷。乃一面邀集各省人氏，组织国会，推容闳、严复为正、副议长，以为对外代表人民之机关。一面购置军火上溯汉口，欲占为起义之地。惜内部事机不密，功败垂成。从此狄氏灰心武力运动，乃创办《时报》，为文字上之鼓吹。延陈冷为主笔。独创体裁，不随流俗。如首立时评一栏，分版论断，扼其机枢。如提倡教育，如保存国粹，如注重图画，如欧战后增教育、实业、妇女、儿童、英文、图画、文艺等周刊，今均为各报所踵行。又如光绪三十年之冬，为粤汉路建筑权，发争回权利之议论。次年以美人虐待华工，劝国人制造国货，购买国货。民国五年，因日人二十一条之要挟，提倡救国储金，借众力以振兴实业。此皆其荦荦大端,为注意时事者所能记忆。狄氏尝语著者云:"吾之办此报非为革新舆论,乃欲革新代表舆论之报界耳。"其所以不惜牺牲,甘与守旧者为敌以此。北大教授胡适(適之)于《十七年的回顾》一文中,于《时报》对于报界之贡献,言之颇详。兹节录如下:

我于前清光绪三十年的二月间,从徽州来到上海,求那当时所谓《新学》。我进梅溪学堂后,不到二个月,《时报》便出版了。那时正当日俄战争初起的时候,全国的人心大震动。但是当时几家老报纸,仍旧做那古文的长篇论说,仍旧保守那遗传下来的老格式与老办法,故不能供给当时的需要。就是那比较稍新的《中外日报》,也不能满足许多人的期望。《时报》应此时势而产生,他的内容与办法,也确然能打破上海报界的许多老习惯,能够开辟许多新法门,能够引起许多新兴趣。因此《时报》出世之后,不久就成了中国知识阶级的一个宠儿。几年之后,《时报》与学校,就成了不可分离的伴侣了。

我那年只有十四岁,求知的欲望正盛,又颇有一点文学的兴趣,因此我当时对于《时报》的感情,比对于别报都更好些。我在上海住了六年,几乎没有一天不看《时报》的。我记得《时报》有一次征求报上登的一部小说的全份,似乎是《火里罪人》,我也是送去应征许多人中的一个。我当时把《时报》上的许多小说、诗话、笔记、长篇的专著,都剪下来分订成小册子,若有一天的报遗失了,我心里便不快乐,总想设法把他补起来。

我现在回想当时我们那些少年人,何以这样爱恋《时报》呢?我想有两个大原因:

第一,《时报》的短评,在当日是一种创体;做的人也聚精会神地大胆说话,故能引起许多人的注意,故能在读者脑筋里发生有力的影响。我记得《时报》产生的第一年里，有几件大案子。一件是周有生案；一件是大闹会审公堂案。《时报》对于这几件事，都有很明决的主张。每日不但有"冷"的短评，有时还有几个人签名的短评，同时登出。这种短评，在现在已成了日报的常套了，在当时却是一种文体的革新。用简短的词句，用冷隽明利的口吻，几乎逐句分段，使读者一目了然，不消费功夫去点句分段，不消费功夫去寻思考索。当日看报人的程度，还在幼稚时代，这种明快冷刻的短评，正合当时的需要。我还记得当周有生案快结束的时候，我受了《时报》短评的影响，痛恨上海道袁树勋的丧失国权，曾和两个同学写了一封长信去痛骂他。这也可见《时报》当日对于一般少年人的影响之大。这确是《时报》的一大贡献。我们试看这种短评，在这十七年来，逐渐变成了中国报界的公用文体，这就可见他们的用处与他们的魔力了。

第二，《时报》在当日确能引起一般少年的文学兴趣。中国报纸登载小说，大概最早要算徐家汇的《汇报》，那时我还没有出世呢。但《汇报》登的小说，一大部分后来汇刻为《兰苕馆外史》，都是"聊斋"式的怪异小说，没有什么影响。戊戌以后，杂志里时时有译著的小说出现。专提倡小说的杂志，也有了几种，例如《新小说》及《绣像小说》（商务）。日报之中，只有《繁华报》（一种"花报"）逐日登载李伯元的小说。那些大报，好像还不屑做这种事情（这一点我不敢断定，我那时年纪太小了，看的报又不多，不知《时报》以前的"大报"有没有登新小说的）。那时的几个大报，大概都是很干燥枯寂的，他们至多不过能做一两篇合于古文义法的长篇论说罢了。《时报》出世以后，每日登载"冷"或"笑"译著的小说，有时每日有两种。冷血先生的白话小说，在当时译界中确要算很好的译笔；他有时自己也做一两篇短篇小说，如《福尔摩斯来华侦探案》等,也是中国人做新体短篇小说最早的一段历史。《时报》登的许多小说之中,《双泪碑》最风行。但依我看来,还应该推那些白话译本为最好。这些译本,如《销金窟》之类,用很畅达的文笔,作很自由的翻译,在当时最为适用。倘《幾道山恩仇记》全书都能像《销金窟》(此乃《恩仇记》的一部分)这样的译出,这部名著,在中国一定也会成了一部户晓家喻的小说了。《时报》当日还有"平等阁诗话"一栏,对于现代诗人的绍介,选择很精。诗话虽不如小说之风行,也很能引起许多人的文学兴趣。我关于现代中国诗的知识,差不多都是先从这部诗话里引起的。

我们可以说《时报》的第二个大贡献,是为中国日报界开辟一种带文学兴趣的"附张"。自从《时报》出世以来,这种文学附张的需要,也渐渐地成为日报界公认的了。

这两件,都是比较最大的贡献。此外如专电及要闻分别轻重,参用大小字,如专电的加多等等,在当日都是日报界的革新事业,在今日也都成为习惯,不觉得新鲜了。我们若回头去研究这许多习惯的由来,自不能不承认《时报》在中国报史上的大功劳。简单说来,《时报》的贡献,是在十七年前发起了几件重要的新改革。因为适合时代的需要,故后来的报纸也不能不尽量采用,就渐渐地变成中国日报不可少的制度了。

狄氏于《时报》之外,又创《民报》及有正书局。《民报》延杨荫杭(老圃)为主笔,文字较《时报》为激烈。后以款绌,仅出二年而止。有正书局印行碑帖名画,以保存国粹提倡美术为主旨,并出有《佛学丛报》《妇女时报》与《小说时报》。《佛学丛报》延濮一乘(伯欣)为主笔,为我国阐扬禅理之唯一月刊。狄氏工书画诗,著有《平等阁笔记》与《平等阁诗话》,曾登载《时报》中,为文学家所谙知。民国十年,狄氏积劳成疾,以《时报》售于黄承恩（伯惠）。

狄氏有弟曰葆丰（南士），于《时报》多所助力。曾创办《舆论日报》。

注释

①《国闻报》缘起："光绪二十三年之夏，馆之主者议创《国闻报》于天津，略仿英国《泰晤士报》之例。日报之外，继以旬报。五月而后事成。报将出，客有造室而问曰，《国闻报》何为而设也？曰，将以求通焉耳。夫通之道有二：一曰通上下之情；一曰通中外之故。如一国自立之国，则以通下情为要义。塞其下情，则有利而不知兴，有弊而不知去；若是者，国必弱。如各国并立之国，则尤以通外情为要务。昧于外情，则坐井而以为天小，扪龠而以为日圆；若是者，国必危。道光之季，既通道于欧美各洲；咸同以来，若广州，若福州，若上海，若天津，各以次设立报馆。自上年今大冢宰孙公奏设《官书局汇报》于京师，而黄公度观察、梁卓如孝廉、汪穰卿进士继之以《时务报》，于是海内人士始稍稍明于当世之务，知四国之为矣。踵事而起者，乃有若《知新报》《集成报》《求是报》《经世报》《萃报》《苏报》《湘报》等报；讲专门之业者，则有若《农学》《算学》等报。虽复体例各殊，宗旨互异，其于求通之道则一也。虽然，凡此诸报，其撰述事例可略分为二类：大抵日报则详于本国之事，而于外国之事则为旁及。旬报则详于外国之事，而于本国之事则为附见。阅报之人亦可分为二类：大抵阅日报者，则商贾百执事之人为多，而上焉者或嫌其陈述之琐屑。阅旬报者，则士大夫读书之人为多，而下焉者或病其文字之艰深。夫若是，则于求通之术，其或有未尽矣乎？抑吾尝闻之：积人而成群，各群而成国。国之兴也，必其一群之人，上自君相，下至齐民，人人皆求所以强而不自甘于弱，人人皆求所以智而不自安于愚，夫而后士得究古今之变，而不仅以旧德之名氏为可食也；农得尽地利之用，而不徒以先畴之畎亩为可服也；

工得讲求艺事探索新理，而不复拘拘于高曾之规矩为不可易也；商得消息盈虚，操计奇赢，而不复斤斤于族世之所鬻为不可变也。一群之民智既开，民力既厚，于是其为君相者，不过综其大纲，提挈之，宣布之，上既不劳，下乃大治。泰西各国所以富且强者，岂其君若臣一二人之才之力有以致此哉？亦其群之各自为谋也。然则今日谋吾群之道将奈何？曰，求其通而已矣。而通下情，尤以通外情为急。何者？今之国，固与各国并立之国，而非一国自立之国也。吾试言吾民不通外情之弊。今欧美教士，足迹遍天下，大都蒙犯霜雪，跋涉险阻，耗资财，劳筋骨，以求其所谓尽人事天之道。此不独在吾中国然也。而吾民之相遇者，视其劝善之书，则以为收买人心矣；得其治病之药，则以为迷拐人口矣。此不通西儒之所谓教也。游历之士，或登高山，涉大川；地学之家，或搜古迹，考物产，以求其所谓博物穷理之学。此亦不独在吾中国然也。而吾民之相遇者，睹其筹笔之记载，则以为侦探矣；见其测量之仪器，则以为魔术矣。此不通西士之所谓学也。尤甚者，见其男女之交际，而或疑为淫乱；见其贵贱之杂坐，而或讥为野蛮。此不通西人之礼俗也。其诸类乎此者，更仆不可以悉计。坐是不通之弊，于是平居无事，则互相猜忌，积不相能。仓卒之间，毫毛之事，群然而哗，激为事变。数十年来，如闹教案，杀游士，不一而足。上烦九重之虑，下竭举国之力，仅而后安。不通外情，其流弊乃至于此，可胜痛哉！可胜悼哉！然则求吾民通知外情之道将奈何？曰，欲通知外情不能不详述外事，欲详述外事不能不广译各国之报。此国闻报馆之所为继诸家而起也。本馆取报之例，大要有二：一翻译，一采访。翻译之报，若俄、若英、若法、若德、若美、若日本、若欧美其余诸国，萃取各国之报凡百余种，延聘通晓各国文字之士凡十余人。采访之报，如天津本地，如保定省会，如京师，如河南，如山东，山西，如陕、甘、新疆，如奉天、吉林、黑龙江三省，如前后藏，如内外蒙古，外国如伦敦，如巴黎，如柏林，如圣彼得堡，如纽约、华盛顿，访事之地大小凡百余处，访事之人中外凡数十位。本馆编报之例，大要亦有二：凡寻常之事，无论内地边地，中国外国，义取观览明晓者，皆登之每日续印之报。至重要之事，亦无论内地边地，中国外国，苟足备留存考订者，皆登之十日合印之汇编。阅兹报者，观于一国之事，则足以通上下之情；观于各国之事，则足以通中外之情。上下之情通，而后人不自私其利；中外之情通，而后国不自私其治。人不自私其利，则积一人之智力以为一群之智力，而吾之群强；国不自私其治，则取各国之政教以为一国之政教，而吾之国强。此则本馆设报区区之心所默为祷祝者也。"

附国闻报馆章程：

（一）本馆出报两种：日报每日印一张，计八开，用四号铅字排印，名曰《国闻报》。旬报十日印一册，约计三万言，用三号铅字排印，名曰《国闻汇编》。

（二）日报首登本日电传上谕，次登路透电报，次登本馆主笔人论说，次登天津本地新闻，次登京城新闻，次登保定、山东、山西、河南、陕西、甘肃、营口、牛庄、旅顺、奉天、吉林、黑龙江、青海、前藏、后藏各处新闻，次登外洋新闻，至东南各省新闻，东南各报馆言之甚详，本馆一概不述。

（三）日报另出附张，不取分文。先登告白，次登每日上谕、宫门抄、京外各衙门奏折。其所印奏折，四围留空白，以便阅报诸君将来汇齐，裁订成册。

（四）毁谤官长，攻讦隐私，不但干国家之律令，亦实非报章之公理。凡有涉于此者，本馆概不登载。即有冤抑等情，借报章申诉，至本馆登上告白者，亦必须本人具名，并有妥实保家，本馆方许代登。如隐匿姓名之件，一概不登。

（五）日报每月售制钱三百文。旬报每册售制钱一百五十文，一年计三十三册，定阅全年者，每分售制钱四千文。外埠寄费，按照路之远近，酌量加费。凡代本馆经售各报者，其报资按八折计算，即以二成作为代售经费。但各代卖之人，向阅报人取值，不得多于本馆所定之数。

②论设立《时务日报》宗旨："呜呼！上下之壅蔽，人心之顽固，有如吾国者乎？去年胶事亟，国事安危在呼吸。时东友某君，特航海来吾国，至上海，则诧曰，德踞胶州，吾国上下议若沸，而处其国者声色如故，酬燕如故。问胶事，或不知，或知之又不悉，又若不相关，何若是欤？至胶州，则又诧曰，吾以为胶民晏然若处乐土，何又若是欤？呜呼！吾人心之不动，患在无以动之也。今若是，岂有冀于后欤？日报之制，仿于中国之邸抄，而后盛行于泰西。又大变其制，能通消息，联气类，宣上德，达下情。内之情形暴之外，外之情形告之内。在事者得诉艰苦于人；僻处之士，不出户庭而知全球之事。顾其利或全或偏，或有利不能无弊。然要之，利胜于弊，于撤壅蔽，辟顽固，力甚大而效甚捷。譬之隆冬始春，百草枯槁，蛰虫咸俯，震雷一击，而蛰者起，枯者茁。两国交绥，战士懈怠，鼓声一振，而士皆奋发，悉力致死。然则处今之世，而欲使吾壅蔽顽痼之俗，一变而洞彻，而愤厉，惟日报宜也。顾或谓今上海已有《申》《沪》《新闻》《大公》《苏》五报，而天津有《直报》《国闻报》，汉口有《汉报》，长沙有《湘报》，福州有《福报》，广州有《中西博闻报》，香港有《循环》《维新》《华字》《环球》四报。意事无不举论，无不周，何用赘为？不知闻见患其不博，论说患其不参。博则虚实可相核，参则是非可相校，固不以复出为嫌也。夫如是，故海上同志，复集款设立《时务日报》，出其所得以告当途，并陈其一得之愚。海内贤人君子，其亦矜其志而许之欤？若夫市利之诮，不洁之嫌，吾知免夫！吾知免夫！"

附《时务日报》章程：

本馆纠集同人，创建兹举，一切体例章程，较他报稍异。兹特申明于下，愿海宇君子鉴之：

（一）本馆之意在转圜时务，广牖见闻。论说之文务取远大精确，篇章但求简赅，毋取冗长。即所登新闻，均择紧要有征之事。凡郢燕市虎之词，概为严删。

（二）本馆重在采译西报，凡紧要新闻及有益之论说章程，悉行摘录。

（三）现在风气大开，公司局厂林列，惟办理情形，局外无从窥测。本馆拟逐细探求，以饷究心时务之人。

（四）本报另立专件一门，凡奏疏章程条陈等件之关于时务者，无不广为搜录，以资考证。

（五）各处如有异常紧要之事，均令访友即行电告，俾阅者先睹为快。

（六）报纸分为三层，俾阅者少省目力；句读加点，以清眉目。

（七）首页开明目录，告白分别门类，以便检览。

（八）各处访友，虽已订定，惟处事不厌精详，凡沿江沿海各埠及各都会，有才学兼优之人，愿襄助为理者，请将新闻随时寄示，如能入格，即可添订。

（九）事贵集思广益，倘有挂漏未妥之处，尚幸诸贤匡其不逮；如有崇论伟议见示者，本馆亦为采登。

（十）报价，本埠每张十文，外埠十四文。

（十一）告白价，第一日每字五厘，二日至七日每字三厘，以后每字二厘半。登在首页加一倍。告白至少以三十字为率，多则以十字递加。

（十二）本馆并登聚会告白，如同业公议及寿筵喜筵，须布告于众者，均可代登。此项告白，编于新闻之中，使人易见，实为最便。每日每事，取洋一元。

（十三）凡惠寄论说新闻及各项函件，信资概请自给，登否概不寄还。

讨论：

（一）如有仿制或创制之物，请即函告本馆，即可托人前往试验，如确，当代登报表扬。

（二）如有新撰新译书籍，亦请送至本馆，当酌为代登。

（三）如有已开译书籍及创意欲撰之书，亦可告知本馆登报，以免重复。

（四）如报中登事错误，请随时指正。

（五）如有不惬意于报中行言者，请随时函示。

（六）如有冒称本馆人及访事人在外生事者，请速函示，俾得查究。如有致各处要函或取要件之函，均有本馆总理或正主笔总翻译签字为凭。

③《时报》发刊词："《时报》何为而作也？记曰，君子而时中。又曰，溥博渊泉而时出之。故道国齐民，莫贵于时。此岂惟中国之教为然耳；其在泰西，达尔文氏始发明物竞天择优胜劣败之公理，而斯宾塞以适者生存一语易之。不适焉者，或虽优而反为劣；适焉者，或虽劣而反为优，胜败之林在于是矣。是故狐貉诚暖，不足以当暑；湘葛云丽，不足以御冬。与时不相应，未有不敝焉者也。今之中国，其高居于权要伏处山谷者，既不知天下大势，谓欲抱持数千年之旧治旧学，可以应今日之变，则亦既愤见势绌，瞀然如不可终日矣。于是江湖恢奇小年蹉跎之士，其泰西各国之由何途而拨乱，操何业而致强也，相与歆之，奔走焉，号呼焉，曰吾其若是！夫彼之所以拨乱而致强者，谁曰不然，而独不知与吾辈之时代果有适焉否也。孔子曰：过犹不及。不及于时者蹉跎荏苒，日即腐败，而国遂不可救；过于时者，叫嚣狂掷，终无一成，或缘是以生他种难局，而国亦遂不可救。要之，亡国之咎，两者均之。若夫明达沉毅之士，有志于执两用中，为国民谋秩序之进步者，盖亦有焉矣。顾亦于常识不足，于学理不明，于是势不审，故言之不能有故，持之不能成理。欲实行焉，而伥伥不知所适。纵奋发以兴举一二事，又以误其方略而致失败者，项相望也。则相与惩焉，不复敢齿及变革。呜呼！全国中言论家政治家，种类虽繁，究其指归，不出于此三途。耗矣哀哉！今日千钧一发之时哉！同人有怵于此，爰创此报，命之曰《时》，于祖国国粹，固所尊重也，而不适于当世之务者，束阁之。于泰西文明，固所崇拜也，而不应于中国之程度者，缓置之。而于本国及世界所起之大问题，凡关于政治学术者，必竭同人谫识之所及，以公平之论，

研究其是非利害，与夫所以匡救之应付之之方策，以献替于于我有司而商榷于我国民。若夫新闻事实之报道，世界舆论之趋向，内地国情之调查，政艺学理之发明，言论思想之介绍，茶余酒后之资料，凡全球文明国报馆所应尽之义务，不敢不勉，此则同人以言报国之微志也。虽然，西哲亦有言，完备之事物必产于完备之时代。今以我国文明发达，如彼其幼稚也，而本报乃欲窃比于各国大报馆之林，知其无当矣。跬步积以致千里，百川学以放四海，务先后追随于国家之进步，而与相应焉，斯乃本报所日孜孜也。吾国家能在地球诸国中占最高之位置，而因使本报在地球诸报馆中，不得不求占最高之位置，则国民之恩我无量也夫！国民之恩我无量也夫！"

附《时报》发刊例：

第一　本报论说，以公为主；不偏徇一党之意见。非好为模棱，实鉴乎挟党见以论国事，必将有辟于亲好辟于所贱恶，非惟自蔽，抑其言亦不足取重于社会也，故勉避之。

第二　本报论说，以要为主。凡所讨论，必一国一群之大问题。若辽豕白头之理想，邻猫产子之事实，概不置论，以严别裁。

第三　本报论说，以周为主。凡每日所出事实，其关于一国一群之大问题。为国民所当厝意者，必次论之。或著之论说，或缀以批评，务献蒭荛，以助达识。

第四　本报论说，以适为主。虽有高尚之学理，恢奇之言论，苟其不适于中国今日社会之程度，则其言必无力而反以滋病，故同人相勖，必度可行者乃言之。

第五　本报纪事，以博为主。故于北京、天津、金陵，均置特别访事；其余各省皆有坐访。又日本东京置特别访事二员，伦敦、纽约、旧金山、芝加哥、圣路易各一员，其余美洲澳洲各埠皆托人代理。又现当日俄战事之际，本馆特派一观战访事员随时通信。又上海各西报，日本东京各日报及杂志，皆购备全份，精择翻译。欧美各大日报，亦定购十余家备译。务期材料丰富，使读者不出户而知天下。

第六　本报纪事，以速为主。各处访事员，凡遇要事，必以电达，务供阅者先睹之快。

第七　本报纪事，以确为主。凡风闻影响之事，概不登录。若有访函一时失实者，必更正之。

第八　本报纪事，以直为主。凡事关大局者，必忠实报闻，无所隐讳。

第九　本报纪事，以正为主。凡攻讦他人阴私，或轻薄排挤，借端报复之言，概严屏绝，以全报馆之德义。

第十　本报特置批评一门，凡每日出现之事实，以简短隽利之笔评论之。使读者虽无暇遍读新闻，已可略知梗概，且增事实之趣味，助读者之常识。

第十一　本报每张附印小说两种，或自撰，或翻译，或章回，或短篇，以助兴味而资多闻。惟小说非有益于社会者不录。

第十二　本报设报界舆论一门，凡全国及海外，所有华文报章共六十余种，本报悉与交换。每日择其论说之佳者，撮其大意叙述之，使读者手一纸而各报之精华皆见焉。此亦各报馆之通例也。

第十三　本报设外论撷华一门，凡东西文各报之论说批评，其关于我国问题及世界全局问题者，则译录之，如报界舆论之例。

第十四　本报设介绍新著一门，凡新印各书，每礼拜汇录其目及出版局名，定价数目，其善本加以评论，以备内地学者之采择。

第十五　本报设词林一门，诗古文辞之尤雅者随录焉。

第十六　本报设插画一门，或寓意讽事，或中外名人画像，或各国风景画，或与事实比附之地图，随时采登。

第十七　本报设商情报告表一门，上海各行市价，专员采访，详细纪载；外埠亦择要随录。

第十八　本报设口碑丛述一门，其有近世遗闻轶事，虽属过去，亦予甄录,以供史料而资多识。

第十九 本报设谈瀛零拾一门,凡世界之奇闻琐记,足以新我辈之耳目者,亦间录焉。

第二十 本报于京钞及官私专件,取材务博,另裁务精,要者不遗,蔓者不录。

第二十一 本报编排,务求秩序。如论说、谕旨、电报及紧要新闻,皆有一定之位置,使读者开卷即见,不劳探索。其纪载本国新闻,以地别之;外国新闻,以国别之。

第二十二 本报编排,务求显醒。故一号、二号、三号、四号、五号、六号字模及各种圈点符号,俱行置备。其最紧要之事则用大字,次者中字,寻常新闻用小字。用大字者,所以醒目也;用小字者,求内容之丰富也。论说批评中之主眼,新闻中之标题,皆加圈点以为识别。凡以省读者之目力而已。

第二十三 本报遇有紧要新闻特别电报,当发传单,以期敏速。

第二十四 本报别类务多,取材最富。既用各小号字排入,尚虑限于篇幅,不能全录,特于每日排印洋纸两大张,不惜工资以求赡博,而定价格外从廉。

第二十五 本馆广聘通人留局坐办外,尚有特约寄稿主笔数十人,俱属海内外名士,议论文章,务足发扬祖国之光荣。

第五节　鼓吹革命之健者

　　报纸之主张革命者,以光绪二十五年在香港出版之《中国日报》为始。其最惊人之文字,为《民主主义与中国政治革命之前途》一篇。继之者有《苏报》《国民日日报》《警钟日报》《广东报》《有所谓报》《少年报》《民呼报》《民吁报》《民立报》《天铎报》《复报》《民报》《二十世纪之新支那》等，皆提倡民族主义，鼓吹排满。其酿成文字之祸者，则以上海之苏报案为最著。

《苏报》创于光绪二十三年之夏，为胡璋（铁梅）所经营，但由其妻日本女子生驹悦出名，在驻沪日本总领事馆注册。后由陈范（梦坡）出资购得。陈系江西知县，以教案落职，愤官场之腐败，思以清议救天下；其主张始属保皇，后变为革命。延吴敬恒（稚晖）等为主笔。先是，有所谓光复会者，为吴及章炳麟（太炎）、蔡元培（孑民）等所组织，为革命运动中之理想的指导者。其会员有徐锡麟、马忠汉、陈伯平、秋瑾女士等之实行家，当时即借《苏报》以鼓吹革命。光绪二十九年五月，蜀人邹容组织爱国学社，发行《革命军》一书，章为之序，报中亦为文以张之。又于新书介绍栏，说明此书内容。[①]清廷大怒，密电两江总督及苏抚，转饬上海道，令会审公堂立出牌票，谓："奉道宪密札，奉苏抚宪札，钦奉电旨，查有上海创立爱国学社，招集不逞之徒，倡演革命诸邪说，形同叛逆，着严密查拿等因钦此。札道拿办。并先奉南洋大臣谕，沪上各报内，《苏报》近更狂吠，愈无忌惮，着即拿办。转饬密派干役，将单开各要犯分别严拿，务获禀办，毋稍泄漏疏虞，致被兔脱。一面签差协捕，立将苏报馆严行封闭等因奉此。除另单发封苏报馆外，合饬密拿，仰即协捕立提后开人等，限即日解候讯究：钱允生、陈吉甫、陈叔畴，以上苏报馆主笔；章炳麟、邹容、龙积之，以上伪作《革命军》匪人；陈范即陈梦坡，苏报馆主。以上七名，该差不动声色即行按名拿获，解究毋延。"陈范时适赴日本，仅其子仲彝及章、邹等先后被获。清廷要求引渡，外交团以此案系国事性质，不允。[②]结果，乃组织额外公堂，派上海县会审，并延律师声述案由。

谓：" 陈范住三马路二十号门牌，登报大逆不道，污蔑今上。闰月初五，登论说界，《康有为与觉罗氏之关系》；五月二十三，登《满人九世深仇》；五月初八，登《客民篇》；五月十四，登《读〈革命军〉，有男降女不降，生降死不降，老降小不降，总之驱逐满人，匡辅真主》；五月初五，登《章炳麟驳康有为书》，交通外人，能得欢心，可使中外子民轻蔑皇上；五月七日，登《杀人主义即复仇主义，以四万万人杀一人，能不快心》；五月初十，登特别要闻，东京留学生捏造上谕。总之，《苏报》污蔑皇上事多，未能一一指出。中国政府饬拿章炳麟、邹容，因其大逆不道，谋为不轨。其《革命军》第一章，叙披毛戴角之满洲人应予杀尽，可比登三十六天堂，升七十二地狱，巍巍哉革命，皇皇哉革命。第二章，革命革命，人心不平，戴满人而为君；满人约五万人，目不识丁者系亲王大臣，唱京调二簧者系将军都统等语。其余五人，做《康有为论》，做《革命军》，应是一起，内有龙积之，他系二十六年分富有票案要犯，犯事在汉口，俟后归另案讯办。"被告亦延律师出而辩护。③ 先后会审四次，乃由上海县下谕："本县奉南洋大臣委派，会同公廨委员，暨英副领事，审讯苏报馆一案。今审得钱允生陈吉甫，一为报馆伙友，一为司账，既非馆主，又非主笔，已管押四月，应行开释。陈仲彝系馆主陈范之子，姑准交保，寻交伊父到案。龙积之于苏报案内虽无证据，惟奉鄂督饬拿之人，仍押候鄂督示谕，再行办理。至章炳麟作《訄书》，并《革命军序》，又有《驳康有为》之一书，污蔑朝廷，形同悖逆；邹容作《革命军》一书，谋为不轨，更为大逆不道。彼二人者，同恶相济，厥罪惟均，实为本国律法所不容，亦为各国公法所不恕。查律载不利于国谋危社稷为反，不利于君谋危宗庙为大逆；共谋者，不分首从，皆凌迟处死。又律载谋背本国潜从他国为叛；共谋者不分首从皆斩。又律载妄布邪言，书写张贴，煽惑人心；为首者斩立决，为从者绞监候。如邹容、章炳麟照律治罪，皆当处决。今逢万寿开科，广布皇仁，援照拟减，定为永远监禁，以杜乱萌而靖人心。俾租界一群不逞之徒，知所警惕，而不敢为匪，中外幸甚。仍禀请宪示遵行。"时民气激昂，领事团对此谕亦持异议，相持不能决。乃移京交涉，至次年三月，始改判邹容监禁二年；章炳麟监禁三年罚作苦工，限满开释，驱逐出境；龙积之省释。

《国民日日报》④创刊于光绪二十九年六月十五日，为《苏报》中人所发起，由外人高茂尔（A. Somoll）出面。附刊《黑暗世界》，由连横（慕秦）编辑，攻击官僚，不遗余力。所载《南渡录演义》，尤足唤起种族之观念。清廷鉴于《苏报》交涉困难，乃通令长江一带，严禁售阅。谓："上海逆党著书刊报，煽惑人心，大逆不法。业将苏报馆办事人等按名拿办，并将报馆封闭在案。乃又有人创办《国民日日报》，依然妄肆蜚语，昌言无忌，实属执迷不悟，可恨已极。仰各属府州厅县，将《国民日日报》荒谬悖逆情形，示知地方商民，不准买看。如有寄售《国民报》者，提究。"一面又由外务部行文总税务司，谓："八月初九日，接准南洋大臣谘称，据苏松太道袁树勋禀称，查上海苏报馆著书刊报，煽惑人心，业将报馆封闭在案。现又有人创设《国民日日报》，依然放肆蜚语，昌言无忌。该报执事人等，半多寒酸出身，甘于为非，扰害大局，怂人观听，借广销场。但使无人阅其报纸，彼必支持不住，不难立即闭歇。除分谘沿江各省，通饬一体示禁，不准商民买看该报外，应请剀行总税务司转知邮政局，毋得代寄《国民日日报》，杜其销路，绝其来源。"旋总税务司复外交部文："查邮政局接政寄件，均以信字为主。随到随寄。虽有时因特别之故，有开看之权，然其大致，总以如何接收，如何转寄为本。现奉前因，除抄录来往文件，通饬各口邮局。遇有皮面书明《国民日日报》交局，概不准其收寄外，理合申复。惟查如此禁寄，防不胜防，实属不妥。查此项日报系在中国印行，前数月苏报馆既由中国官宪封闭，《国民日日报》似可一律由官宪查封，方为清源之法。"时邮局初兴，报多由信局递寄，故各报亦多讥此法为徒劳而无益也。

《警钟日报》，为《俄事警闻》之后身，始名《警钟》，系蔡元培等所组织，与《苏报》《国民日日报》同一宗旨。清廷介德领事函致会审公堂，出票拘究主笔金少甫、刘师培。经理李春波事先离沪。结果：戴普鹤以发报出售，监禁一年半；胡少卿系校对，监禁年半；代印该报之机器充公。此光绪三十一年三月事也。

《复报》与《民报》⑤，同刊于光绪三十一二年间，每月发行于东京。其文字之激烈，旗帜之鲜明，较以上各日报为尤甚。《复报》由刘师培（光汉）编辑。《民报》始由张继（溥泉）编辑。执笔者有汪精卫、胡汉民等，其主义以中英文刊于该志最显明之处：（一）颠覆现今之恶劣政府；（二）土地国有；（三）维持世界真正之和平；（四）建设共和政府；（五）主张中日国民的连合；（六）要求各国赞成中国之革新事业。其传诵人口者，有《民族的国民论》《支那立宪必先以革命》，与小说《狮子吼》等篇。逮章炳麟出狱东渡，改以章为编辑。一时有纸贵洛阳不胫而走之慨。

光复会之别派，有于伯循（右任）者，以著书排满，不容于清吏，由陕遁而至沪，与汪瘦岑、汪秉忠等组织《神州日报》。嗣于同盟会成立之后，先嘱其乡人李季直创刊《须弥日报》。继乃经营《民呼日报》《民吁日报》与《民立报》⑥，执笔者均民党之中坚人物。而宋教仁在《民立报》署名渔父，发表光焰逼人之文，努力鼓吹革命主义。凡所议论，一本学理，能于根本上反复详言清政府之腐败；唤起国民担负国事之责任心，尤受国内外知识阶级之欢迎。学校之内，市肆之间，争相传览。故是时《民立报》于上海遂有革命党本部之观。清廷虽加严禁，亦未如之何也。

《民呼报》创于宣统元年春，专以攻击官场为事。当道诬于吞没陕甘赈款，拘捕房四十余日，并判于驱逐出境。斯报凡历九十三日而殇。于走日本，于斯年秋，延谈善吾续办《民吁报》，改变论调，专事攻击日本。驻沪日领请上海道封禁。出版仅四十二日。于乃于次年九月九日，又办《民立报》。执笔者宋教仁外，有吕志伊、王印川、章行严、覃寿堃等，主张虽属急进，而无叫嚣之习。日销多至二万份，昼夜印机不停。入民国后，乃有"竖三民横三民"之称。竖三民者，《民呼》《民吁》《民立》也；横三民者，戴天仇所创之《民权》、吕志伊所创之《国民新闻》、邓家彦所创之《中华民报》也。横三民言词激烈，感情用事，强于从同。于不可，以脱党相拒。后于以奔走政治，报事完全托之范光熙。迨论调改变，销数遂一落千丈。二次革命后，只余千份。未几，遂以经济缺乏停刊，民党与非民党俱为惜之。《民立》废后，而《神州》销路又稍增矣。

注释

①《苏报》新书介绍云："《革命军》，凡七篇：首绪论，次革命之原因，次革命之教育，次革命剖清人种，次革命必先去奴隶之根性，次革命独立之大义，次结论，约二万言。章炳麟为之序。其宗旨专在驱除满清，光复中国，笔极锐利，文极沉痛。稍有种族思想者，读之当无不拔剑起舞，发冲眉竖。若能以此书普及于四万万人之脑海，中国当兴也勃焉。是所望于读《革命军》者。"

②慈禧太后以雷霆万钧之力，严令江督，转饬上海道，向领事团交涉，将苏报案诸人引渡。领事已有同意者。辛西报一致反对，故英使萨道首先倡议，谓："《苏报》诸人，当在租界鞫讯，断不可交与华官。使果有罪可据，则加以应获之罪，亦不能出租界一步。"英政府蓝斯庚侯爵在上议

院答施宾塞伯爵之问云:"此次诸人,因刊登激烈之词于报纸,以致逮捕。予尝一读其译文,亦不能不称其为最激烈最勇猛之议论。按彼等所以为上海工部局所拘获者,因工部局受上海当道之促迫,不得已而出此。故与华官订定,诸人当在上海租界之会审公堂审判受罪。迨其中二人既经公堂辩明之罪,则吾等亦不能不照华官所定之约实行之。乃清政府忽有将诸人交出之要求,吾等惟有坚持方针,不为所移。并须寄语吾国之审判此事者,亦当力拒其要求也。上海各领事之意见,虽属可疑,但吾等自知其决不致孤立。夫华人之正法于北京者,受惨酷之刑罚,其野蛮之情状,贵爵当亦知之熟矣。由此观之,目前所论之案,虽有一派人主张交诸人于华官之手,吾等决不当附和之也。然党于此派之领事官,吾亦不敢谓其必居多数也。"美外部亦令其领事,不得将《苏报》诸人交与华官,并将主张引渡之上海总领事古纳调任。

③苏报案供词:陈仲彝供:"那陈范是父亲,事前到东洋去了。苏报馆总主笔是吴稚晖。这陈吉甫是账房,钱允生不认识。报馆是共同开设,归父亲经理。小的仅止在馆内读书,于主笔事务,不相过问。于报馆事务,概不料理。馆中共有四个账房,经理原是父亲,如不在馆,归账房代理。小的只是专心读书,不管馆中事务。那吴稚晖是专管主笔。是实。"钱允生供:"小的实名钱宝仁,并不是钱允生,前堂也曾提及的。系镇江人,暂寓客栈。苏报馆事,并没知道。因办九江矿务来沪,在新马路跑马厅女学堂内被拿,不是在苏报馆中拿来的。是实。"陈吉甫供:"系苏报馆告白账房,即二账房,不管馆中别事。如遇经理人陈范有事他出,系三账房李志园代为料理。况小的于前年十二月辞去,去年三月又进去,所以银钱一切都不管的。有旧报告白,呈求明鉴。是实。"章炳麟供:"浙江余杭人,年三十六岁,不应满洲考试。《革命军序》是我所作,《苏报》论说与我无涉。是实。"龙积之供:"广西临桂县人,年四十四岁。由优贡选四川知县,到过省的。庚子年,唐才常京卿于富有票事,职贡因母丧停柩在沪,

虽到汉口，单上并无名字。次年赴广东，单上又无名字，今唐京卿已死，只求明鉴。是实。"邹容供："《革命军》是小人所作"，余无别供，不录。堂谕："此案会商英副领事，着将陈仲彝等六人，暂行还押捕房，即提供出之苏报馆主笔吴稚晖，代理经手账房李志园到案须讯核办。陈范是否避往东瀛，未可轻信，仍饬差严缉解究，毋延。"

④《国民日日报》发刊词："'国民'二字之名义与范围，东方民族之所不解也；今若易言之曰'蚁民'，则其所顺受者也；更易言之曰'乡民'，则其所尸祝者也。何也？驯伏专制政体之下之既久，一切横敛惨杀之毒，亦已司空见惯，以为吾侪小人，侥幸寝馈于黑甜之乡，而老死于黄馘槁项，不见兵戎，亦即了此一生，安问所谓国民，安问国之属于谁氏。

咄！国何物，而顾以民支配之？岂不以国者，民之集合体也？大凡机体之能集合者，中以含有无数胶粘之质点；即以无意识非官品之金一类，亦岂各原质之不相爱而能化合者？况庞然机体绝大之一国，而以若干不相联属蠕蠕蜴蜴之动物阗骈于其内，如豕之圈于笠，如马之系于槛，而谓豕视笠，马视槛，有若何密切之感情，岂可以训？毋亦视牧儿之恶作剧而已！今以蚁民之名义，定乡民之范围，则国一笠也，一槛也，无怪乎三千年来，独夫民贼，以国为牧场，以民为畜类，其所以圈之系之之术，任凭作弄，而不见有一毫之反动！嘻！东方民族之历史，可以此两端尽之者（蚁民与乡民）。世界陆沉，人道泯棼，即循此两端旧由之轨道，亦足以经行于小天地之内。何哉？近世纪之间，有随欧风美雨，新发现于东大陆之名词，曰国民，曰国民云云者。

今之自命为先导者，其发议畴不曰国民哉？而吾强聒之为国民者，彼且不解国民为何物。则欲以吾理想之国民，组织国民之事业，是不啻无椎轮而求大辂也。虽然，有果也，必有因。有良果也，必有良因。舆论者，造因之无上乘也，一切事业之母也。故将图国民之事业，不可不造国民之舆论。舆论谁尸之？此亦不难解决之问题也。夫贵族舆平民之界既分，则不在贵族而在平民无疑。然平民之质点甚淆乱，言庞而论驳无当也。盖舆论者，必具有转移社会，左右世界之力者也。大凡一国家之成立，当无不有一种无名之舆论，隐据于工规师谏之巅，而政治之发见，亦间受其影响。不过公理之未著明，民党之无势力，凡文明上之事业，皆甚幼稚，则此称舆论，亦遂旁皇而无所著。自十九世纪欧洲有所谓第四种族之新产儿出世，而舆论乃大定。第四种族者，以对于贵族、教徒、平民三大种族之外，而另成一绝大种族者也。此种族者何物也？乃为一切言论之出发地，所放于社会之影光，所占于社会之位置，至于如是。盖即由平民之趋势，迤逦而来；以平民之志望，组织而成；对待贵族而为其监督，专以代表平民为职志，所为新闻记者是也。新闻学之与国民之关切为何如，故记者既据最高之地位，代表国民，国民而亦即承认为其代表者。一纸之出，可以收全国之观听；一议之发，可以挽全国之倾势。如林肯为记者，而后有释黑奴之战争；格兰斯顿为记者，而后有爱尔兰自治案之通过。言论为一切事实之母，是岂不然。

虽然，言论者必立于民党之一点而发者也。有足为事实之母之言论，必先有为言论之母之观念。所为民族之观念是也。故欧洲之有第四种族，必平民得与于三大种族之列，而后以平民多数之志望，并合发表而为第四种族，乃足以抵抗贵族教会而立于平等之地位。嘻！尚已！哀哀我同胞，谁非民族，而吾民族之观念何在？

中国民族之历史，言之实可丑也。其上有僭窃盗贼之习惯；其下有奴隶牛马之习惯。两点相并，其僭窃盗贼也，不可思议；其奴隶牛马也，愈不可思议。至于今日，羁勒于非种人之下，内奴外奴之重重胶结而不可解。国展转其已亡；人嬉游以待死。号称数万万，宁可当欧洲第三种族之一指趾哉？第三种族于沉沦，至于此极；而望第四种族之间起而勃兴，胡可也！然第三种族之沉沦，至于此极，而不升高以望第四种族之间起而勃兴，又胡可也！

中国之业新闻者,亦既三十年;其于社会有一毫之影响与否,此可验之今日而知之者也。有取媚权贵焉者;有求悦市人焉者;甚有混淆种界,折辱同胞焉者。求一注定宗旨,大声疾呼,必达其目的地而后已者,概乎无闻。有之,则又玉碎而不能瓦全也。呜呼!中国报业之沿革如是,国民之程度如是。而欲蔚成一种族,吸取民族之暗潮,改造全国之现势,其殆不能乎?其殆不能乎?故以吾《国民日日报》区区之组织,詹詹之小言,而谓将解说'国民'二字,以饷我同胞,则非能如裁判官,能如救世主(松本君平之所颂新闻记者),诚未之敢望。亦以当今狼豕纵横,主人失其故居,窃愿作彼公仆,为警钟木铎,日聒于我主人之侧,敢以附诸无忘越人之杀而父之义。更发狂吠,以此报出世之期,为国民重生之日。哀哀吾同胞,傥愿闻之!"

⑤孙文《民报》发刊词:"近时杂志之作者亦夥矣。姱词以为美,嚻听而无所终,摘埴索涂不获,则反复其词而自惑。求其斟时弊以立言,如古人所谓对症发药者,已不可见;而况夫孤怀宏识远瞩将来者乎?夫缮群之道,与群俱进;而择别取舍,惟其最宜。此群之历史,既与彼群殊,则所以掖而进之之阶级,不无后先进止之别,由之不贰,此所以为舆论之母也。余维欧美之进化,凡以三大主义:曰民族,曰民权,曰民生。罗马之亡,民族主义兴,而欧洲各国以独立。洎自帝其国,威行专制,在下者不堪其苦,则民权主义兴。十八世纪之末,十九世纪之初,专制扑而立宪政体殖焉。世界开化,人智益蒸,物质发舒,百年锐于千载。经济问题,继政法问题之后,则民生主义,跃跃然动,二十世纪,不得不为民生主义之擅场时代也。是三大主义,皆基本于民,递嬗变易,而欧美之人种,胥治化焉。其他施维于小己大群之间,而成为故说者,皆此三者之充满发挥而旁及者耳。今者,中国以千年专制之毒而不解,异种残之,外邦逼之,民族主义、民权主义,殆不可以须臾缓,而民生主义,欧美所虑积重难返者,中国独受病未深而去之易。是故或于人为既往之陈迹,或于我为方来之大

患,要为缮吾群所有事。则不可不并时而弛张之。嗟夫!所陟卑者,其所视不远。游五都之市,见美服而求之,忘其身之不称也。又但以当前者为至美。近时志士舌敝唇枯,惟企强中国以比欧美,然而欧美强矣,其民实困。观大同盟罢工与无政府党社会党之日炽,社会革命,其将不远。吾国纵能媲美于欧美,犹不能免于第二次之革命;而况追逐于人已然之末轨者之终无成耶?夫欧美社会之祸,伏之数十年,及今而后发见之,又不能使之遽去。吾国治民生主义者,发达最先,睹其祸害于未萌,诚可举政治革命社会革命毕其功于一役。还视欧美,彼且瞠目我后也。翳我祖国,以最大之民族,聪明强力,超等绝伦,而沉梦不起,万事堕坏;幸为风潮所激,醒其渴睡,旦夕之间,旧发振强,励精不已,则半事倍功,良非夸嫚。惟夫一群之中,有少数最良之心理能策其群而进之,使最宜之治法,适应于吾群,吾群之进步,适应于世界,此先知先觉之天职,而吾《民报》所为作也。抑非常革新之学说,其理想输灌于人心,而化为常识,则其去实行也近。吾于《民报》之出世觇之。"

⑥于右任《民立报》发刊词:"秋深矣!鸣蝉寂矣!草木渐摇落矣!万籁无声,时闻寒蛩,似断似续,如诉如泣矣!此佳节乎?而有心人当之,顿生无穷之感。悲天欤?悯人欤?噫!如此乾坤,吾何独为此佳节贺,吾亦悲悯中人也!而孰意万卉将零之时,独有植立于风霜之表,经秋而弥茂者,此何物?吾爱其色,吾慕其香,吾特敬其有超出凡卉之气概。此花耶?此名花耶?此岂非世人之所谓晚节黄花也耶?嘻嘻!嘻嘻!晚节黄花!嘻嘻!嘻嘻!晚节黄花!'兰有秀兮菊有芳,怀佳人兮未能忘。'当物而思,其思深矣。香草美人,今昔不远。当此名花照耀东大陆之际,而更有其色其香其气概坚于彼寿于彼璀璨于彼者,是何物?非国香乎?万花环绕,《民立》现矣!是为《民立》发祥之日!是为《民立》出世之瑞!

'纷吾既有此内美兮,又重之以修能',此非昔人之所自命也耶?《民立》之际此时会,此佳节之中而产《民立》,天之厚《民立》,《民立》

敢不自重。大凡一杰物之出现此社会，与此社会即有际地蟠天之关系；否则新事业无异乎陈死人。倘其适宜于此社会也，虽百劫而不磨，而其精光浩气，时来时往于两大之间，时隐时现于世人耳目之表，待时而出，自足风靡乎一世；而社会宝爱之，而国家更须珍惜之。夫然后始能自立于四面楚歌之中，以造福于国民。是以有独立之民族，始有独立之国家；有独立之国家，始能发生独立之言论。再推而言之，有独立之言论，始产独立之民族；有独立之民族，始能卫其独立之国家。言论也，民族也，国家也，相依为命；此伤则彼亏，彼倾则此不能独立者也。呜呼！岂不重欤！

秋高马肥，记者当整顿全神，以为国民效驰驱。使吾国民之义声，驰于列国；使吾国民之愁声，达于政府；使吾国民之亲爱声，相接相近于散漫之同胞，而团体日固；使吾国民之叹息声，日消日灭于恐慌之市面，而实业日昌。并修吾先圣先贤、闻人巨子自立之学说，以提倡吾国民自立之精神；搜吾军事实业、辟地殖民、英雄豪杰独立之历史，以培植吾国民独立之思想。重以世界之智识，世界之事业，世界之学理，以辅助吾国民进立于世界之眼光。此则记者之所深赖，而愿为同胞尽力驰驱于无已者也。虽然，未已也。

内忧外患，相逼而来。东海愁云，浸及满洲原野。歃血之约，恐又使马首欲东者，转而西图。新亡国民之臭名，岂独戴高帽子之族含无穷之痛乎？嗟嗟！将不远矣！迎秋一叶，已先零矣，恐此后切切凄凄之声难断也。在馆同人之生此时，自痛其智之仅能知此，自信其政见之亦足以济此，所补助于国民者，则此后对外当如何有一定之方针，对内当如何有一定之改革，对经济恐慌当如何有一定之补救法，对人心卑下当如何有一定之救济法，容他日分析言之。不敢以讹言乱国是；不敢以浮言伤国交；不敢以妄言愚弄国民。所自期者，力求为正确之言论机关而已。力虽不逮，不敢不勉。

夫前数年吾国之言论界，其气魄之雄建何如，其议论之慷慨何如，其精神之发越何如，而今日者，则何如？或者曰：此皆冥顽不仁之政府所致也，而又何言？记者曰：吾思此，吾欲哭，吾哭此，吾欲吊，吾吊此，吾欲作《招魂》篇。吾特名之曰《骚心》。夫《离骚》，非爱国者之所作乎？其生也，谁知之；其死也，谁怜之；而其忠爱之心，则自信也。记者读而泣，泣而又读，则请诵其辞于同胞之前曰：'余固知謇謇之为患兮，忍而不能舍也。'"

第六节　留学界之出版物

清末留学之风盛行，在日本者最多，美国次之，皆青年锐气之士也。诵习之余，常编辑书报，以灌输新思想新知识于国内为己任。其销行较多者，类如下：

（一）以改良桑梓促国人之醒觉为务者

《浙江潮》，创刊于光绪二十九年正月，每月发行于东京，为浙江同乡会所编辑。每册六十余页，所载分社说、论说、学说、政法、经济、哲理、教育、军事、历史、传记、大势、时评等。出至第十二期而止。

《湖北学生界》，创刊于光绪二十九年正月，每月发行于东京。编辑兼发行者，为王璟芳、尹援一，执笔者有蓝天蔚、刘成禺、李步青、但焘等。每册五十余页，所载分论说、教育、实业、军事、历史、地理、科学、理科、时评、国闻、外事、留学纪闻等。至第四期后，易名《汉声》，由窦燕石编辑。曾出《旧学增刊》一册。但出二册即止。

《江苏》，创刊于光绪二十九年四月，每月发行于东京，为江苏同乡会所编辑。每册五十余页，所载分社说、学说、译篇、时论、小说、记言、纪事等。出至第八期而止。

《云南杂志》，创刊于光绪三十二年九月，为吴琨所编辑。每月发行于东京，每册约六十页。分论说、译述、记事、外交等，而以英、法、越、缅关于西南之文字为最堪动心骇目。

《四川杂志》，创刊于光绪三十三年十二月，每月发行于东京，以输入世界文明，研究地方自治，经营藏回领土，开拓路矿利源为宗旨。每册约八十页，所载分论著、译丛、时评、文苑、大事记等。但出至三期即止。

《河南》，创刊于光绪三十三年十二月，每月发行于东京，为武人朱宣等所编辑。以政治革命为目标。每册约八十页，所载分论著、译述、时评、小说、文苑等。但出至三期即止。

《晋乘》，为山西学生所编辑，每月发行于东京。以发扬国粹，融化文明，提倡自治，奖励实业，收复路矿，经营蒙盟为宗旨。

（二）以介绍学术为务者

《直说》，创刊于光绪二十九年正月，每月发行于东京。每册六十余页，所载分教育、政治、社会、生计、军事、外交、传记、外论等。

《游学译编》，创刊于光绪二十九年，每月发行于东京，为湖南同乡会所编辑。每册五十余页，所载分学说、教育、军事、时事、历史、传记、地理、外论等。出至十二期而止。

《译书汇编》，创刊于光绪二十七年正月，每月发行于东京。每册约五十页。以翻译欧美关于行政理财之书为事。由胡英敏编辑。后改名《政法学报》，始分社说、论说、学术、研究资料等。出至十一期而止。

《中国新报》，创刊于光绪三十二年十二月，每月发行于东京，为杨度、薛大可、陈籽美等所编辑。每册约八十页，所载分论说、时评、译件，以提倡经济的军国主义为事。出至七期而止。

《学报》，创刊于光绪三十三年正月，每月发行于东京，每册约百页。编辑者为何天柱、梁德猷。所载分论理、地理、传记、博物、数学、化学、物理、英语、法制、经济、生理、卫生、时事等。

《牖报》，创刊于光绪三十三年三月。编辑兼发行者为李庆芳。每月发行于东京，每册约六十页。所载分社说、教育、法律、政治、经济、实业、军事、文苑等。出至八期而止。

《科学一斑》，创刊于光绪三十三年六月，为留日学生组织之科学研究会所出版。每册约七十页，道林纸印。所载分教育、国文、历史、地理、音乐、体操、博物、理化、算学等。出至四期而止。

《学海》，创刊于光绪三十四年正月，每月发行于东京。为北京大学留日学生所编辑，分为甲乙两编：甲编专言文、法、政、商；乙编专言理、工、农、医。每册五十余页。

《留美学生会年报》，创刊于宣统二年，编辑者为胡彬夏女士。每册约百页，印刷极精美。所载分美国留学界情形、美国之政治风俗、时事感言、新思想等。

（三）以振兴祖国及华侨商业为务者

《实业界》，创刊于光绪三十一年，为美洲学报社出版。每册约四十页，道林纸印。但出二期即止。

《中国商业研究会月报》，创刊于宣统二年正月，为东京中国商业研究会出版。每册八十余页，所载为论说、学说、调查、统计、英文等。

《南洋群岛商业研究会杂志》，创刊于宣统二年，为李文权所编辑。每月发行于东京，每册约四十页。所载分论说、译著、文牍、传记、调查、报告、侨音等。但出至三期即止。

《中国蚕丝业会报》，创刊于宣统二年，每二月发行于东京。以振兴祖国丝业为宗旨。所载多国内各省之蚕业情形，与海外各国之销行状况。

（四）以介绍法律常识冀祖国立宪为务者

《法政学交通社月报》，创刊于光绪三十二年十二月，每月发行于东京，由孟昭常等编辑。每期约四十页，所载多该社研究所得之材料。出至四期而止。

《政法学报》，创刊于光绪三十三年正月，每月发行于东京，由沈其昌等编辑。每册约四十页，所载分社说、宪法、行政法、民法、商法、刑法、国际法、财政、殖民等。

《预备立宪公会报》，创刊于光绪三十四年正月，每半月发行于上海，为孟昭常等所编辑。每册约二十页，有光纸印。所载分撰述、编辑、纪事三大部。出至二十四期而止。

《欧美法政介闻》，创刊于光绪三十四年七月，每月发行于上海，为马德润、周泽青等所编辑。每册约四十页，道林纸印。以输入欧美各国法律知识，扩充我国人政法之观念为宗旨。出至三期而止。

《宪法新志》，创刊于宣统元年八月，每月发行于东京。为谘议局事务调查会所出版，由吴冠英编辑。每册约六十页，所载分论著、时评、译述、记载、调查等。民国二年六月，改名《宪法新闻》；至是年十一月止。

《宪法新闻》，创刊于宣统元年八月，每周发行于北京，编辑者为李庆芳。每册约五十页，所载分宪论、宪史、杂纂三大部十六类。出至次年二月止。

(五)以提倡女子教育与女权为务者

《二十世纪之中国女子》,创刊于光绪三十三年,每月发行于东京,为河南学生会所出版。延恨海女士为主笔。以纠正近世女子教育之谬妄,提倡社会女子,注重道德,恢复女权为宗旨。所谓近世女子教育,盖指我国日本化之女子教育而言,因当时各女学多延日人为教习也。

时孙文、黄兴等常亲赴东京,聚学生数千人,演说三民主义,学生受其影响。以海外言论之自由,皆明目张胆,痛谈革命。《浙江潮》《江苏》《湖北学生界》乃其最著者。清廷未如之何,乃严禁学生购阅。谓:"查游学东洋学生,上年冬间在日本东京开设报章,各处分售。察阅报纸,其中议论,虽在开通民智,而乖谬偏宕之语,亦往往杂厕其间。即令毫无流弊,亦非学生应尽之义务。当经传电蔡公使并监督,设法禁阻,并续经剀切劝谕停办在案。兹查此项报章,业已出售。诚恐无识之徒,习染其说,殊于学术人心有害。查现在广设学堂,收召有志之士,优与廪饩,俾得尽心学问,讲求实业,冀收明朴忠贞之士为国家效用。此等报章,自无虑其蛊惑观听。第恐年少学生,血气未定,或偶喜新奇,致分向学之诚;或多阅报章,有妨学堂功课。查东西各国,学堂章程,入学期内有一定程限,令其专习,不得旁骛他求。即如抄印书籍,非各生应学者,除学部命令准置外,不得入堂。是置备书籍,必待学部许可,方令入堂。又况不根之游谈,漫浪之杂说,可令其随意泛览乎?为此特申约束,以杜歧趋。学堂中如有购阅此等报章,及为寄售传播者,学生即时驱逐出堂,并加以惩治;堂中委员不事先禁阻,亦一律记过撤差;并望监督分教诸公认真诰诫,务令遵依。"然禁者自禁,而此等报章依然秘密输入。学堂当局对之,亦惟有置诸不闻不见而已。

第七节　提倡阅报与禁止阅报

　　清廷之对于报馆，始则以屈于外侮，为维新而提倡；继则以诽议杂兴，为革命而禁止。前后迥异，而以戊戌政变为之鸿沟。各省大吏，望风承旨，自属当然之事。如鄂督张之洞，在善后局拨款定购《时务报》二百八十八份，发给全省文武大小衙门及各书院各学堂；浙抚购《时务报》，发给各府州县；湘抚购《时务报》，发给各书院；广西洋务总局，通饬全省府厅州县，购阅《知新报》；直督袁世凯通饬各衙署局所，购阅《外交报》；《湘学新报》见于湖南学政江标之奏牍；《渝报》见于川东道之告示。此皆当时报纸所引以为荣者。而各省大吏，亦颇受报纸之影响，常取其言论以入奏。故光绪二十六年十二月初十日举行新政之上谕，有："今之言者，率出两途：一则袭报馆之文章，一则拘书生之浅见。更相是亦更相非，常囿于偏私不化；睹其利未睹其害，胥归于窒碍难行"之语。迨后禁止报馆严拿主笔之上谕屡下，内地报纸遂寥若晨星，或闭歇，或迁入租界，当时以阅报者学生居多，故学堂章程禁令中，亦定有"（三）各学堂学生，不准离经叛道，妄发狂言怪论，以及著书妄谈，刊布报章。（四）学生不得私充报馆主笔或访事员。（五）各学堂学生不准私自购阅稗官小说，谬报逆书。凡非学科中应用之参考书，均不准携带入堂"之条。各省且出示禁止言论激烈之书报，如《新民丛报》《新小说》《革命军》等，售者阅者，均须提究。① 此外尚有官绅合办之宣讲所阅报公所，地方人士所设之阅书报社等，此则始终以提倡阅报为事，于开通民智上固极有裨益也。

注释

① 查禁悖逆各书示："准军机处函开，近闻南中各省，书坊报馆，有寄售悖逆各书。如《支那革命运动》《革命军》《新广东》《新湖南》《浙江潮》《并吞中国策》《自由书》《中国魂》《黄帝魂》《野蛮之精神》《二十世纪之怪物》《帝国主义》《瓜分惨祸预言》《新民丛报》《热血谭》《荡虏丛书》《浏阳二杰论》《新小说》《支那化成论》《广长舌》《最近之满洲》《新中国》《支那活历史》等种种名目，骇人听闻，丧心病狂，殊堪痛恨。若任其肆行流布，不独坏我世道人心，且恐环球太平之局，亦将隐受其害。此固中法所不容，抑亦各国公法所不许。务希密饬各属，体察情形，严行查禁。但使内地无销售之路，士林无购阅之人，此等狂言，不难日就澌灭等因。仰书坊报馆及诸色人等知悉，自示之后，倘取再售前项悖逆各书，一经查出定即饬提严办。其各学堂诸生及士民人等，务各束身自爱，不得购阅，致于咎戾。"

第八节　君宪民主之论战

戊戌政变后，清廷益任顽固之守旧派，专横跋扈，厉行极端之反动政治，遂酿成义和团运动。自是以后，全国优秀之士，恐罹党锢之危，群不出仕，放言高论于民间，隐培革命之种子；复努力探讨康梁之主张，究其所以失败之原因，其结果惟使汉人恍然自觉，知满清之不足与言改革耳。

康有为走日本后，会孙文亦自伦敦至。日本诸志士，欲令孙康携手，合图大规模之进行，卒以君宪民主之根本上不容并立，两派遂分道扬镳，距离日远。前者以梁启超所主之《新民丛报》为根据，后者以张继、章炳麟所主之《民报》为根据，遂正式作民主君宪之论战，曾有《立宪论与革命论之论战》一书发刊。各地报纸，亦显分两派如下：

地点	君宪派	民主派
广州	《国事报》《羊城日报》《七十二行商报》	
香港	《香港商报》	《中国日报》
上海	《时报》	《神州日报》
天津	《天津日日新闻》	《大公报》
北京	《北京时报》《京都时报》	《全京日报》《中华日报》
新加坡	《南洋总汇新报》	《中兴日报》《阳明报》
爪哇	《乌岛日报》	
旧金山	《金港日报》	
墨西哥	《墨西哥朝报》（英文）	
纽约	《纽约日报》（华英文）	
日本	《新民丛报》	《复报》《民报》《各省杂志》
暹罗	《启南报》	《华暹新报》
西贡		《光兴日报》
温哥华		《华英日报》
巴黎		《新世纪》

《上海闲话》云:"至最近辛亥数年之间,政府以预备立宪人民,而内幕之腐败愈甚。其尤著者,在官僚亦知舆论之不可终遏,乃设法沟通报馆,以为私人作辩护。斯时报纸之道德,固已坠落达于极点,而真正舆论无可发泄,则激成反动力,主张根本改革之反对报纸,乃应时而发生也。自此类报纸盛行,全国为之风靡。清政府一方以政治上压力制止之不效,则别组反对报纸以反对之。所惜者,此中有一极大机会,政府未能利用以和缓反对派之势力。则当时立宪派与革命派,其所主张之政见本自不同。立宪派之言曰:'国体无善恶,视乎政治,就原有之基础以谋改良,其事较根本改造为易。'革命派之言曰:'清政府决无立宪之望,不能立宪,惟有亡国;故以根本改革为宜。'此两派之所争持,其以立宪为前提则一也。使彼时清政府果能实行宪政,则根本问题即已解决,革命派之消融或在意中。即不然者,事实上并可倚重立宪派以与革命派互持,未始非政治上之作用。惜乎满清不足语此,名为立宪,违宪之事日出不穷,而结果上立宪派亦有爱莫能助之隐。至庚戌辛亥时,即立宪之报纸,悉已一折而入于革命运动。此则清廷存亡绝续之大关键,尤上海报纸党见离合之一段落矣。"

第九节 清末报纸之厄运

文字贾祸,自古有之;报纸既行,于今为烈。语其最早者,当为《申报》之郭星使画像案[①],以纪载不实,致受外界之诘责。次之则为泄漏机密案,见之彭玉麟之奏议。[②] 故当时大吏之守旧者,常禁民间阅报;言论稍有锋芒,鲜有不遭蹂躏者。报律颁行以后,官厅益有所根据，凭己意以周内。如光绪三十一年汉口《楚报》以宣布粤汉铁路借款合同被封，主笔张汉杰监禁十年。《重庆日报》以宣布知府鄂芳劣迹被封，主笔卞小和下狱死。光绪三十二年北京《中华新报》以登载军机大臣瞿鸿禨卫兵抢掠被封，主笔杭辛斋、彭翼仲递籍。宣统元年《湖北日报》以插画有讽刺当道嫌疑被封。宣统二年天津《北方报》以广告内有"监督政府，向导国民"字样被封。宣统三年汉口《大江报》以时评题为《大乱者救中国之妙药也》被封，主笔詹大悲监禁一年。北京《国报》与《中央大同报》以宣布安奉路条约被封。广州《可报》与汕头《中华新报》，以论温生才刺广州将军孚琦事被封。奉天《大中公报》以登载巡警总局防疫所真相，与《东省日报》，以主张共和提倡独立被捣毁。此皆荦荦大端，在人耳目者。尤可异者，外人以我国报纸之常揭其短，忌之，利用我国官吏之畏葸，亦时有干涉言论界之举。如光绪二十六年，广州《博闻报》《岭海报》与《中西报》，以登载义和团获胜西军败绩事，外人请粤当道封禁。光绪三十年，北京《京话报》载华工往南非后，将遭英人虐待，致应募者寥寥，英使请外部禁止发刊。三十一年，汉口《汉报》载道胜银行行员陈延庆所开之庆安钱庄，资本不充足，致被提款而搁浅，俄使请鄂当道封禁。厦门《鹭江报》以载金门教案失实，英领请厦门道封禁。《济南报》及上海《中外日报》《时报》《警钟日报》屡载德国在山东有不利于中国，德领请鲁当道及上海道禁止登载。天津《大公报》以载不购美货新闻，美领请直当道禁止人民阅看。三十四年，广州各报以论佛山轮船命案，葡领请粤当道严行申斥。宣统元年，上海《民吁报》于中国之危急，泰东之和平，与锦齐铁路事，有所论列，日领谓有关日本名誉，请上海道封禁。宣统三年，哈尔滨《东陲新报》以载俄人在蒙古招兵，及攫傅家甸防疫权事，俄领请西北道封禁。如此者，又屡见不一见。

其他借故罚款,或停刊若干日者,尚不胜枚举。且有报馆因时受摧残,而自行停业者。盖官权之无限久矣,出一言而莫予敢违,以习惯之所趋,而成为不文之法。今忽有昌言无讳之报馆,与立于极端反对之地位,而时时刺取不可告人之隐事,宣诸万众之听闻,恶其所为,则思去其籍。彼巍然民上之有司,其痛心疾首于报馆欲得而甘心以为快者,岂一朝一夕之故哉?独是外人之干涉实别有用心,乃亦推波助澜,隐有"咎由自取,权不我操"之意,其情为最不可恕耳。

注释

①《上海闲话》记郭星使画像案云:光绪四年六月二十日,《申报》登一新闻,题云:《郭星使驻英近事》。据载:英国各新闻纸言及中朝星使事,每涉诙谐。近阅某日报,言英国近立一赛会,院中有一小像,俨然大清国郭嵩焘星使也。据画师顾曼云:"余欲图大人小像时,见大人大有踌躇之意,迟延许久,始略首肯。余方婉曲陈说,大人始允就座。余因索观其手,大人置诸袖中,坚不肯示。余必欲挖而出之,大人遂愈形跼蹐矣。"既定,大人正色言:"画像须两耳齐露;若只一耳,观者不将谓一耳已经割去耶?"大人又言翎顶必应画入;余以顶为帽檐所蔽,翎枝又在脑后,断不能画。大人即俯首至膝,问余曰,"今见之否?"余曰,"大人之翎顶虽见,大人之面目何存?"遂相与大笑。后大人愿科头箕坐,将大帽另绘一旁。余又请大人穿朝服,大人又正色言,"若穿朝服,恐贵国民人见之泥首矣"。以上悉画师语。该西报又言画成后,郭以画像精妙,并欲延顾曼画其夫人云。自该报邮寄至欧,为郭使所见,而绝大交涉以起矣。

《申报》登载此节新闻,不得不先解决两大前提:(一)郭使是否有画像事;(二)即有顾曼画像事,临画时是否有是项语言。此二前提不决,则郭使之怒,怒其造谣乎?抑怒其颠倒事实乎?兹先就当时画像事实略叙如下:

前清光绪元年，政府以中外交涉日繁，允总理衙门之请，特派使臣出驻各国，此为中国派遣钦差驻洋之始。当时派赴英国者，正使为郭嵩焘，副使为刘锡鸿。二年冬放洋，至三年夏间，刘副使偶于伦敦某书画会见一天主神母画幅颇佳，以价昂故，因嘱随员马格里（英人，由郭、刘在中国携往伦敦充随员者）代觅画工，摹仿一幅。马随荐一画师名顾曼者应之。顾曼摹画天主像既竣事，郭使见之，甚为奖饰。顾曼因云："今蒙钦差不弃，愿画尊照一幅，不计画工，但赐笔费，于愿足矣。"郭闻之喜，随议定笔费二十镑。正拟择日绘画，郭又以不耐久坐，商之顾曼，可否先以相片作蓝本。顾应之，即于次日偕同马格里、顾曼赴照相馆拍照而回。当拍照之时，郭意顶珠必须露出，否则外人不知所戴为何帽，又面不可正，亦不可过偏；一一如法拍成，交顾携往。及十日后，送画稿来，亦邀郭使赏鉴。此当时画像情形也。阁使馆人员所见闻者如是。

事实如此，而《申报》所登者如彼。时郭使适在法都巴黎，见报后，即饬马格里函诘画师顾曼，何以妄造此言；一方电询《申报》，根究此项新闻究译自何报，务求水落石出而止。乃顾信去后，得伊家属复函云："顾已挈眷出游，此时行踪无定，俟回后再行通知作复。"《申报》则两次电询，均无回音。迄九月初，始得顾曼来信云："刻在伦敦绘画为生，无暇赴法面谒。惟上海《申报》所登各节，全系虚妄；鄙人以绘画为生，此后声名既坏，衣食为难。既据《申报》系译载西报，鄙人惟有一方致函各报辩白，一方根究此项新闻究出何报，何月何日，以为恢复名誉之地"云云。而《申报》两次去电未复，第三次并将复电之费随电汇去；电中告以如不作复，定当诉之法庭。至九月初十日，始据《申报》复电云，"该项新闻，新译自本年四月某日欧卧兰美报"。郭使遂饬马格里前赴该报根问。乃根问之结果，则该报系每星期日发行者，《申报》所云之四月某日，并非星期，则该馆并不出报。马以《申报》电复，恐其月日有讹误，遂将该报全月若干份，出价购来，乃遍阅亦无是说。于是郭使之怒则更甚。

嗣有人为郭使言，根究《申报》译载何项西报为一事，先行致函《申报》以及各西报，以证明新闻之错误为又一事。今前一事，不妨缓为根究，而更正之举，似不容缓。郭使善之，旋画师亦由马格里觅至使馆，当由郭使命顾曼及马格里各具一辨白之函；稿成，译成汉文，经郭使点窜数过，然后分寄上海申报馆及欧洲各日报登载，以明真伪。至马格里之具函辨白，盖当时画像，郭使与顾曼应对之词，均由马为之舌人也。画师顾曼更正之函如下：

启者：顷阅本年六月二十日上海《申报》登载，星使驻英近事一则，或谓系由仆口传出者，殊属诧异。仆以声名为重，安甘受咎。今特陈数语以辨其诬。查《申报》所述，系中国钦差在伦敦令仆画像各情，及画成后悬诸画阁之事，所言诸多谬妄。仆目下正在追求原委，兹先为辨正其词，以免外间之误会。夫仆之画像，系马格里为之先容。带见时，乞得照像为蓝本；画成后，请星使临视二次，星使极为称许。仆方感谢不尽，何至有捏造讥诮之理？且仆与星使言语不通，概由马格里传说。马来诘仆，仆茫然无以为对。谓以全无影响之词，出自仆口，即马格里含糊，仆亦断不能隐忍。以上各情，除函上海《申报》先行辨正，一面根究来历外，并请贵报刊登，俾阅此报者得知中国此段《申报》，传自何人，刊自何日，可以早日知照鄙人也。画师顾曼启。

马格里辨正之函则如下：

敬启者：前于法京获见本年六月二十日上海《申报》，披阅之下，不胜诧异。查顾曼为钦差画像，系由仆所引荐。画成后，钦差初不惬意，经顾曼再三修饰，钦差始言略得形似。迨悬于画阁，见者极为称赏；由是，顾曼画名噪于海外焉。盖英人以钦差初次来英，诧为罕见，遂使顾曼之画名，顿为增重。当其画像之时，彼此言语不通，一切由仆传达。若如《申报》所言，则仆从钦差将及两年，曾未见有此形状。似此平空侮慢，令仆何以自处？后由法京回伦敦，诘以此事之缘起。顾曼指天明矢，坚不承认。且在伦敦阅看新报十余家，亦未见此一段文字。仆以此等讥诮文字，或因他人有意诬蔑，故借画像为词，或出自顾曼手笔，要皆无足轻重。盖顾曼不过一画工耳，辄敢矢口讥笑，自有人责其非。乃《申报》遽谓英国新闻纸言及中朝星使，每涉诙谐，而仆自随钦差来此，所见新报，无不钦佩，绝不闻有涉及诙谐者。因思泰西各国，无不讲情理，无不讲法律，各新闻之司笔墨者亦多明白事理之人，故于各国驻扎星使，从不肯有所讥诮。如若《申报》所载，甚非英人所乐闻也。今顾曼已有辨说，更望将仆此论载入贵报，稍正前言之诬。顾曼之得失不足与校，惟仆自觉其人由仆引荐，言语由仆口传，此等诬蔑之词，实令仆无颜以对钦差也，用沥陈之，伏候钧鉴。马格里启。

自顾曼马格里两更正之函，登入各西报，外人始知此事之原委，而郭使以事隔多时，怒亦稍息。嗣经馆员详细调查，则知《申报》所登，确有来历，惟不若原西报之故甚其词。而西报之所以得此新闻，则蛛丝马迹亦复别有原因。兹再将事后馆员所查得之消息，汇录如下：时则郭使已瓜届回华，此事卒亦未具何等之结果也。当顾曼画像之后，有顾丹者，顾曼之弟，充英伦新闻纸名《代立太理格拉弗》馆之主笔。偶闻乃兄代中国钦差画像则探问之。顾曼初次为中国达官画像，则亦故甚其词以告顾丹，云中国有割耳之罪，故画贵人时必将两耳齐露。所言不经，大抵类是。顾丹即以是告之《代立太理格拉弗》馆员，嗣又恐碍及顾曼，乃以是说介之别一新闻纸名《喀尔司喀尔纳》者，于四月十六日登出。事经顾曼、顾丹、《代立太理格拉弗》《喀尔司喀尔纳》展转附会，及该报传至上海，又经上海某西报装点其词。时则《申报》尚在外人之手，不问事实之有无及真伪，即与尽情披露。观六月二十日所登之文云，英国各新闻纸言及中朝星使事，每涉诙谐者，即指《喀尔司喀尔纳》报而言云。近阅某日报云云者，即指上海某西报。及郭使致电诘责，始无以对，则置之不复。后经郭使将复电之费一并汇沪，乃知事终难讳，不得已泛指一英京之星期报以为搪塞，固不虞郭使之志在澈究也。然始终未将上海某西报指出,并《喀尔司喀尔纳》报之登载,亦未举以告郭。盖当时中国无所谓报律,而就转载别报之件以甚其词,则几同勾串造谣矣。宜其只以延宕为缓兵之计也。此案开始于光绪四年四月十六日《英报》之登载,而上海西报则于六月初转登,《申报》则于六月二十日转登。迨巴黎伦敦上海辗转函诘,直至光绪五年秋间郭使受代,然后此案成一不了之了局。其亦华字报纸最初最巨之交涉乎?濡笔录之,作为上海报界之一大纪念也可。

②彭刚直奏议:"奉军机大臣字寄四月二十八日奉上谕,近来寄信,紧要事件,往往漏泄,甚至外间传播刊入新闻纸中等因钦此。窃维机要事件,似此刊布通都,互相传播,臣向未曾闻见。近来乃有寄谕及各省紧要公件,未经见有明文,而外间已传说纷纭,刊入报纸。初谓民间谣传,未足深信,既而无不吻合,殊堪诧异。即如此次天津所议简明条约,未接密咨以前,已见各报馆详为刊列。其得信不知从何而来,诚有不可解者。查该报馆意存垄断,惟务搜采新闻,人所未及知者,列入报中,使人以先睹为快,售广利赢。彼既惟利是视,则所以用其探刺者,无所不至;亦难免不别有营谋,此事之所由漏泄也。且有变混黑白,以无为有,任性议论,尤堪痛恨。臣嗣后惟加谨慎,不敢稍有疏忽,致取愆尤。"

第十节　结论

以庞大之中国,败于蕞尔之日本,遗传惟我独尊之梦,至斯方憬然觉悟。在野之有识者,知政治之有待改革,而又无柄可操,则不得不借报纸以发抒其意见,亦势也。当时之执笔者,念国家之阽危,懔然有栋折榱崩之惧,其忧伤之情,自然流露于字里行间。故其感人也最深，而发生影响也亦最速。其可得而称者，一为报纸以捐款而创办，非以谋利为目的；一为报纸有鲜明之主张，能聚精会神以赴之。斯二者，乃报纸之正轨，而今日所不多觏者也。

　　清初汉学最盛，详于考证，暗于经世。中叶而后，外侮频仍，人民之留心政治者，咸以振兴为事。康有为学于廖平，取其"三世"与"先进""后进"之说而张大之，以通经致用为揭橥，号为维新，风靡一时。然此派实力薄弱，而视天下事太易，故其发为议论也，燏煌光怪而有余；其施于政治也，诚实恳挚而不足。殆清室徒有变法之名，无以慰人民之望，于是种族之学说起，与维新派立于对峙之地位。其纯一之目的为排满，其主义以先破坏后建设为唯一之手段，章炳麟实为此派巨子。同时国粹派复取顾亭林、王船山、黄梨洲之坠简遗编而推阐之，其说乃益有根据。清廷之秉政者，既无悔祸之心，又复显满汉之界限，以激发人民种族之痛苦。卒之此说易入汉人之心，直截了当，终睹辛亥之成功。综论之，自报章之文体行，遇事畅言，意无不尽。因印刷之进化，而传布愈易，因批判之风开，而真理乃愈见。所谓自由博爱平等之学说，乃一一输入我国，而国人始知有所谓自由、博爱、平等。故能于十余年间，颠覆清社，宏我汉京，文学之盛衰，系乎国运之隆替。不其然欤！

第五章　民国成立以后

　　武昌举义，全国景从，报纸鼓吹之功，不可没也。"人民有言论著作刊行之自由"，既载诸临时约法中；一时报纸，风起云涌，蔚为大观。兹举其知名者如下：

　　北京：《共和报》《新民公报》《亚细亚日报》《通报》《中华日报》《燕京时报》《北京日日新闻》《民命报》《民权报》《商务报》《国华报》《国报》《民意报》《中华民报》《大凡日报》《公论报》《中央新闻》《共和日报》《新华日报》《民国报》《群强报》《新中华报》《亚东新报》《民牖报》《五民日报》《五族民报》《大民报》《大自由报》《东大陆日报》《快报》《大一统报》《工商公报》《民主报》《北京时报》《国权报》《新直报》《新社会日报》《黄钟报》《新华报》《世纪新闻》《救国报》《兴华日报》《先闻报》《平权报》《国民自强报》《新中国报》《燕声日报》《新世界报》《塞北公报》《女学日报》

　　天津：《民意报》《天津公论》《国风日报》

　　汉口：《国民新报》《共和报》《震旦民报》《民国日报》《新闻报》《大汉报》

武昌：《武昌公报》《群报》

南昌：《晨钟报》《民报》《商务日报》《大江报》《天佣报》《新闻迅报》《豫章日报》《章贡潮》

安庆：《民岩报》《皖报》《公论日报》

南京：《中华报》

扬州：《民声报》《扬州日报》

常州：《公言报》《新兰陵报》

无锡：《锡报》《新无锡报》

苏州：《苏州日报》

南通：《通海新报》

上海：《大共和日报》《民国报》《民报》《太平洋报》《黄报》《中华民报》《民信日报》《共和新报》《民强报》《民权报》《爱国报》《民声日报》《民国新闻》《启民爱国报》《演说报》

杭州：《之江日报》《汉民日报》

绍兴：《越铎报》

福州：《民听报》《民言报》《民心报》《群报》《共和报》《福建民报》《求是报》《民兴报》《正言日报》《舆论日报》《民生日报》

汕头：《中华新报》

广州：《震旦报》《平民报》《广南报》《新醒报》《广州共和报》《大公报》《岭华日报》《南越报》《惟一报》《天职报》《华严报》《华国报》《商权报》

奉天：《醒时报》

吉林：《吉长日报》《新吉林报》

济南：《大东日报》《山东日报》《新齐鲁公报》

烟台：《钟声报》

太原：《山西公报》

开封：《自由报》《河声报》《民立报》

长沙：《长沙日报》《湖南公报》《黄汉湘报》

常德：《沅湘日报》

成都：《川报》《民国公报》《蜀报》《民宪报》

香港：《香港实报》《大光报》

槟榔屿：《光华日报》

雪梨：《民国报》

菲列滨：《民号报》《公理报》

磐谷：《中华民报》

当时统计全国达五百家，北京为政治中心，故独占五分之一，可谓盛矣。乃未几二次革命发生，凡属国民党与赞同革命党之报纸，几全被封禁。筹安议起，更以威迫利诱之手段，对付报馆，至北京报纸，只余二十家，上海只余五家，汉口只余二家，报纸销数亦由四千二百万降至三千九百万。盖自报纸条例公布，检查邮电，阅看大样，拘捕记者，有炙手可热之势也。自是而后，有督军团之祸，张勋之复辟，护法之役，直皖、直奉及江浙之战，与最近东南及东北之战，兵连祸结，岁无宁日。虽内地报馆，前仆后继，时有增益，然或仰给于军阀之津贴，或为戒严法所劫持，其言论非偏于一端，即模棱两可，毫无生气。以视民国初元之仅以事杂言庞为病者，盖不胜今昔之感焉。

第一节　两度帝制之倏现

　　袁世凯本无意于共和，姑假之以覆清室耳。故自赣宁一役后，即以大刀阔斧之手段，努力排除异己，积极为家天下之预备。其首先觉察袁氏之阴谋者，为北京之《国民公报》。当时又有北京之《国风日报》，天津之《民意报》，汉口之《震旦民报》《民国日报》，广州之《觉魂报》，开封之《民立报》，南昌之《新闻迅报》，福州之《民心报》《民世报》《民听报》《福建民报》，香港之《实报》《新民报》等，相继而起，类皆据理执言，公正雄健，莫不首遭封禁之祸。迨美人古德诺氏之《君主与共和利弊论》在北京报纸上披露，旋有筹安会应之而起。于是杨度之《君宪救国论》，刘师培之《国情论》，纷然并作。其鼓吹最力者，当推《亚细亚报》，盖御用之机关也。又知人民心理殊不赞成帝制，则进行自以秘密为愈。始则限制报纸，仅得登载将军巡按使之文电，继则一律不准登载关于国体问题之文字。北京之《天民报》，即以学理的对筹安会加以评论而被封禁者。其他持反对之论调，如《时事新报》《爱国报》《中华新报》《民信报》《民国日报》《民意报》《益世报》等[①]，在内地则勒令停版，在租界则停止邮递，在国外则禁止输入。当时真正之民意，几不能于字面求之矣。民国四年十二月，参政院推袁为帝，北京各报除日人之《顺天时报》外，皆印红报，阿谀备至，而"臣记者"三字，遂成一新名词。但上海之《亚细亚报》，则连于九月、十二月两度发见炸弹。[②]是南方之空气究与北方不同也。次年改元洪宪，令各报照登。上海各报独否，仅载西历年月。旋淞沪警察厅致上海日报公会函云："上海各报应各改用洪宪纪元一案，前奉宣武上将军接准内务部佳电，如再沿用民国五年，不奉中央政令，即照报纸条例，严行取缔，停止邮递等因饬行到厅，当经函请遵改在案。兹接上海邮务管理局来函：以此案奉交通部电饬照办，函请查照前来。查各报不用洪宪纪元，既奉部饬停止邮递，敝厅管辖地内，事属一律，应即禁止发卖，并将报纸没收。第以报纸为言论机关，且上海各报馆亦与敝厅感情素笃，为再具函奉告。务希贵会转知各报馆，即日遵改。如三日内犹不遵改，则敝厅职责所在，万难漠视，惟有禁止发卖，并报纸没收也。"各报不得已乃以六号字之"洪宪纪元"四字，横嵌于年月之下，并将警察厅来函，同日登出以求国民之谅解。近人《虎厂杂记》载此事甚详，并言及假《时报》事。亦可见当时除压制真正民意而外，尚有假造民意之活剧。其言曰："筹安时代，京中各报，慑伏于权力之下，咸一致拥戴。惟《顺天时报》颇多讥讽不满之词。然此报为日人机关，且日人什九与项城不睦，宜其有非难之声。故时人则不重视之。惟上海各报，除薛大可组织之《亚细亚报》外，所持论调颇为国人所注目。及民四冬月，项城有令改明年为洪宪元年，曩时部中即通令各省一律遵用。上海各报以格于禁令，勉强奉行，乃以近于滑稽之手段，改民国元年为西历纪元几年，更于西历下别刊'洪宪元年'四小字，字绝纤细，读者苟不察，几不能见，其用心亦良苦矣。盖若不刊'洪宪元年'，销场只及上海一隅之地，不能普及全国，而邮局亦未能为之代递也。项城在京中取阅上海各报，皆由梁士诒袁乃宽辈先行过目，凡载有反对帝制文电，皆易以拥戴字样，重制一版，每日如是，然后始进呈。项城不知也。一日，赵尔巽来谒，项城方在居仁堂楼上阅报，命侍卫延之入。寒暄毕，赵于无意中随手取《时报》一纸阅之，略一审视，眉宇间不觉流露一种惊讶之状；项城奇之，询其故。赵曰，此报与吾家送阅者截然不同，然此固明明为上海《时报》也，故以为异。项城乃命人往赵家持报来，阅竟，大震怒。立传乃宽至,严词诘之;乃宽竟瞠目结舌,觳觫而不能对。"于此有一至可痛惜之事而不可不纪者,则民国四年十二月二十七日黄远庸(远生)氏以旧金山华侨误认为帝制派而杀之也。黄初尝为北京《亚细亚报》撰文,兼为上海《东方日报》通信,《东方日报》停刊,乃为《时报》通信,后又为《申报》通信,其理解力及文字之组织力,实有过人处。尝谓"新闻记者须尊重彼此之人格,叙述一事,贵能恰如其分,调查研究,须有种种素养";盖报界之奇才也。帝制议起,袁之爪牙,以黄之通信极能吸引读者,嗾其作赞成帝制之文。上海《亚细亚报》成立,并约其为总撰述。时帝制派炙手可热,黄不敢显为反对,姑以似是而非关于帝制之文应之。九月,即托故离京,假名赴美游历,辞去《申报》通信及上海《亚细亚报》之预约总撰述。犹忆去沪之一夕,尚过予时报馆,谈笑多奇趣,不意竟为最后之晤别也。黄所为文,通信外又散见《少年中国》《东方》《庸言》《论衡》《国民公报》诸杂志,已由其友人林志钧氏汇集成书,名曰《远生遗著》。

  民国六年七月,以参加欧战问题,府院间发生意见。段祺瑞嗾北洋派之武人倡解散国会之议,黎元洪免段职,召张勋入京。张乘机率兵拥宣统复辟。虽旋起旋灭,为时不过十二日,而北京报纸停刊者达十四家云。

注释

  ① 当时各报著论,痛诋袁氏,目之为民贼政府,为叛逆之政府,而梁启超氏《异哉所谓国体问题者》一文,尤传诵于人口。西报亦有著论反对帝制者。如法文《巴黎人道报》题云《奸险无赖之袁世凯》,俄文《哈尔滨报》题云《中国之自扰》,英文《京津泰晤士报》题云《武力耶民意耶》《论袁氏僭帝之责任》《痛斥袁氏愚弄国人之手段》,《字林报》题云《喜

剧耶滑稽剧耶》,具见公理之不可没也。

淞沪警察厅布告:"案奉江苏都督民政长兼会办江苏军务行署通令内开:照得新闻报纸为舆论机关,自非宗旨纯正,议论平允,不足以代表人民心理,导引政治进步。乃有《民权》《民立》《民强》各报,专为乱党鼓吹异说,破坏民国,捏造事实,颠倒是非,信口开河,肆无忌惮,亟应从速禁售,以免淆乱人心。为此训令该厅长遵照,凡《民权》《民立》《民强》暨乱党各种机关报纸,立即禁止售卖,并布告人民,一体知悉,切速勿违,此令。等因,奉此。合亟布告周知,仰各卖报人遵照,嗣后凡《民权》《民立》《民强》暨乱党各种机关报纸,均即禁止售卖。凡我人民,亦应一体勿再购阅上开各项报纸,以免淆乱人心,是为至要。"

② 北京《亚细亚报》总理薛子奇氏,于民国四年秋至上海,创办《亚细亚报》。事先已接有匿名信,或称"君主之敌",或称"中国公民一份子",谓如果出版鼓吹君主问题,必以激烈手段对付。九月十二日,为该报出版之第二日,下午七时许,该馆望平街十一号门首,即有人往掷炸弹,当死华捕一及路人二,伤者十余。该报并不停刊,且挟政府之力,要求从严根究。乃十二月十七日下午九时,又有炸弹从二层楼窗口掷入,炸毁桌椅器具及对街之玻璃窗,主任刘竺佛氏几被殃。该馆附近商店,以两次发生炸弹案,非但危险,且营业大受损失,因由房主禀请会审公堂,限三礼拜迁移。该报因他处不能得屋,始停刊。

第二节　杂志

一国学术之盛衰,可于其杂志之多寡而知之。民国以来,出版事业日盛。以时期言,则可分为欧战以前与欧战以后。以性质言,则可分为学术与政论与改革文学思想及批评社会之三大类。欧战以前，民国初造，国人望治，建议纷如，故各杂志之所讨论，皆注意于政治方面，其着眼在治标。欧战以后，国人始渐了然人生之意义，求一根本解决之道，而知命运之不足恃。故讨论此种问题之杂志，风起云涌，其着眼在将盘根错节之复杂事汇，皆加以彻底之判断，如国家政治、家族制度、婚姻、迷信等等思想上之问题，举数千百年来积习而推翻之，诚我国思想界之一大变迁也。世界新潮，澎湃东来，虽有大力，莫之能御。然一方面杂志之大声疾呼，使鼾睡者霍然醒觉，其影响亦非浅鲜，盖可断言。然吾人有不可不注意者，即破坏之能事已尽，而建设之能事未举。且矫枉过正，昔人所悲，今则将成为事实矣。夫我国社会上之根本问题，自不能不力谋最有效最安全之方策。故吾人苟主张婚姻自由，男女平等，财产共有，无政府主义，凡曾经三思者未尝不可提倡，如徒袭他人之文章，不问本国国情之是否适合，则其发生之恶影响，亦殊可惧。虽然，真理以讨论而渐明，今日之议论百出，亦为进步过程之不可免；吾人固不能不大有待于今后杂志之努力也。至已发行之诸杂志，所惜创始易，继续难，此非完全执笔者不努力之咎，实亦社会要求程度太低之故。今择内容较有精彩，销行较广，而较持久者，介绍于后。挂一漏万之讥，知不免焉。

以学术为主体者

《孔教会杂志》，于民国二年二月发刊于北京，由陈焕章编辑。每月一册，志在提倡以孔教为国教。

《科学》，于民国四年正月发刊于上海，为留美学生所组织之科学社之言论机关，以传播世界最新科学知识为旨，每月一册，分通论，物质科学及其应用，自然科学及其应用、历史、传记诸栏，其印法旁行上左，兼用西文句读点句，盖便于插写算学、物理、化学诸方式也。

《观象丛报》，于民国四年七月发刊于北京，为教育部中央观象台之言论机关，由高鲁编辑。每月一册，分论说、乾象、历象诸栏。言天文之唯一出版物也。

《清华学报》，于民国四年十一月发刊于北京，为清华学校师生所合编。每季一册，分著述、记述、译述三大部，有中文本、英文本二种。近自研究院成立，王国维梁启超等为讲师，中文季刊大见精彩。

《民铎》，于民国五年六月发刊于日本东京，为中华学术研究会之言论机关，由李石岑编辑。初每季一册，后改每二月一册，现改每月一册。以促进民智，培养民德，发扬民力为宗旨，立说务求平近而切世用，力去艰涩之弊。

《新教育》，于民国八年二月，发刊于上海，为新教育共进社之言论机关，由蒋梦麟等编辑。其主旨在以教育为方法，养成健全之个人，使国人能思能言能行，能担重大之责任，创造进化的社会。现归中华教育改进社主持。又增刊《新教育评论》，由陶行知等编辑，每周一册。

《学艺》，于民国八年四月发刊于日本东京，为中华学艺社之言论机关。志在介绍科学及艺术，从两方面发阐自然及人生诸问题。初为季刊，后改为月刊。分文科、理科、小说、杂文、通信诸栏。

《史地学报》，于民国十年十一月发刊于上海，为国立东南大学史地学会之言论机关。初每季一册，现改每年八册。分通论、专著、研究、世界新闻等栏。

《北京大学月刊》，于民国八年一月发刊于北京，为北大职员学生共同研究学术，发挥思想，发表心得之言论机关。每期由校长及各系主任轮流编辑。每年十册，材料多则出增刊。其印法旁行上左，与《科学杂志》同。

《学林》，于民国十年九月发刊于北京，每月一册。以研究学术，批评世界思潮为宗旨。分哲学文学组、社会经济组、政治法律组，与交通系有关系。

《学衡》，于民国十一年一月发刊于上海，为刘伯明、吴宓等所编辑，每月一册。以昌明国学、融化新知为宗旨。盖提倡文学革命之反响也。

《社会学杂志》，于民国十一年二月发刊于上海，为中国社会学会之言论机关，由余天休编辑。每年六册，用中英文合刊。

《社会科学季刊》，于民国十一年十一月发刊于北京，为北大教授顾孟馀等所编辑，每季一册。泛论政治、经济、法律、教育、伦理、史地，分其他社会科学，从学理上立言。

《国学丛刊》，于民国十二年夏季发刊于上海，为国立东南大学高师国学研究会之言论机关，由顾实编辑。以整理国学，增进文化为宗旨。每季一册。曾特刊《小学》《经学》《史学》《文学》《诸子学》等专号。

《华国》，于民国十二年十月发刊于上海，为章太炎所编辑。以甄明学术，发扬国光为宗旨。每月一册，分通论、学术、文苑、记事诸栏。

《国学季刊》，于民国十二年一月发刊于北京，为北大教授胡适等所编辑，以发表国内及国外学者研究中国学之结果为宗旨。其方法：（一）用历史的眼光，来扩大国学研究的范围；（二）用系统的整理，来部勒国学研究的材料；（三）用比较的研究，来帮助国学材料的整理与解释。现因材料甚富，又附出周刊。其博大精深，为国内外学术界所推重。

《工程》，于民国十四年一月创刊于上海，为中国工程学会所编辑，每季出一册，其宗旨为发展工程学识引起社会对于工程之兴趣。

《自然界》，于民国十五年一月，发刊于上海，为杜亚泉、周建人等所编辑。每年十册，志在提倡中国的科学化，而以考订名词、调查、纳非科学的环境于科学中三者为工具。

以政治为主体者

《独立周报》，于民国元年九月发刊于上海，为章士钊所编辑。分纪事、社论、专论、投函、评论之评论、别报、文艺诸栏。盖章出《民立报》后而别主调和之说者。

《庸言》，于民国元年十二月发刊于天津，由梁任公主撰，系继《国风报》而发行者。意在利用袁世凯。每月二册，分建言、译述、艺林、金载四大部。

《不忍》，于民国二年二月出版于上海，由康南海主撰。志在以孔教为国教。每月一册，分政论、说教、瀛谈、艺林等栏。是年十一月，南海丁母艰，停刊。至民国六年十二月，曾续出，但未几亦废。

《国民》，于民国二年五月发刊于上海，为国民党之言论机关。孙中山黄兴作出世辞。每月一册，分言论、专载、纪事、丛录四类。勉党员以"进步思想，乐观精神，准公理，据政纲，以达巩固中华民国，图谋民生幸福之目的"。

《雅言》，于民国二年十二月发刊于上海，为康甯所编辑。每月二册，分论说、纪事、文艺诸栏。盖康出《甲寅》后而别主赞助袁世凯之论者。

《正谊》，于民国三年一月发刊于上海，为谷钟秀、杨永泰、丁世峄、孙润宇、卢信等所组织。每月一册，分论说、纪载、译述、文艺诸栏。为失望于袁世凯而作。

《甲寅》，于民国三年五月发刊于日本东京，为章士钊所编辑。每月一册，分时评、评论、论评、通信、文艺诸栏。以条陈时弊，朴实说理为宗旨。盖反对袁世凯而有学理之出版物也。民国十四年七月，改为周刊，在北京发行。

《大中华》，于民国四年一月发刊于上海，由梁任公主撰，每月一册。以养成国民世界知识，增进国民人格，研究事理真相，以为朝野上下之南针为宗旨。其特色注重社会教育，论述世界大势战争之因果及吾国将来之地位，与夫国民之天职，为欧战后之重要出版物。

《太平洋》，于民国六年三月发刊于上海，为《甲寅》分出之英法派人所编辑，每月一册。分论说、海外大事、评林、译述、国内大事等栏。考证学理，斟酌国情，以求真是真非；于财政经济各问题，尤多所论列。

《建设》，于民国八年八月发刊于上海，为国民党之言论机关，每月一册。孙中山作发刊词，有云："鼓吹建设之思潮，阐明建设之原理，冀广传吾党建设之主义，成为国民之常识，使人人知建设为今日之需要，知建设为今日易行之事功。由是万众一心，而建设一世界最富强最快乐之国家，为民所有，为民所治，为民所享。"为有显明主张之唯一出版物。

《解放与改造》，于民国八年九月发刊于上海，为北京新学会之言论机关，每月二册。主张解放精神物质两方面一切不自然不合理之状态，同时介绍世界新潮，以为改造地步。分评坛、论说、读书录、世界观、思潮、社会实况、译述诸栏，与研究系有关系。出至二卷，改组为《改造》月刊。

《星期评论》，于民国八年，发刊于上海，为戴季陶所编辑，而沈玄庐孙棣三助之，志在提倡经济改革。

《法政学报》，于民国十一年一月出版于北京，为法政大学之言论机关，每年十册。分论著、杂感二大部。关于政治、经济、法律、社会、心理、历史、哲学等文字，均兼容并包，不以法政为范围。

《努力》，于民国十一年六月，发刊于北京，由胡适编辑，为讨论政治之周刊。民国十二年，因胡病停刊。

《向导》，于民国十一年九月发刊于广州，为陈独秀等所编辑，每周一册。以统一、独立、自由、和平为标语。中国共产党之宣传品也。

《现代评论》，于民国十三年十二月发刊于北京，为周鲠生等所编辑，每周一册。言论趋重实际，不尚空谈；态度趋重研究，不尚攻讦。包含政治、经济、法律、文艺、哲学、教育、科学各种文字。

《语丝》，于民国十四年一月发刊于北京，由周作人等编辑，每周一册。注重于新思想之宣传，其评论政治社会各方面之事实，隽永有味。

《远东》，于民国十四年十月发刊于北京，为吴统续所编辑，每月二册。以研究远东问题与宣达国际消息为宗旨。用中、英、法三国文字合刊。与交通系有关系。以改革文学思想及批评社会为主体者。

《新青年》，于民国四年九月发刊于上海，为陈独秀所编辑，每月一册。初提倡文学革命，后则转入共产。勉青年以"发挥人间固有之智能，抉择人间种种之思想，孰为新鲜活泼而适于今世之生存，孰为陈腐朽败而不容留于脑际。利刃断铁，快刀斩麻，决不作牵就依违之想"。

《新潮》，于民国八年一月，发刊于北京，为北大学生傅斯年、罗家伦等所编辑，每月一册，亦提倡文学革命者。

《每周评论》，于民国八年，发刊于北京，为陈独秀李大钊等所编辑,志在改革社会思想,但不久即为警厅所封禁。

《创造季刊》,于民国十一年六月,发刊于上海,为郭沫若、成仿吾、郁达夫等所编辑,志在提倡国语文学。次年五月,又创周刊,但后均停止。

第三节　国内外会议与我国报界

我国报纸之纪载,曩只注重东亚一隅,所译欧洲消息,徒以充篇幅而已。自民国三年夏奥塞因事起衅,德、法、英、俄、意、比先后卷入漩涡,酿成有史以来空前之大战。至是,沪报始购用路透公司电报,以求消息之灵通。是年秋,日本借口英日同盟,向德宣战,与英兵合占青岛。于是欧战遂直接与我国发生关系。日本以列强不遑东顾,于次年一月十八日,突向我国提出二十一条之要求。五月七日,迫令承认。其苛酷足以制我国之死命而有余,并要求严守秘密禁止报纸登载。当时各报之论调,均愤慨异常,莫不主张拒绝日本无理之要求,并有提议召集国民大会,抵制日货,以为政府之后盾者。各地日领,乃请中国官吏,禁止报界开会。上海《公论西报》(The National Review)以《失信》一文,责英人与日人同恶相济,竟被控于法庭。[①]强权之下,固无公理之可言也。民国六年,我国以德潜艇之任意袭击商船,继美而向之宣战。各国与我国曾互提希望条件。孰知民国七年,巴黎和会开幕后,为英、美、日、法、意各国所把持,对于我国所提出之由德国直接交还山东之一切权利,取消被迫承认之二十一条要求,及取消列强所得于我国之种种不平等条约各条件,均曲徇日本之意,无公平之解决。此消息传至中国,举国大哗，电代表不得签字于德约。五月四日，北京学生有激烈之示威运动，且请罢免曹汝霖、陆宗舆、章宗祥三亲日派。全国学生响应，商界继之。上海商店首先罢市，杭州、南京、武汉、天津、九江、山东、安徽、厦门继之。工界亦有罢工者。报界则发起救国储金，为实力对外之提倡。日人知我国民气之不可侮，时以直接交涉相引诱。美上院亦以处置山东问题未当，不批准和约。旋于民国十年，召集华盛顿会议，期挽回其国际上之地位。我国亦被邀请，提出前此未解决之各案。各报均直接由美发电，并试用交通部南洋大学无线电，以传达消息。此种消息常置于国内电报之前，其注意可知矣。

自山东问题起，始唤起中国报界对外之舆论；而驻外特派员，乃渐萌芽。如参与巴黎和会之胡霖；参与国际联盟之朱少屏、夏奇峰、王一之、李昭实；参与华盛顿会议之许建屏、王伯衡、钱伯涵等，虽不能向外宣传，然而有关于我国之消息，固常有通信报告也。

美人毕德生，所著《中国之报业》一书中，曾言及中国报纸在外交上活动之成绩，著者曾译载《东方杂志》中。兹节录如下：

"欧洲大战期间，蓝辛、石井条约签字后，中国各报纸之第一报告，均含有日本在中国之特权主张已经美国承认之意味。此种纪载之结果如何，则中国全国事实上不论何处何人，均愤怒如狂是也。幸而此一种外交之实在内容，其后为中国人士所知，始得风平浪静。其次则二十一条件，中日两政府签字之际，学生运动及各报界继起而抵制日货，亦报纸活动之结果也。

及至华盛顿会议，关于山东问题，中国与日本举行分离的会议时，中国报纸所得之急报，只有直接交涉之一语。但未曾说明在每次会议时，英美二国之全权代表，必出席其间；又中国保存完全抗议之一端，亦未曾声明。中国读者，遂以为中国政府方面数次拒绝如此会议后，中国代表竟终至于卖国，各国竟均承认日人行动。于是华盛顿中国公使馆，接受无数忠告之海底电报，中国全国各处皆有示威运动，均要求中国代表辞职。英美及其他各国，均受中国人之非难，中国人的信念几完全震动矣。一月后，始有第一之正确报告，但其时中国代表已将辞职，华盛顿会议之中国民间的各方面代表，亦同时证实直接交涉，而不加以详细之说明，直至外交总长颜惠庆发出正式报告，将情形详说后，中国人始稍得安静。

此一例，可具体证明中国报之势力。读报者虽限于少数人士，但报纸发表之意见，由公众的或私人的议论，几于下等之苦力，亦受其宣传。读者之人数固日见增加，已受较良训练之新闻记者之活动，亦日有进步，有力出版物销行亦盛。此乃关于国内将来之安定，中国在国际间位置之稳固上，大有希望之一端也。更进一步言之，虽谓为万国和平上一真希望，亦无不可。"②

民国以来，以法律之争执，成南北对峙之局。八年二月，南北各派代表议和于上海，各报以此会关系国内和平，均派员至沪，以通消息。因各地记者之聚集，遂成立全国报界联合会；当时并出有《和平日刊》，与会相终始，为严密之监视。

后此又有国是会议、国民会议、善后会议等。虽或发起而未开，或开而无结果，然各派均知利用报纸以宣传一己之主张也。

注释

① 民国四年五月十五日，上海《公论西报》载有《失信》一文，其原文如下："中国人知亲贵之不可恃，于是改专制而为共和。今乃知所谓国际条约保护弱小之国以抗御强敌者，亦曾不足恃。日英两国既尝正式担保，复一再为明白之宣言，以维持中国之独立完全为己任，至其间接之声明，则更不可以次数计也。然除二三外交家之宣言外，世之确信日本有丝毫维

持中国独立或完全之意者，殊居少数。若朝鲜之合并，南满之吸收，与夫暗助党人阴谋扰乱中国之治安，凡此数端，无不足为日本无意践言之明证。盖日本之视其宣言，初无异于工厂中佣役之妇孺仅思利用以经营事业，而初不足劳其一盼也。顾日虽如此，而世人犹希冀其信托二国以为信誓，而二国今竟失信。自今以后，彼于二国之约言，惟视之为一无价值之谰语而已。顾英方有战事，不暇东顾，或可借此以自解，然英固可呼美国为助以援中国，而英不然。故论弃绝中国之辜，美犹在英国之下。当下议院某议员质问英政府，英美二国间曾否有关于中日交涉之文件往来时，英外相格雷答以无有，谓惟仅有一简短非正式之谈话而已。夫日本所开之强要条件，凡先于最后通牒或即在最后通牒之内者，其于中国之自立与领土之主权，皆有重要之危险，固为公众所承认。乃英国对斯二者，虽尝有切实之担保，布告天下，今竟漠然置之。其他若门户开放主义，今虽以东蒙之条约而废弃，已成封闭之域。英美二国间，且并上三者，不过为一非正式之谈话。中国于此，当可不再望外交之援助，而欲求诸满口大言毅然以维持中国独立为完全己任之国，则更不足深恃矣。要之，日本哀的美敦书之成功，日、英、美、法、俄、德诸国皆应各负其责。其中除日本为兹罪戾之实犯者外，其负有可耻之罪责者，尤当以英为首。夫法语之言，其味最苦。然以为苦而秘之，必于人无若何之裨益，是乃所以为真理也。"英政府延律师控告该报主笔李治氏（W. Shedon Ridge）。上海英日按察使署以其有意煽惑，违反一九〇九年英日敕令，双方辩论甚长，不具录。证人伍廷芳氏谓此文于中英两国友谊，只有益而无害，王宠惠氏亦谓此文不致发生恶影响于华人，结果，宣告被告无罪。

② D.D.Patterson: The Journalism of China, P.74.

第四节　结论

　　民国以来之报纸，舍一部分之杂志外，其精神远逊于清末。盖有为之记者，非进而为官，即退而为营业所化。故政治革命迄未成功，国事窳败日益加甚。从国体一方面观，当筹安时代，号称稳健之报纸，多具暧昧之态度，其是否有金钱关系虽不可知，若使无民党报纸之奋不顾身，努力反抗，则在外人眼光中，我国人之默许袁氏为帝，似无疑义。故从严格立论，若当袁氏蓄意破坏共和之时，各报即一致举发，则筹安会中人或不敢为国体问题之尝试，是以后纷乱，可以不作。更进一步言之，使袁氏至今而健在，则其为害于民国，有为吾人所不敢想像者。报纸之失职，有逾于此耶？其实袁氏虽死，继之而起者，往往倒行逆施，无所恐惧。虽曰其故甚多，而舆论之软弱无力，不可谓非一种诱因。从社会思想方面观，各种学说，纷纭杂错，目迷五色，论其学理，无不持之有故，言之成理；然其果适合于我国国情否，果适用于我国今日之人否，是尚不能无所踌躇。身为记者，于此应先下一番研究功夫，以徐待事实之证明，若根据捕风捉影之谈，人云亦云，漫为鼓吹相攻击，其不为通人所齿冷也幾希。从科学方面观，可谓最无贡献。因科学之不发达，而迷信遂益难打破。乩坛可以问政，建醮可以弭兵，野蛮时代之把戏，居然能在二十世纪之新舞台上与人争长短，不可嗤哉？甚至"天皇圣明""天命所归"之文字，竟能在报纸上发表，此真足悲愤者也。从艺术方面观，如音乐、戏曲、绘画、文学等，均为人生必不可少之正当娱乐，而报纸多不提及。试以上海一隅言，大部分之女子，除吃著生育而外，惟有烧香、打牌、看戏、逛游戏场，请问此为何等生活耶？其所以致此者，为一方面无高尚之娱乐，一方面多恶劣之引诱。譬如小说尚不脱章回窠臼，公然提倡嫖赌，无丝毫清醒之气，则无知女子之日趋堕落，亦不足怪。报纸于此种现象，岂不应注意耶？闻之埃及都丹（Tutankhamen）王陵之发现，欧美记者纷往参观，其研究之所得，报纸常连篇累牍而载之。其在我国，如最近美国博物院所派遣之亚洲考古队，在蒙古所掘得之古代器物及恐龙兽之化石，欧美各报争相影印，而我国报纸若不知其有事。又如敦煌石室之发现，实为研究我国古代艺术之绝好材料，在理我国报纸应大拓篇幅，以发挥我先民之优越，其价值与埃及王陵相较，有过之而无不及。试问我国报纸对于此种事业之成绩如何，能不扪心自愧否？今日之报纸，惟搜求不近人情之新奇事物，以博无知读者之一笑。其幼稚诚不堪言矣。从外交方面观，国际因交通与经济之关系，息息相通。外人之对我国也，其政策均有一定步骤，虽五卅惨案之猝然发生，可谓震动全国，而外人之态度依然不改其镇静。盖由平日知之有素，自可因病而下药也。我国报纸向不注意国际间事，外交常识可云绝无。每遇交涉，则手忙脚乱，恒不能导民众入于有利之途。上者为外人宣传而不自觉，下者则以受外人之津贴为得计。言念及此，不寒而栗矣。虽然民国以来，报纸对于社会，亦非全无影响。如人民阅报之习惯业已养成，凡具文字之知识者，几无不阅报。偶有谈论，辄为报纸上之纪载。盖人民渐知个人以外，尚有其他事物足以注意。本来我国人对于"自己"之观念甚深，而对于社会国家之观念则甚薄。"各人自扫门前雪，休管他家瓦上霜"之消极人生观，实为我民族积弱之由来。今则渐知自己以外，尚有社会，尚有国家，去真正醒觉之期不远矣，且人民因读报而渐有判断力，当安福专政时代，报纸多为收买，凡色彩浓厚者，俱为社会所贱恶，而销数大跌。年来报纸之主张不时变易者，虽竭力振刷精神，而终不得社会之信仰。是可见阅报者之程度日见增高，能辨别孰真而孰伪，孰公平而孰偏颇。宣传之术，不容轻售矣。此外，报纸之作用，已为一般人所谙知。故一家庭有报，一学校有报，一商店有报，一工厂有报，一团体有报，一机关有报。其不能有报者，亦知借他报以发抒其意见。即就报界自身言，亦知经济独立之重要，而积极改良营业方法；知注意社会心理，而积极改良编辑方法。不过自本国言之，似比较的有进步；若与欧美之进步率相比较，则其进步将等于零。至此，吾不能不希望我国报纸之觉悟，吾更不能不希望我国报界之努力！

第六章 报界之现状

报界之进步甚速，此章所述，只以现状为限。就著者所经历，故所述又以上海之情形为多。举一反三，大致固不相异也。

第一节 报馆之组织

报馆之组织，采公司制度者，常较完备。然事务有繁简之异，则设科用人，即有多寡之殊。下列《新闻报》公司系统表，可供办报者之参考也。

报馆之自建房屋者极少，有之亦与普通房屋无异。惟申报馆之房屋，此较合于报馆之用。兹特将其内部之布置，纪之于下，以供参考：

第一层：营业部，接待室，服务部，收款处，印机间，早市发行处，（地底）印机间。

第二层：总理室，营业主任室，总主笔室，会计处，新闻排字房，告白排字房，铸字房，侍役室，小便所，（夹层）营业部办公室，庶务处，问讯处，排字房，西文排字房，打纸版房，浇版房，日用储藏室。

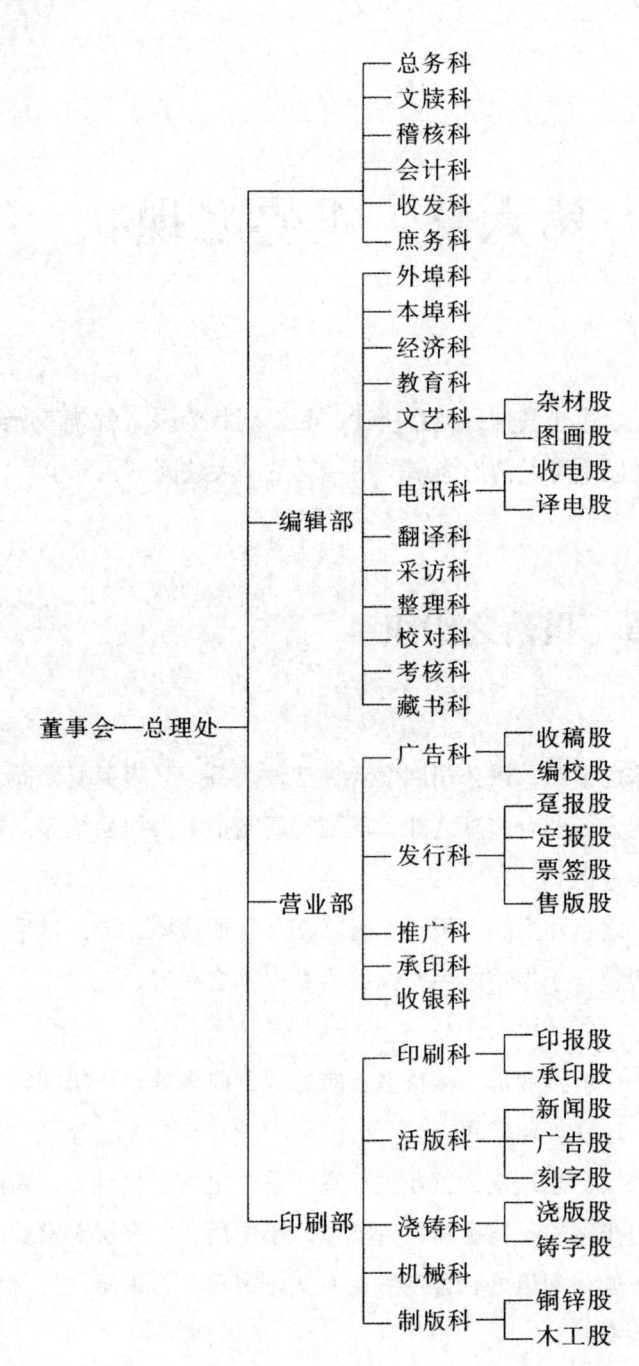

```
                            ┌─ 总务科
                            ├─ 文牍科
                            ├─ 稽核科
                            ├─ 会计科
                            ├─ 收发科
                            ├─ 庶务科
                            ├─ 外埠科
                            ├─ 本埠科
                            ├─ 经济科
                            ├─ 教育科
                            ├─ 文艺科 ┬─ 杂材股
                            │        └─ 图画股
                 ┌─ 编辑部 ──┤
                 │          ├─ 电讯科 ┬─ 收电股
                 │          │        └─ 译电股
                 │          ├─ 翻译科
                 │          ├─ 采访科
                 │          ├─ 整理科
                 │          ├─ 校对科
                 │          ├─ 考核科
                 │          └─ 藏书科
                 │
                 │          ┌─ 广告科 ┬─ 收稿股
                 │          │        └─ 编校股
                 │          │        ┌─ 逻报股
董事会──总理处 ──┤          ├─ 发行科 ├─ 定报股
                 │          │        ├─ 票签股
                 ├─ 营业部 ──┤        └─ 售版股
                 │          ├─ 推广科
                 │          ├─ 承印科
                 │          └─ 收银科
                 │
                 │          ┌─ 印刷科 ┬─ 印报股
                 │          │        └─ 承印股
                 │          │        ┌─ 新闻股
                 │          ├─ 活版科 ├─ 广告股
                 └─ 印刷部 ──┤        └─ 刻字股
                            ├─ 浇铸科 ┬─ 浇版股
                            │        └─ 铸字股
                            ├─ 机械科
                            └─ 制版科 ┬─ 铜锌股
                                     └─ 木工股
```

第三层：编辑室，校对室，书记室，记者室，招待室，储字室，书版排字室，铜模室，铸字室，零寄间，卧室，侍役室，浴室，厕所。

第四层：铜版室，铜版部办公室，藏书室，膳室，卧室，箱件间，浴室，厕所。

第五层：编辑办公室，文稿储藏室，会议室，浴室，卧室。

第二节　新闻

报纸最初所载之新闻，以选录邸报、辕门抄及告示为大宗，译报次之，访稿寥寥可数也。盖当时访员实由各地派报者兼任，偶有新闻，亦必附致账房信中转交主笔；账房中人如以为不可登，则竟置诸字纸篓。本埠新闻则由主笔就所见闻者记之，或出自各衙门书吏之报告；所谓社会新闻，即官吏起居、斗殴、拆梢、回录之事而已。有时新闻缺乏，则以邸报中之奏折补充，或竟任之空白。社会亦司空见惯，不以为异也。

戊戌以后，办报者多曩日当路之士，政治新闻，一时大为改观。而各地报纸纷起，得以互相转录，社会新闻，亦遂不虞缺乏。以后又有专电及特约通信，彼此仿效竞争，进步自一日千里矣。

近日报纸新闻之来源，大率不外五种：（一）为本馆访员之所记录，如电报及特约通信是也。北京与上海为政治与商务之中心，故常有专员驻其间，所得新闻，为一报所独有。余则多就地招聘，其新闻常兼见二三报以上。（二）为通信社所送，大率电报多出自外人通信社，而本国通信社亦间有之，新闻则多出自本国通信社。（三）为译报，以翻译该报所在地之英日文报纸为多。（四）为剪报，系转载他报之新闻。（五）为投稿，即公共机关及个人所公布之稿件。

我国报纸所载之新闻，常注意于何方面，其及于社会之影响又若何；此为读报者所欲知。今取京、津、沪、汉、粤五地之报纸各一种，由十一年十一月十日起，积累四十日，而统计之，分析之，平均之；虽其结果未尽正确，然亦可以得其大要矣。

下列第一表，为新闻之分类，以国内新闻为限，专电、通信、琐闻、市情均属之。第二表为新闻面积及性质之测量。第三表为新闻面积与全张面积及非新闻面积之百分比，可知一报新闻容量之多寡。第四表为新闻面积与国内新闻及国外新闻面积之百分比。第五表为国内新闻分类之百分比，可知一报新闻何种最多，何种最少。惟各表乃依事实分析，未经科学严格之训练也。

第一表　新闻之分类

甲　政治新闻：

（1）内讧　指对内战争

（2）内阁　指组阁、倒阁及关于内阁各类新闻

（3）议会　指县议会、省议会及国会一切消息

（4）外交　指对外一切交涉无论地方中央均属之

（5）生计　指委任、撤任、闹薪、裁员

（6）和议　指统一、议和、休战

乙　经济新闻：

（1）公债　指内债、外债、路债

（2）实业　指商务、农业、工业

（3）劳动　指罢工、加薪、示威

（4）物价　指汇水、物价、市价、行情

（5）交通　指铁路、轮船、邮电

（6）税务　指常关、海关、厘卡

（7）金融　指银钱行市、挤兑

（8）财政　指整理、清理、筹款、过关

丙　文化新闻：

（1）教育　指学校风潮、学界新闻

（2）演讲　指学术演讲、名人演讲

（3）戏剧　指新剧、旧剧、电影

丁　社会新闻：

（1）穷困　指穷困自杀、饿死

（2）游艺　指运动、球戏、赛马、赛枪

（3）土匪　指攻城夺地绑票劫人之土匪

（4）集会　指开会欢迎、欢送、追悼

（5）诉讼　指民事及刑事

（6）慈善　指施粥、施衣、施棺

戊　罪恶新闻：

（1）杀伤　指伤人、杀人、暗杀

（2）偷骗　指偷、拐、骗

（3）抢夺　指盗劫行为

（4）烟赌　指种烟烟税、私吃、聚赌

己　杂项：指一切新闻不能归入以上各目者

（按）此表见《清华学报》，分类颇有未恰处，如罪恶新闻与社会新闻，即有牵混之憾。

第二表　新闻面积及性质之测量

	上海申报	北京晨报	天津益世报	汉口中西报	广州七十二行商报
	英方寸	英方寸	英方寸	英方寸	英方寸
全张面积	5850	2880	4864	3607	3218
新闻面积	1825	949	955	1197	1277

（续表）

	上海申报		北京晨报		天津益世报		汉口中西报		广州七十二行商报	
	英方寸		英方寸		英方寸		英方寸		英方寸	
国外新闻	160		126		9		33			
国内新闻	1665		823		946		1164		1277	
国内新闻分类	次数	英方寸	次数	英方寸	次数	英方寸	次数	英方寸	次数	英方寸
政治新闻	59	422	11	339	47	576	39	572	27	305
内讧	28	168	4	130	19	267	10	181	7	68
内阁	3	7			3	17	17	215	14	171
议会	7	109	3	98	11	142	5	75	3	29
外交	13	102	3	104	10	104	5	84	3	37
生计	8	36	1	7	4	46	2	17		
和议										
经济新闻	63	586	9	120	7	101	14	213	13	204
公债	3	45	1	14	1	5				
实业	8	95	3	49	1	7	1	32		
劳动							3	49	1	19
物价	37	335					1	5	1	62
交通	5	38	3	24	3	74	3	39		
税务	3	42					3	26	7	78
金融	3	14	1	16			2	60	2	27
财政	4	17	1	17	2	15	3	2	2	18
文化新闻	13	130	5	194	6	60	2	43	5	157
教育	11	102	5	194	5	56	2	43	4	152
演讲	2	28								
戏剧					1	4			1	5
社会新闻	18	237	2	18	2	17	11	201	15	326
穷困			2	18			1	12	1	11
游艺	1	72			1	12			11	238
土匪	4				1	5	1	10		
集会	7	84					6	133	2	129
诉讼	6	70					2	11	1	48
慈善							1	35		
罪恶新闻	16	66	4	38	1	7	3	28	9	180
杀伤	2	8					1	2	1	1
抢夺	5	32							6	86
偷骗	9	26	1	9			2	15	1	92
烟赌			3	29	1	7	1	11	1	1
杂项		224		114		185		107		105

第三表　新闻面积与全张面积及非新闻面积之百分比

	上海申报		北京晨报		天津益世报		汉口中西报		广州七十二行商报	
	英方寸	百分比	英方寸	百分比	英方寸	百分比	英方寸	百分比	英方寸	百分比
全张面积	6501	100	3045	100	4864	100	3607	100	3218	100
新闻面积	1805	28	1046	34	1015	20	1197	33	1277	39
非新闻面积	4696	72	1999	66	3849	80	2410	67	1941	61

第四表　新闻面积与国内新闻及国外新闻面积之百分比

	上海申报		北京晨报		天津益世报		汉口中西报		广州七十二行商报	
	英方寸	百分比	英方寸	百分比	英方寸	百分比	英方寸	百分比	英方寸	百分比
新闻	1805	100	1046	100	1015	100	1197	100	1277	100
国内新闻	1746	96	851	82	971	96	1164	97	1277	100
国外新闻	59	4	185	18	44	4	33	3		

第五表　国内新闻分类之百分比

	上海申报		北京晨报		天津益世报		汉口中西报		广州七十二行商报	
	英方寸	百分比	英方寸	百分比	英方寸	百分比	英方寸	百分比	英方寸	百分比
国内新闻	1746	100	861	100	971	100	1164	100	1277	100
政治	429	24.6	338	39.3	499	51.4	572	49.1	305	23.8
经济	589	33.7	239	27.7	187	19.3	213	18.3	204	15.9
文化	129	7.4	78	9.1	41	4.3	43	3.7	157	12.3
社会	212	12.2	65	7.5	100	10.3	201	18.1	326	25.2
罪恶	107	6.1	64	7.4	31	3.2	28	2.4	180	14.0
杂项	280	16.0	77	9.0	113	11.6	107	9.0	105	8.3

我国报纸所载之新闻，苟以充篇幅而已。叙一事也，常首尾不具，前后矛盾，同一事也，而一日散见二三处，重见二三处，无系统，无组织，浮词满纸，不得要领。其故前者由于访员不研究纪事之法，以抄录为范围，后者由于编辑不为读者着想，以省事为要诀。累累数十页之报纸，而精彩黯然，此极可惜之事也。

报纸材料少，固不足以餍读者之望；有材料而不善编辑，直如衣锦夜行，在报馆尤为极大之损失。今将京、津、沪、汉、粤五地报纸之编辑方式，列表于下，以供研究：

上海《申报》 （十四年五月八日）
第一张　时评　国内专电　特约路透电
第二张　特约路透电二　公电　国外要闻　国内要闻（附）游艺丛刊
第三张　国内要闻二　地方通信　专件　（附）教育消息　自由谈
第四张　本埠新闻　（附）商业市况
第五张　本埠增刊
北京《晨报》 （十四年四月十一日）
第一张　军政要闻为一类　国外要闻为一类　普通新闻为一类
第二张　各处特约通信为一类　本京新闻为一类（附）经济界　北京
天津《益世报》 （十四年四月十日）
第一张　社论　专电　译电　公电　要闻　命令
第二张　时评一　要闻二　教育丛载
第三张　时评二　顺直新闻　本埠新闻　本埠琐闻

国内新闻分类之百分比图

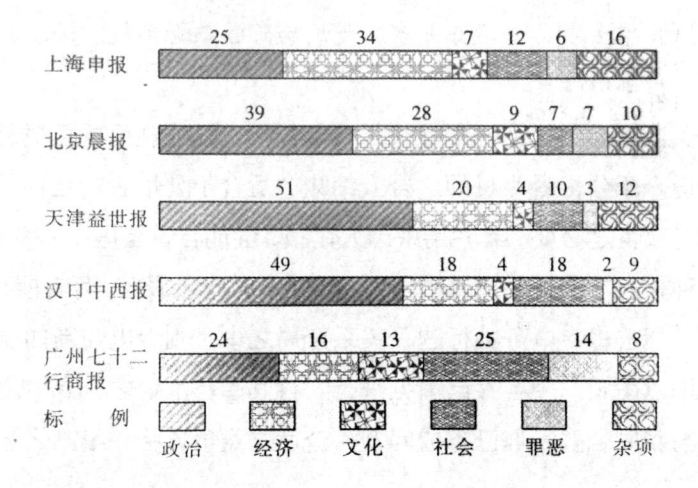

报纸	政治	经济	文化	社会	罪恶	杂项
上海申报	25	34	7	12	6	16
北京晨报	39	28	9	7	7	10
天津益世报	51	20	4	10	3	12
汉口中西报	49	18	4	18	2	9
广州七十二行商报	24	16	13	25	14	8

第四张　益智粽　专件

汉口《中西报》（十四年五月六日）

第一张　评论　专电　中国电报　通信社电　快信　译电　公电　命令　紧要新闻一

第二张　紧要新闻二　各省新闻

第三张　本埠特别新闻　武昌新闻　各属新闻　汉口新闻　公布栏

第四张　旧艺林

广州《七十二行商报》（十四年四月八日）

第一张　电讯　大元帅令　国闻　省闻　本市新闻

第二张　本市新闻　琐闻　（附）国家研究　科学研究

第三张　中外要闻　小商人

以上五报，以《晨报》纸张最少，而其编制独精。盖专电俱有题目，且与新闻合登，重要者排列在前，不问其为京内京外之事也。其他纸张愈多者，分栏亦愈多，支离破碎，毫无活气。欲求其美观醒目，自不可能矣。

英国报界巨子北岩创办《每日邮报》，以战胜伦敦各报及使体裁能适合于公忙者为目的。吾人细味"适合于公忙者"之恉，即知编制有改良之必要。或者谓中国人读报，尝能自首至尾，一字不遗；但此种人必非真正注意时事之人，否则必无此余暇也。著者前编《时报》，即首将专电分类标题，关系全局之事，则专电与新闻合登，有时助以图画。今各报已渐见采行。自其趋势上言之，专电之有标题及与新闻合登，似已不成问题；今后之竞争，将在编制之艺术方面矣。

欧美名记者对于我国报纸之评论，佥谓"政治新闻多，而社会新闻少；外来之新闻多，而自行采集之新闻少"。诚为不刊之言。盖一般记者，重视军人政客权利之争，而社会生活及学问艺术，绝不措意。有某批评家言，若各通信社同日停止送稿，则各报虽不交白卷，至少必须缩成一版。此非近于滑稽之言，试观各报新闻，十分之七八类同，编制亦无大异，阅过一报，则他报即一无可阅，事实诚如此也。

报纸虽以揭载新闻为主，然评论为意见之表示，亦未可轻视。欧美大报社，均设所谓论说记者团，以总主笔为之领袖。今我国多以编辑兼之，精神不能贯注，则敷衍塞责，亦固其所。美国名记者韦廉之言曰，"新闻、评论及广告各栏，务求其能引起阅者最浓厚之兴味"。愿我国报界其注意之。

第三节　广告

广告费之销耗，以报纸为最巨；而报纸之支出，亦多仰给于广告。故在欧美发达之报纸，其广告费常占收入十分之九而强。我国商业未兴，无剧烈之竞争，视广告为无足重轻，而报馆又不能表显其广告之效力，以博得商人之信托，而裕其财源；一方面又不知广告之内容，亦足引起读者之注意，与新闻同其价值。

又如（1）广告章程，视为具文，取费时并不依据，此何以取信？（2）广告编辑，杂乱无章，不若外报将同性质者汇列一处，使读者易于寻觅。（3）北方报纸所载之官营业广告，如铁路广告、银行广告等，实为津贴之变相，足以养成报馆贪惰之风，此皆广告不能发达之大原因也。

往者交通阻滞，报纸鲜少。偶有广告，亦只轮船进出、拍卖货物及寻人之类耳。然犹西人之广告居多。同治年间，每字取钱五文；光绪年间，乃易钱码为洋码。后又分论前、论后、长行、短行，而论前取费倍于其他。民国初元，又加二成。近则分类益繁。兹择上海中国各报所定最高之价，列表如下：

一等　登于新闻中，高三英寸强，每日每行四角五分。

二等　登于封面及专电或评前，高十英寸，每日每行一元四角。

三等　登于分类栏，以六十字起计算，如超过此数，以十五字递加，每日每字一分二厘；登于文艺栏下同。

四等　登于普通地位，高十英寸，每日每行八角；短行每日每字一分。

例外　以方寸计算者，每方寸七角；但以普通地位为限。

报纸广告之来源，大约可分为三种：（一）商人直接送至报馆者；（二）由报馆派人招揽者；（三）由广告掮客或广告社介绍者。

广告之定价，各地不同，又因销数之多寡而折扣亦异。有高至九折者，有低至一二折者。广告介绍人，又常较普通得再减一二折。

广告虽为商人所登载，亦由商人自负其责，然一经报纸宣布，遂影响于社会。故欧美报纸之登载广告，其慎重与新闻等。凡有害于风俗人心者，皆在拒绝之列。我国报纸上之广告，对于以上所言为如何，试取京、津、沪、汉、粤五地之报纸各一种自十四年四月十日起积累三十日而分析之，其结果恐不免饥不择食之诮。故第二届全国报界联合会曾劝告各报禁载有恶影响于社会之广告也。

下列第一表为广告之分类。第二表为广告面积及性质之测量；其面积以医药一种所占最大，外人以东亚病夫谥我国，诚非诬也。第三表为广告面积与全张及新闻面积之比较；读之可知何报广告面积最大，及广告面积多于新闻若干。第四表为广告每门面积与广告全部面积之比较；读之可知何报何种广告最多，及何地何种事业最盛。第五表为广告各门之每次平均面积；读之可知何报于何种广告登载力最强，及其平均所占地位若干。惟各表乃事实上之分析，非科学之分析也。

第一表　广告之分类

甲　商务广告：

(1) 商事　指商店开张、迁移、让盘、拍卖等

(2) 商品　指商品之未列入特项者

(3) 金融　指金融界之广告及储蓄招股等

(4) 物价　指市价涨落

(5) 机器　指重要机械物品

(6) 医药　指医生及药品

（7）奢侈品　指烟酒及化妆品等

乙　社会广告：

（1）集会　指各商业机关各商店召集之会议

（2）声辩　指声明辩正等

（3）法律　指公告律师保障等

（4）招寻　指寻人谋事招租等

（5）慈善　指赈济施舍等

（6）游戏　指戏剧游艺等

（7）赌博　指彩票跑马等

丙　文化广告：

（1）教育　指学校招生开学展览会等

（2）书籍　指各种出版物

丁　交通广告：

指航期、车班、邮电等

戊　杂项：

凡不能列入以上各门者属之

第二表　广告面积及性质之测量

	上海申报		北京晨报		天津益世报		汉口中西报		广州七十二行商报	
	英方寸		英方寸		英方寸		英方寸		英方寸	
全张面积	5850		2880		4864		3607		3218	
新闻面积	1825		949		955		1197		1277	
广告面积	2498		1258		3016		2109		1694	
广告分类	次数	英方寸	次数	英方寸	次数	英方寸	次数	英方寸	次数	英方寸
商务门	176	1790	54	729	115	2539	71	1667	85	1190
商事	37	223	8	56	13	168	17	251	43	315
商品	36	243	10	72	23	434	12	265	7	189
金融	16	125	11	138	24	309	8	169	13	138

（续表）

	上海申报		北京晨报		天津益世报		汉口中西报		广州七十二行商报	
	英方寸		英方寸		英方寸		英方寸		英方寸	
物价	3	22							1	3
机器	3	32			5	135	1	11	1	11
医药	69	758	32	327	48	1426	26	681	16	335
奢侈品	12	387	2	136	2	67	7	290	5	199
社会门	214	1295	43	299	47	359	21	273	43	336
集会	11	74	1	8	11	98			1	6
声辩	48	106	10	39	11	83	9	74	30	221
法律	21	108	7	28	5	65	3	56		
招寻	34	95	14	24	13	25	4	44	4	25
慈善	3	14			1	15	1	9	1	21
游戏	82	646	11	200	3	30	1	59	7	63
赌博	15	96			3	43	3	31		
文化门	21	224	12	163	5	80	5	46	8	109
教育	6	28	4	57			3	23	5	49
书籍	15	196	8	106	5	80	2	23	3	60
交通门	4	115	1	29	2	12	1	7	2	15
杂项	15	74	7	38	5	26	10	116	5	44

第三表　广告面积与全张及新闻面积之百分比

	上海申报	北京晨报	天津益世报	汉口中西报	广州七十二行商报
5 全张之百分比	59.8	43.6	62.0	58.4	52.6
5 新闻之百分比	191.0	133.0	315.8	176.0	132.6

第四表　广告每门面积与广告全部面积之百分比

	上海申报		北京晨报		天津益世报		汉口中西报		广州七十二行商报	
	英方寸	百分比	英方寸	百分比	英方寸	百分比	英方寸	百分比	英方寸	百分比
商务	1790	51.17	729	57.94	2539	84.18	1667	79.04	1190	7025
社会	1295	37.02	299	23.75	359	11.90	273	12.94	326	19.83
文化	324	6.41	163	1296	80	2.64	46	2.18	109	6.43
交通	115	3.28	29	2.31	12	0.30	7	0.33	15	0.89
杂项	74	2.11	38	3.03	26	0.87	116	5.50	44	2.59

广告分类之百分比图

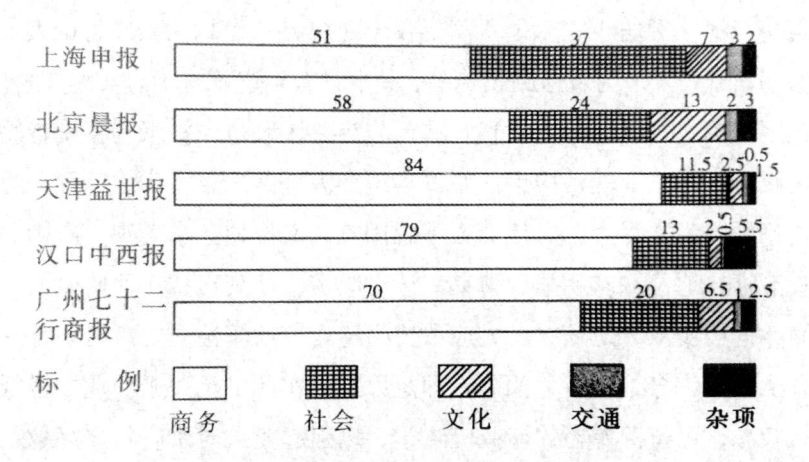

报纸	商务	社会	文化	交通	杂项
上海申报	51	37	7	3	2
北京晨报	58	24	13	2	3
天津益世报	84	11.5	2.5	0.5	1.5
汉口中西报	79	13	2.5	5.5	
广州七十二行商报	70	20	6.5	2.5	

标例：商务　社会　文化　交通　杂项

第五表　广告各门每次平均面积

	上海申报			北京晨报			天津益世报			汉口中西报			广州七十二行商报		
	次数	面积	平均	次数	面积	平均	次数	面积	平均	次数	面积	平均	次数	面积	平均
商务	176	1790	10.17	54	729	13.50	115	2539	22.08	71	1667	23.48	85	1190	14.00
社会	214	1295	6.09	43	299	6.95	47	359	7.63	21	273	13.00	43	336	7.81
文化	21	224	10.66	12	163	13.58	5	80	16.00	5	46	9.20	8	109	13.64
交通	4	115	28.75	1	29	29.00	2	12	6.00	1	7	7.00	2	15	7.50
杂项	15	74	4.93	7	38	5.43	5	26	5.20	10	116	11.60	5	44	8.80
总平均	430	3498	8.13	117	1258	10.75	174	3016	17.33	108	2109	1953	134	1694	11.84

广告为商业发展之史乘，亦即文化进步之纪录。人类生活，因科学之发明日趋于繁密美满，而广告即有促进人生与指导人生之功能。如留声机之广告，可供世人以高尚之音乐，得精神上之安慰；汽车之广告，可化世界之险阻为坦途，同臻交通利便之域。其他广告，均可与世人以利益与便宜。故广告不仅为工商界推销出品之一种手段，实负有宣传文化与教育群众之使命也。

我国广告事业，年有进展，自为可喜之现象。如《申报》《新闻报》《益世报》之经济充裕，不可谓非广告之赐。然就上列各表观察，则外货居十之六七，国货仅十之二三；而就国人广告论人，除书籍外，大半为奢侈品及药品，其中且有不道德与不忠实之广告。此不但为我国实业界之大忧，亦广告界之大耻也。报纸为买卖货物之媒介，杂志亦然；应设法引诱本国商人登载广告，为之计画，为之打样，为之尽力，必使商人不感困难，又排列务求美观，印刷务求清晰，地位务求明显，俾易入读者眼帘，使其出费小而收效大。而欲得买卖双方之信托，尤应严厉拒绝含有欺骗性质之广告。是一方虽为推广报馆营业，而一方即足以促进实业。至关于商业之报纸与杂志，可特辟专栏，研究广告学，以引起商人对于广告之兴趣，则又应尽之天职也。

　　年来上海报纸所载之广告，以属于英日商人者为最多。五四运动后，拒登日商广告；五卅案后，又拒登英商广告。从各报之收入上言之，诚受一极大打击。关于此问题，尚有一事足述，在五卅案发生后，上海工部局发行一种宣传品，名曰《诚言》者，遍贴市肆之间，无非英人片面辩护之词；嗣又在《申报》与《新闻报》之广告栏登载，以期传布较广。次日各界见而大愤。上海学生联合会即在其他各报，登载启事，将该会在该二报所登广告，一律撤销；同时又在华界扣留该二报，不准出售，并拟通告全国，一致激烈对付。该二报不得已，向学生会解释内容。学生会因提出要求：（一）登载辟《诚言》之广告，（二）登载辟《诚言》之评论，（三）登载启事，向全国道歉，（四）印辟《诚言》传单十万份，（五）捐助工人十万元，该二报除第五条改为自定捐助数目外，余均承认，其事始寝。因一广告而发生极大波澜，此乃上海报界之创闻也。然事过境迁，今又有登载英日商人广告者，未闻有人訾议。其报界之健忘欤？抑社会之健忘欤？

附件一　全国报界联合会通过劝告禁载有恶影响于社会之广告案：

广告固为报社营业收入之一种，然报纸之天职在改良社会，如广告有恶影响于社会者，则与创办报社之本旨已背道而驰。如奖券为变相之彩票，究其弊可以涸敝民力而促其生计，且引起社会投机之危险思想。又如春药及诲淫之书，皆足以伤风败俗，惑乱青年。此种广告，皆与社会生极大之恶影响，而报纸登载，恬不为怪。虽曰营业，毋乃玷污主持舆论之价值乎？且贪有限之广告，而种社会无量之毒，抑亦可以休矣。报界联合会为全国报界之中枢，有纠正改良之责，宜令在会各报一律禁载上述之广告。其类此者，亦宜付诸公决，禁止登载。牺牲广告费之事小，而影响于社会大也。

附件二　《新闻报》广告简章：

一　本报收登广告，其措词与体裁，以宗旨正当不越法律范围者为限；其有关风化及损害他人名誉，或迹近欺骗者，一概不登。

二　广告种类计分六等：

（一）特等（登于新闻栏内者）；

（二）头等（登于封面及专电前者）；

（三）二等（登于紧要分类栏内者）；

（四）三等（登于快活林栏下者）；

（五）四等（登于后幅之长行）；

（六）五等（登于后幅之短行）。

三　登户须先付清刊费，然后照登；价格依刊例，不折不扣。

四　登户纳费，均以上海通用银元为限，零数不满大洋一元者，照市贴水，杂钞次洋不收。

五　广告收稿股办事时间，每月以上午九时起至下午六时为止。

六　广告来稿，须用墨笔缮写清楚，注明等次，登出日期、行数，或面积，或字数，加盖图章或签字，并注明通讯处或电话。登户如不能撰稿，可委托本馆代为拟撰，不另收费。

七　广告来稿，经本馆认为必要时，得酌嘱登户觅具保证人，填立保证书。前项之广告一经登出，如发生交涉时，由登户及保证人负责。

八　广告经纪人送登之广告，登户如欲停止或改字，或到期后仍须继续登载，应自向原经纪人接洽。

九　出版物之广告，不得有诲淫词句；如标题奇突，书目秽亵者，该书内容须经本馆检阅后，认为无关风化，方可登载。

十　广告地位，由本馆支配，按日次第推动，登户不能指定何处。但有特约者，不在此例。

十一　广告内所需铜版锌版，可委托本馆制版科代制，照例纳费（制版价目另详）。如登户自备，应向本馆广告收稿股询问张数；因本馆系用复版印报，如仅一版，不能照登。

十二　登户如委托本馆所备之信箱代收信件，须照下列各项办理：

（甲）信箱广告，登户不得征收投函人之保证金或其他有价值之证券。

（乙）登户须将姓名住址详细书明，交存本馆广告收稿股备查。

（丙）登户于送登广告时，本馆给以取信凭单，注明信箱号数，以便凭单随时取信；惟以广告登完后半个月为限，逾时须续缴信箱费。

（丁）登户如委托本馆将已收到之信件由邮局转递，则不另给取信凭单；无论挂号平信，邮资概由登户自理，先期交付本馆。

（戊）广告登出后，如有信到本馆，随即保存于指定之信箱内，以备登户来取；但广告登完后，设并无信到者，本馆不负责任。

（己）寄函人不将应纳之邮费贴足，所有欠资，概由登户负责缴还本馆。

（庚）两广告所征求之函件，不得用同号信箱。

（辛）信箱代收信件，每次纳费大洋一元。

十三　广告刊例另订之；如有变更时，依本报报端所列者为准，不另通告。

十四　本简章如有未尽事宜，本馆得随时增订之。

附件三　《申报》广告章程（原件系英文）：

（一）赐登广告，须附稿样。

（二）指登广告之日，如遇本馆纸张缺乏、罢工、水灾或力不能免之困难，得将该项广告延期登载。

（三）定期合同须指明每周或每月中登载之日期。

（四）每版尺寸为二十吋半长之"格吋 column inch"七个半，全张共为一百五十三又四分之三"格吋"（每"格吋"为二吋宽一吋长）。

（五）广告地位，至少一"格吋"。双行广告，其长度不能少于二吋；三行者不得少于四吋；四行者六吋；五行者七吋；六行者八吋；九行以上之广告，必须全行（全行长十又四分之一吋）。

（六）绘图制版等工作，另行计价。来稿及来版，如有模糊不清，本馆概不负责。

（七）承赐定单，即视为承认本馆一切价目及条件；同时本馆即在报纸上留出相当地位。如因笔误，关系价目上下，本馆可不经通知手续，径行登载，照价目表计价。

（八）订有折扣合同者，如所用地位，较少于合同所订，则付价时之折扣，须照折扣表上较低之一级；但所用较多，不超过次级数目，得适用次级折扣。惟超出之数（即超过合同之数）如在新价目单刊出后使用，亦须照新价计算。

（九）广告中如有重要舛误，得于出版后二日内声请免费更正。惟其舛误对于广告不生重大影响及过期者，均不在此限。

附件四　《申报》广告刊例：

日常报纸，每日每"格吋"一元四角。

星期增刊，每日每"格吋"一元六角。

长年登载之折扣

（甲）以地位计算者（包括日常报纸及星期增刊）

每年所登之"格吋"数　折扣

五百　百分之一

一千　百分之二

二千　百分之三

四千　百分之四

六千　百分之五

一万　百分之六

二万　百分之七

三万　百分之八

四万　百分之九

五万　百分之十

十万　百分之十五

上项折扣，仅给与订有合同者，每次至少二"格吋"。其以时间计算而享有折扣权利者，不再给此项折扣。

（乙）以时间计算者（包括日常报纸及星期增刊）

每周所登之次数　折扣

一次百分之二

二次或二次以上　百分之三

上项折扣，须在一年中每周继续登载，每次至少二"格吋"。

特别地位价目（按照折扣合同）

地位至少长度　每日每"格吋"价目

评前及封面　十又四分之一吋　二元五角二分

新闻前后或上下　三吋半　二元三角二分

第四节　发行

报纸编辑印刷俱佳，而不善于分配是永与读者无谋面之机会也。我国报纸之发行，初系赠送不取费，次则雇人兜售，及托商店代售，远道则以信局为媒介,如是而已。近则报纸大行,已成社会之公共读物。凡直接订阅者,本埠由馆中派人专送,外埠则由邮局寄递;间接订阅者,本埠由报贩批购,外埠由分馆或代派处代发。以上海情形言,此种报贩人数极多,组有捷音公所,团结甚坚。有立街头叫卖者,有专送住宅商店者,各有主顾,不相侵犯,诚足推广报纸之销路也。然报馆对于发行之法多不研究,如每日将报中大事揭示于路人注目之处,尚无人举行;稍僻之区及乡镇,即无售报处所;远道则非长年订阅者不可得;已订阅者无地址之存留,一朝停阅,便成陌路;未订阅者,亦不设法兜揽。如外商得一新顾客,则曲意与之联络,断不使其中止;即使其中止,亦必连寄数月,希望其赓续。登载一关于某人之新闻,必设法使某人知之,而劝其订报若干年或若干月。若在我国则不然。办事者疏懒成性,偶有询问报纸因何不到,亦置不复;若有投报纸以不满意之函,亦未尝研究如何可以改良;对于分馆推销,亦任其自然,不为之计画而指导之。故吾国报纸之销行日多,乃社会进步促成之,非报馆之努力也。

上海华字日报之定价,以《申报》为最高,兹照录如下:

  国内 零售每份大洋四分。
  预定一月一元二角,三月三元四角,六月六元六角,一年十二元八角。
  新疆蒙古每月二元二角五分。
  国外 日本朝鲜与国内同。
  欧美各国一月二元七角,三月八元一角,六月十六元二角,一年三十二元四角。

以此定价,与欧美日本相比较,似无所轩轾;若自我国人民生活程度言之，则较欧美日本为高。但趸购之价则又甚廉，故于报贩最为有利。

附件一　《申报》分馆章程：

　　本报除由上海总馆与阅报人直接寄送外，于内地各处，又广设分馆，代派本报，所以便阅报人随时随地与之间接购定也。凡愿承办此种分馆而专以行销本报为其职务者，该分馆得袭用本馆名义，定名为申报分馆。其性质不与分售处同，即其应守办法亦稍差别，兹为揭载如下：

　　一资格　于指定区内，承认本报每日销数达五百份以上者，始得称为分馆。

　　一责任　分馆被人积欠款项，由分馆经理人自负其责，与本馆丝毫无关；即分馆营业上一切开支，无关盈绌，本馆亦概不过问。

　　一承揽　承办分馆之先，例有承揽订立。自订立后，须照承揽办理，双方皆应遵守。

　　一证金　订立承揽时，须按照认定报纸数目，缴存证金，每份计银圆一元。于退办时，如无积欠未了情事，准可如数收回。

　　一保证　证金以外，更须自觅沪地妥保来馆接洽，如将来分馆不照承揽办理或有积欠等情，其责任当由保证人担负之。

　　一年期　承办分馆，于承揽上须订立年期，期内不得自行退办；惟若违背本馆章程，虽未满期，本馆得以中止之。

　　一界域　承办分馆，须先划定所属之界域，于所属以外，不得侵犯他分馆之权限。

一销数　照承揽载明认定之数，只许有增无减，如于认定之后，其销数不能达到承揽所载之数目者，本馆仍须以承揽上之数目结算收账。

一付款　上月应付之款，不得延至下月十号以外，须照数付清。如有不能践约，应将报纸即行停寄，一面向保证人追缴。再付款之时，银两须照上海市价计算，银圆须求通用，如邮票代价，概作九折，病洋照市贴水。

一权利　分馆应享之权利大别为三：（一）为得本馆优待，凡所订定报纸，其价格外从廉。（一）为得本馆特许，如蒙介绍广告，于刊费之内，可提出一定折扣，以作酬劳。（一）为得本馆赞助，凡遇法律上当行之事，若分馆力薄不胜，本馆可协助之。惟一切使用，仍须由分馆自行担任。

附件二　《申报》分销章程：

凡未设本报分馆及分销之处，如有愿与本报经理者，本馆无任欢迎，所有承办条例，开列如下：

一销数　每日认销之数，须以十份起码。自开办后，只可增加，不能减退。但销至十份以上，亦得酌予增减。

一证金　每份报纸，须预存证金一元。先照认销之数，将证金寄来，方能发报。嗣后增添报数，证金应按数加增。

一批价　每份报纸批价大洋二分二厘，连邮费在内。销数多寡，一律照份数计算。

一缴款　每月报费，须按月清缴，例如甲月报费，乙月十号以前，必得如数交到。否则查欠款已超过所存证金之数，报纸即照停发。除将证金抵冲外，倘有不足，仍须向经理人追偿。"本馆账目来往，均以阳历计算，每逢月底，有账单开寄。"

一寄报　本馆一俟证金及详细地址交来，报纸随即由邮作总包寄交承销人，归其自行分送阅户。

第五节　销数

报纸之销数，各馆常秘不以告人，否则即以少报多，更不可信。然合全国而统计之，最多者一馆不过十万，最少者乃仅数纸。若分而计之，则各省之报纸销路常不逾一省，其能销至各省者以沪报为多。至一报之良否，则不必系乎销数之多寡。如《伦敦时报》(Times) 销数不及《每日邮报》(Daily Mail)，而声价则远过之。又如我国之《民报》与《民立报》，其寿命甚短，而至今犹在人记忆中也。

欧美报纸常自宣布其销数，请会计师或专门家证明之，以夸示于同业，而诱致多量之广告。故全国报纸销数之统计，于年鉴中，不难一检即得。若在我国，则殊无法可以知之。今姑照邮局之统计，以与人口相比较，则报纸最多之地，每九人可阅一份报纸；最少之地，每三万人只阅一份；全国平均每一百六十四人可阅一份。然此尚包括印刷物在内，足见我国报纸之缺乏也。

报纸销数之进步，有非报馆自身努力之所能致者；故与教育、实业、交通、社会各方面之进步均有连带关系。然观于民国以来邮政之统计，舍筹安时代，则固年有进步，诚不胜欣慰者也。

甲表　邮递报纸之统计

	报纸及印刷物	平常立券报纸	总包报纸	
民国元年	37,163,500			
民国二年	51,524,800			

(续表)

	报纸及印刷品	平常立券报纸	总包报纸	
民国三年	42,139,300			
民国四年	39,224,600			
民国五年	47,373,040			
民国六年	53,606,960			
民国七年	58,789,470			
民国八年	67,896,680			
民国九年	80,528,000			
民国十年	91,130,940			
民国十一年		43,024,700 件	29,764,400 件	6,398,600 件
民国十二年		45,375,525	35,344,801	37,124,840
民国十三年		50,009,074	46,890,300	40,162,682

乙表　（民国十三年）报纸与人口之比较

邮区	平常立券报纸	总包报纸	人口
北京	7,388,200 件	844,200 件	4,014,619
直隶	6,190,300	1,645,300	30,172,092
山西	1,762,100		11,114,951
河南	641,300		30,831,909
陕西	351,200		9,465,558
甘肃	68,00		5,927,997
新疆			2,519,579
奉天	4,839,700	423,300	12,824,779
吉黑	2,134,500		9,258,655
山东	3,530,300		30,803,205
东川	991,300		24,019,303
西川	1,568,400		25,763,509
湖北	3,701,000		27,167,244
湖南	1,530,000	600	28,443,279
江西	738,650		24,466,800
江苏	2,212,600		28,235,864
上海	5,655,100	42,484,800	5,550,200
安徽	685,200		19,832,665

（续表）

邮区	平常立券报纸	总包报纸	人口
浙江	2,270,100	871,200	22,043,300
福建	1,606,200	2,000	13,157,791
广东	2,121,200	619,100	37,167,701
广西	254,724		12,258,335
云南	91,400		9,839,180
贵州	77,600		11,216,400
总计	50,409,074	46,890,300	436,094,952

上二表所列数字，系邮局得自各处报告，自属可信。所不免遗憾者，即各报馆在本地未经邮局递送之报纸并未计入，且其数颇夥，至少较此表须增加十分之三四。欲知报纸之实在销数，可由此推之也。

第六节　印刷

古代文字之传世者，以刻骨最先，刻金、刻石次之，刻竹、刻木又次之。冗重艰难，不可名状。自蒙恬造笔，乃多书缣；蔡伦造纸，乃有书卷。然仅知钞录，缮写费时；抽阅卷舒，甚为不便。故非兰台石室，或王侯之家，不能藏书。《河汾燕闲录》："隋开皇十三年十二月敕废像遗经，悉令雕造"①，是为我国雕板之始。唐五代因之，至宋而其道大备。自有印板，节费便藏；文明之化，遂日以广。然一书之板，动至千百；一书之成，动逾数载。雕刻印刷，手续繁而费用多，虽有可传之书，人犹惮于印行。《梦溪笔谈》："板印书籍，唐人尚未盛为之。自冯瀛王始印五经，以后典籍皆为板本。庆历中，有布衣毕昇为活版。"其法：用胶泥刻字，薄如钱唇，每字为一印，火烧令坚。先设一铁板，其上以松脂和纸灰之类冒之；欲印则以一铁范置铁板上，乃密布字印满铁范为一板，持就火烧之。药稍熔，则以一平面按其面，则字平如砥。若止印一二本，未为简易。若印数十百本，则极为神速。常作二铁板，一板印刷，一板已自布字，此印者才毕，而第二版已具；更互用之，瞬息可就。每一字皆有数印，如之也等字，每字有二十余印，以备一板内有重复者。不用，则以纸贴之。每韵为一贴，木格贮之。有奇字素无备者，旋刻之，以草火烧，瞬息可成。不以木为之者，木理有疏密，沾水则高下不平，兼与药相粘，不可取，不若燔土；用讫，再火令药熔，以手拂之，其印自落，不沾污。昇死后，其印为群从所得，至宝藏之。②《金泥石屑》附说："古活字，予曾得一枚，以石膏为之，薄分许，上有纽可贯穿，疑北宋物。沈存中记毕昇作活字，王祯又记之《农书》中，述其法益详，然皆不言有纽以联贯之。又言用泥为字，泥不任印刷，今乃知为石膏，误以为泥也。"是为我国活字版之发明。西人以文明始祖尊德国谷腾堡（Guttenberg）而不知其发明活字，已后此五百年③，后此活字有瓦烧者，有金属铸者，有木刻者，日有进步。而清康熙时为印《图书集成》，乾隆时为印《四库全书》，曾刻铜字木字，十余万枚，谓之聚珍板，尤为我国活字印书之盛举。精美一如刊板，其用益便矣。

　　印刷为我国传入欧洲技术之一，西籍多载之。美人卡德氏（Carter）所著《中国印刷术的发明》（The Invention of Printing in China）纪之尤详。特节录如下：

　　"欧洲经过黑暗世纪以后，乃与东方之旧文明相接触，新思潮澎湃于欧洲之十四世纪。火药、指南针与黑死病，皆从东方输入。而较此尤为重要者，为纸之进步。在十四世纪之初叶，纸之材料极少，乃由西班牙或大马色（Damascus）输入欧洲。"

"欧洲知识的生活既脱离黑暗世纪，而入于光明，于是对于印刷之需要，自然发生。从种种事实上研究，中国却供给许多此项材料。吾人可下一断语，即印刷最初的动机，系由中国而往欧洲。"

"当时道路业已开通，蒙古之势力又极大，由幼发拉底河（Euphrates）与倭尔加河（Volga）达于太平洋。在此开放后交通时代之末尾，欧洲之木刻，方始萌芽。"

"若考察印刷品自身所用材料、技巧及其共有的性质，可信开放后交通之结果甚大。纸固为中国之材料，所用墨汁与中国相同，方法亦与中国无大异。且印刷只在纸一面。欧洲与东方之道路既通，若今日将最古之印刷品，如画像、印刷纸牌加以考察，即可知其关系，已为密切。且此后欧洲与中国之印刷进步，亦同一方向以进行，其证据亦至明了。虽有人抱与此相反之意见，但吾人可以假定中国对于欧洲之影响，不仅造纸，即欧洲木版之初创，最有价值之原动力，亦受自中国。"[④]

海禁既开，外人纷至。清嘉庆中，英人马施曼在印度学华语，在槟榔屿译印新、旧《约》，因造中文铅字，其书尚有存于我国者。后有台约尔继续研究中文，乃造字模大小二种，建屋曰华英书院。鸦片战后，迁于香港，开局印书。台死，美人谷玄继之，广印书籍。台所作字模未成者，谷竟其业，更作小学及数目字等共四种。他处印书购字者，悉于此取给，所谓"香港字"是也。

时西人兼传教印书于日本，日人乃推广其法，制成大小铅字七种，因其字体为明隆万时人所写，故谓之"明朝字"。《明文在》："古书俱系能书之士，各随其字体书之，无所谓宋字也。明季始有书工，专写肤廓字样，谓之宋体，是即今日流行铅字之体也。我国书报业既兴，铅字输入日盛。华人仿制，以徐雪村钱裁棠为妙手，然每副需一二千元；铜模之价尤昂。故当时报馆只备铅字，而不备铜模。每于字版排成后，铅印则复制泥版，石印则打样上石，期于原字无损。大约月报多用泥版，故常漶漫；杂志多用石印，故极清晰。此观旧日之出版物而可知者。"

现时铜模之价，每枚平均约银二角。通用者：头号约五千八百枚，二号七千三百六十八枚，三号七千五百五十六枚，四号六千六百八十五枚，五号六千四百三十四枚，六号五千六百四十五枚，各种符号二百九十枚。近各报以上引六种，尚不敷用，又增制新二号与新五号二种，大小在二三号与五六号之间，其数在七千枚左右。

铅字每一全副，简用者，每字最少备一枚，繁用者，最多备三百枚，平均在二十枚左右。以重量计之，每铅一磅，可铸二号字五十枚，或三号字八十枚，或四号字一百枚，或五号字一百七十枚，或六号字三百枚。全副重量，二号字为一千四百五十磅，三号字一千二百磅，四号字一千四百五十磅，五号字一千二百五十磅，六号字七百五十磅，外加各种符号约千余磅，即可印报，而印报亦不虞竭蹶矣。

凡新字及不常见之字，若为铜模所未备者，另有空铅，谓之刻坯，可以随时雕刻。若字面逾于铅字者，则刻木戳。然此以广告为多，新闻中不常见也。

新式铸字机，每具约银八千元，每小时可铸字三千枚。手摇铸字机，每具约银一百三十元，每小时只可铸字一千枚，且每字不甚光洁，平常须加人工磨琢。浇工每千枚平均在二百四分左右。铅字以木制三角式之架承之，架分四横格，每格可容字盘五六盘。常用之字，分置二十四盘，以其取字易也。

本版印刷之法，以墨匀蘸版上，覆以纸取棕刷之。一纸之成，颇费手续。迨嘉、道间，印机渐有输入，略似今之打样机，以人工转动，每小时只可印二百小纸。未几印书机盛行，除添纸后，无需人工。每小时可印一二千大张，印刷乃大进步。中国制每机一架，约二三千元；外货倍之。凡销数不多之报纸，则印书机已可应用。近来报纸进步颇速，凡销数至一万以上者，多购用英美制 Duplo 式平版卷纸机，每架约一万元，每小时可印三四千大张。销数至五万左右者，多购用美德制 R. Hae 或 Scott 式之圆版卷纸机，每架约六七万元。此机有印十二页、十六页、二十四页与三十二页之别，每小时可印二万五千大张。以上二种机器，皆专供报馆之用者，自印、自切、自数，无须人工。且墨色匀洁，无洇漫不清之弊，若再加装机件，又可套印颜色二三种。自上海报界之情形言之，每遇本埠及国内发生大事时，尝于最后之数十分钟内，互争消息之先后。故印刷愈迟，消息愈速，然非备有最高速度印机不为功。语云："工欲善其事，必先利其器"，其此之谓矣。

  报纸销数，多者常备二印机以上，而字版则必排二副，可以纸版代之。法以银皮纸置字版上，浸以水，以毛刷击之，使深入；每字之点画间，裱以厚纸，烘之使干，而纸版成矣。然后置于普通浇铅版机上，灌以沸铅，稍冷，即成铅版，与原版无丝毫之异，即可入印机而印刷矣。以人工制纸版及铅版之用具，约值三百元左右。若以机器制纸版及铅版，非惟节省时间，且绝无洇漫之弊。纸版机，每具约八十元；浇圆形铅版机，每具价同。

  画报印刷，须极精美，非普通印书机所能胜任。今之最通行者，为美制 Mirehle 式印画报机，每架约一万元。若欧美所通行之德制 Kaeruy Barve 式之印画报机，我国只商务印书馆有一架，报界尚未有备之者。

注释

①《中国雕版源流考》第一页。

②《梦溪笔谈》第十八卷第七八页。

③Carter: The Invention of Printing.

④罗振玉《唐风楼金石文字跋尾》(三十二页):"秦瓦量乃潍县陈氏所藏,以前金石家所未见。文字精绝,每行二字,每四字作一阳文范,合十范而印成全文,每范四周必见方廓。观此,知古代刻字之术,发明甚早。近人考中国经籍雕板始于五代,不知三代时已有雕穴也。又活字板始于宋之毕昇,至元代而益改良。今此量以四字范,多数排印,而成全史,此实是聚珍板之原始。可见古代文明开化之早。"陈氏所藏秦瓦量拓本,曾印入《神州国光集》中,每四字之周,确见凹文方郭。罗氏谓为活字板之滥觞,其说可信,附此以备参考。

第七节　纸张

古者纪事用竹简,后用缣帛;但竹简质重,缣帛价贵,至不便也。《前汉书·外戚传·孝成赵皇后传》云:"武发箧中有裹药二枚赫蹄书。"颜注引邓展曰:"赫"音兄弟阋墙之"阋"。应劭注:"'赫蹄',薄小纸也。"①是为纸见于书籍之始,时民国前一千九百二十三年。《后汉书·宦者传》:"蔡伦,字敬仲,位上方令,造意用树肤、麻头、敝布、鱼网以为纸。元兴元年,至元帝,善其能,自是莫不从用焉。故天下称蔡侯纸。"②后世言纸之发明者,必推蔡伦,盖伦以近在帝侧,易为人所知耳。故《书断》云:"左伯字子邑,能作纸。汉兴,有纸代简。至和帝时,蔡伦亦为之,而子邑尤行其妙。"③

则伦实不能专美于前也。后人仿其法，有用藤造纸者，有用竹造纸者，有用绵造纸者，种类日多。今江西、湖南、浙江、福建诸省，尚以产纸名也。

我国纸之发明，在二千年以前，于文字之流传上有功最伟。使无此发明，则当时文化之进步，不能如斯迅速，而各民族间将无同化之机会矣。不特此也，制纸之术东渐而入高丽后，三百年，由高丽僧人传至日本。唐代我国人与阿拉伯大战，俘虏中有善制纸者，遂传其术于斯土，时西历七五一年也。阿拉伯人始设造纸厂于撒马尔罕（Samarkand），西历七九三年又设厂于巴格达（Bagdad）及大马色（Damascus），大开制纸之端。其后斯术极盛，遂传播于西方文明诸国。至十世纪，传至埃及；十一世纪，更发达至阿非利加地方地中海沿岸。阿拉伯人侵入欧洲时，制纸术遂传入西班牙之萨铁弗（Xativa），时西历一一五〇年。同时十字军亦由小亚细亚传其术于意大利之孟泰芬（Montefano）与威尼斯（Venice），时西历一二七六年。此为欧洲制纸业之滥觞。降至十二世纪，法兰西之候润特（Hiranlt）亦设造纸厂，但至十四世纪乃见其盛。此后流传益广，瑞士于西历一三五〇年，澳大利于一三九一年，德意志于一三二〇年，比利时于一四五〇年，英吉利于一四九四年，瑞典挪威于一五四〇年，俄罗斯于一五六七年，先后设立造纸厂。最后传而至美利坚，为西历一六九〇年。最先以机器制纸，为荷兰人李善汉（W.Rithing ham）；今则以美利坚为巨擘矣。

十九世纪以后，制纸术之重大发明，频繁续出，斯业遂起一大革命。机器制法之传入东亚，始于一八七〇年。日本受欧战之赐，泱泱然为一大制纸国焉。我国于光绪十七年（一八九一年），李鸿章创伦章造纸厂于上海杨树浦，是为新式机器造纸术之创始。二十五年，又设华章造纸厂于上海浦东。三十二年，又与商人合设龙章造纸厂于上海之龙华路。宣统三年,财政部又设造纸厂于汉口砥家矶。他如武昌之白沙洲、山东之洛南、广东之江门、盐步及香港,又先后各设一厂。于是我国之制纸术,乃环世界一周而归宗焉。

制纸术之发明,为我国对于世界之一大贡献,西籍纪载极多。兹仅节录名著韦尔斯(H. G. Wells)之《历史大纲》,以见一斑。[4]"造纸一事,尤为重要。即为欧洲再兴之得力乎纸,亦未为过也。造纸之术,创始于中国,其应用盖在西元前之二世纪。当七五一年时,中国进袭撒马尔罕之阿拉伯回教徒,为守者所败。俘虏中有长于造纸者,回教徒遂传其术。九世纪以来之阿拉伯纸稿,至今犹有存者。造纸术之传入基督教国,或经由希腊,或由于基督教徒克复西班牙时,占得回教徒纸厂,唯当在基督教徒势力之下。时西班牙造纸之业,至为衰替。十三世纪末造以前,良纸名笺,非欧洲所能制造。十三世纪而后,亦仅以意大利产者为佳。至十四世纪时,其术始传入德国。逮本世纪末叶,产量方盛,为值亦廉,刊印书籍者,方得借以牟利。印刷之业,当然随之而发达。知识生活,亦因之而面目一新。人类知识之相传,不复如往昔之只为涓滴,至是成为滔滔之洪水。预其役者,数以千万计矣。"

我国日报初兴,在香港出版者用报纸,在上海出版者用我国赛连纸。惟赛连纸质薄而软,受湿易破,且一遇雨雪,山中车马难行,常不能按时运到;有时亦以毛太纸、连史纸、关杉纸等充数。迨洋纸输入渐多,始则以价廉而用油光纸;继则以两面印刷,其价益廉,而用报纸。今则洋纸之输入,一岁在二千万两以上,浸成一大漏卮焉。

今日所通行之报纸,大率分为两种:一平纸,一卷纸。平纸约长四十三英寸,阔约三十一英寸,每五百张,谓之一令(Ream)。卷纸则如布匹,由印刷机随印随裁,用此可免添纸之劳。每卷约十二令至二十一令,其价以重量计,每磅在三两三钱左右,但时因来货之丰啬而涨落。此货以日本来者为最多，意大利瑞典次之；挪威德意志又次之。我国仿造洋纸厂，最近统计不下十余所，然规模太小，出货无多，营业不振，时起时蹶。以地大物博之中国，又为发明制纸术之鼻祖，竟沉沦不振，坐视利权外溢，诚可慨也！

据海关之统计，洋纸之输入，几年有增进。兹列表于下以明之。惜其中包括印书纸、绵纸、包皮纸之类，不能分析。但报纸最占多数，平均约在四分之一而弱。据美国商务报告，民国十三年上海一埠报纸之输入，计重量四九、四三一、四七七磅，值二、七四三、四七五海关两云。

甲表

	价值（海关两）
民国元年	4,323,712
民国二年	7,169,195
民国三年	6,670,261
民国四年	6,335,045
民国五年	9,528,637
民国六年	6,294,293
民国七年	7,243,564
民国八年	10,212,652
民国九年	14,159,186
民国十年	15,311,873
民国十一年	13,687,258
民国十二年	16,626,519
民国十三年	30,108,678

乙表　民国十三年进口始最多之国

日本	4,832,975 两
英国	2,232,854 两
美国	2,802,536 两
德国	1,865,219 两
瑞典	1,790,561 两
挪威	1,593,002 两

观于上列各表，则我国造纸工业之急待振兴，夫何待言？当民国元年，全国报界俱进会在上海开会时，其第一议案，即为自办造纸厂。[5]惜其规模太大，非少数资本所能将事，迄无成议。兹将商务印书馆所述困难情形，附录于后，以供参考。

"查造纸一事，敝公司于五六年前，曾经详细考查。我国虽有种种原料，而欲以机器制造，必须先将原料造成块片、纸浆方可通用。若竹若草，均可用作原料，但如何化制成浆，我国此时尚无所发明。最高之料，厥为碎布。查各纸厂所用碎布，凡分五等。惟我国之碎布，或使用过久，质已腐烂，或搀有杂物，污秽不堪，加以选择工资太巨，故欲与各国所分五等之碎布相比，尚且不及。则惟有用极强烈之化学药品，以资溶洗，原有纤维腐蚀殆尽，故造成之纸毫无韧力。即市上所称洋连史，恐即欲作上等包裹之用，而亦有所不能。今世界所通用者，为木类所造之浆。我国东三省境内所产此类木料甚丰，尽可敷用。然浆厂规模更大，且必须有铁路煤矿与森林毗连，更有极大之水源，以供一切之用，方可著手。我国此时，是否有此伟大之资本家？即有此资本家，东三省此时能否发起此等工业，恐尚是一问题。否则仍须向外国购办原料，而机器及其他一切附属物品，均须仰给于人，恐仍不足以为漏卮之塞也。"

我国报纸需要量之日增既如彼，而造纸之困难又如此，则为目前计，报界应有节用报纸之觉悟。大城市日报，每份可减至二张，小城市日报，可减至一张，如此，不特可稍塞漏卮，而徒充篇幅之材料亦可大大删削。总之，我国倘不自造纸，终不免仰人供给，一旦与外人开战，则来源绝，而报业停，国人其不闭明塞聪有若聋聩者几希矣。

注释

① 《前汉书》第九十七卷第四页。

② 《后汉书》第百〇八卷（第十一页）；元兴元年为西历一〇五年。

③ 《书断列传》第一第六页。

④ H. G. Wells: The Outline of History (Third edition), Chap. XXIV. § 4, P. 718.

⑤ 全国报界俱进会自办造纸厂议案："报社支出，纸为大宗，统计全国报馆，不弱五百，平均日出二大张，发行五千份，日用纸当得五千令，每令平均一两七钱五分，则日支出银须八千七百五十两，年计三百十九万三千七百五十两，此三百十九万三千七百五十两之纸费，今因己国无适用之纸，悉输诸海外。此巨项之纸，自外输入，水脚关税及保险费等，平均以百分之十计，当得银三十一万九千三百七十五两。使己国有一适用之纸厂，则关税保险水脚诸费，可减至十分之二，约赢二十五万五千三百两。而卖纸之赢利，亦将转而利吾己国之资本家矣。集上述之款为纸厂基本金，得其人，得其法，不数年间，即可以良好适合之纸，遍馈全国报馆。利权之收回，岂不甚溥？不然者，蹉跎十年，金钱之输出者，将益不赀。矧今后言论方兴未已，输出之纸款，将更不止此耶？因是拟议由全国报界俱进会发起，创办纸厂，自造报纸，以挽利权，草议二条，述之如下，请议：（一）先设造纸厂筹办处于京、沪、粤、汉等处；（二）由全国报馆认募股份，每报认股在一万两以上。"

第八节　用人

　　报馆譬之人体，人材则灵魂也。故报纸之良不良，可自其人材多寡而知之。大率一馆之中，出类拔萃者仅十之二三，余备员而已。

　　总理为一馆之领袖，故宜知编辑、营业、印刷三方面之真相，尤贵在知人善任，以全力尽忠于其职务。其月薪在三百元左右。

　　总编辑亦称总主笔，为编辑部之领袖。其职务在平日似甚简单，惟有时定大计，决大疑，其无形之责任则滋重也。总编辑常兼司社论，其月薪在一百五十元至三百元之间。次于总编辑，为编辑长，亦可称理事编辑。其事务至繁，指挥馆员，考核访员皆属之，而要在能估计一日所需之材料，而善为调节，其月薪在一百五十元左右。在编辑长之下者，有要闻编辑，取舍关于全国或国际间之新闻。有地方新闻编辑，取舍关于一省一县或一地方之新闻，其月薪均在八十元左右。有特派员，如上海报馆必有专员驻京，或专事发电，或专事通信，每人月薪均在百元左右，交际费在外。有特约通信员，或在国内，或在国外，大率以篇计算，每文一篇，在十元左右。有访员遍驻国内各要埠，专任者每名月薪约四十元，兼任者仅十余元。有翻译，每名月薪约五十元至八十元。有校对，有译电人，每名月薪二十元左右。

　　本埠编辑亦可称城市编辑，亦为编辑部之要人，宜熟知当地情形，且富有访事之经验。未来之事，排日书之于册，或揭示编辑部中。虽至琐屑之新闻，亦常以与读者接近，而勿任其遗漏。其月薪在八十元左右。属于本埠编辑指挥之下者，有特别访员，为本馆所专聘。平时外出交际，有事发生，则立即出而访问，以补普通访员所不及，月薪在四十元至六十元之间。有体育访员，专纪运动新闻，月薪在三十元左右。有普通访员，常兼任他报；但报馆亦得令其专注意某一事，而作为特别访稿。以上海情形言，论区域，有英界、法界、城内、闸北、浦东、吴淞之分；论事务，则有教育、商务、市政、军事、司法之别；论交通，则有铁路、轮船之殊。各事其事，不相侵犯。每人月薪在十元至三十元之间。

副张均载文艺及滑稽之作，另有一编辑司之，月薪六十元左右。副张之名称，各报不同，其取材亦异。如北方重文艺，南方偏于滑稽，是乃一地之风气使然耳。

此外，有各报所特注意之事而另出增刊者，如教育、经济、外交、妇女、小说、劳工、科学、图画、汽车之类，须延一专门家司之，亦有由一学术机关供给材料者。其薪水与报酬，至不一律。

营业部有部长，纯粹为商人性质，须干练而长于会计，月薪在百元左右。属于其下，有专司广告者，有专司代派者，有专司定报者，有专司零售者，有专司出纳者，有专司中外书牍者，有兜揽广告者，有承接制版印件者，其月薪每人均在三十元左右。

印刷部由娴于机械者管理之，或由营业部长兼任。属于其下者，有排字之工人，有铸字之工人，有打纸版浇铅版之工人，有印刷之工人。其制度有直接雇用者，每名月薪均在十元至二十元之间，但仍须择一人为领袖。使监察一部分之事务，月薪约四十元。有包办者，其费视事务之多寡而异。大都直接雇用，则馆中责重事繁；包办则领袖渔利，用人有滥竽之弊，是不易避免耳。

制铜版锌版者，另为一部，有时兼外出照相，月薪均在三四十元之间。

以今日生活程度之高，而薪水之少如此（此就上海而言，他处恐尚不及此数），其不能养廉必矣。上焉者，则兼任馆外之事，下焉者，则有外面津贴，其数且常较报馆所给为优。报馆以为经济所限,亦明知故昧,而无如之何也。

才难之叹,自古已然。况甫具萌蘖之报界乎?今后之办报者,欲卓然有所树立,将不在资本之募集,而在专材之养成。故遇有可造之材,宜少责以事,使有读书之暇,多与以薪,使无生计之忧。倘能实行年功加俸之制,则人自不至见异思迁,视报馆如传舍矣。

第九节　附刊与小报

音乐会与跳舞会不多有,戏园与游戏场喧嚣龌龊特甚,当此社会设备不完美之时,凡有文字知识者,舍读日报副张以调节其脑筋外,几别无娱乐之可言。

今日各报之副张,果能应此需要否?或偏于旧,一意模仿古人作品;或偏于新,有类学校讲义。下焉者,则搜罗新奇之事物,谓姑志之以供博物学家之研究,非失之荒唐,即失之滑稽。是编者欲供读者以娱乐,而结果适得其反。

吾意副张之材料,必以文艺为基础,如批评、小说、诗歌、戏曲与新闻之类,凡足以引起研究之兴味者,均可兼收并蓄,而要在与日常生活有关,与读者之常识相去不远。

欧战以后,一切社会制度,皆入于怀疑之状态。此后须另觅新知识,为生活之指导。于是报纸上时见讨论学问之文,而周刊遂应运而生。每馆少者一二种,多者六七种。大率政治问题虽足以一时引起全国人之视线,然社会分子复杂,未必尽有关系。报纸为力避单调之弊,与迎合各方面读者计,每周供给以专门之材料,亦时势所要求也。

日报与杂志，只供人以趣味，研究学问须用书籍，此通论也。然我国杂志不多，专门之杂志尤少，于是周刊又兼有一部分之杂志工作。关于宗教、哲学、科学、文学、美术等，乃几无所不包。然二者性质终属不同，盖专门杂志务求其深，周刊务求其广，且须力避教科书之色彩也。

图画为无音之新闻，不识字者亦能读之。故在各种周刊中，以图画周刊为最受读者欢迎。

我国报纸，每逢双十节与新年，必增出若干纸，述一年中之经过与希望，今已成为一种风气。鉴往知来，绸缪未雨，其意未可厚非也。

京师为人文渊薮，其中有思想高超，研究深密，发为文章，投诸报纸者，虽片语只字，都觉可观。以言附刊之精彩，举国无其匹也。

报馆因纪念而出之书籍，有《时报》新屋落成纪念册，《申报》五十年纪念册，《新闻报》三十年纪念册；其中以《申报》五十年纪念册为材料最丰富而又精彩。关于报纸者，有《时报》之《世界报纸大观》。

与大报副张颉颃者有小报，以其篇幅小故名。其上焉者，亦自有其精彩，未可以其小而忽之也。戊戌以后，《笑林报》《世界繁华报》等，踵《时务报》等而起，文辞斐茂，为士夫所乐称。今则北京之《春生红》、上海之《晶报》等，均销数甚畅，不让大报。其优点乃在能纪大报所不纪，能言大报所不言，以流利与滑稽之笔，写可奇可喜之事，当然使读者易获兴趣。惟往往道听途说，描写逾分，即不免诲淫诲盗之讥。若夫攻讦阴私，以尖刻为能，风斯下矣。

第十节　图画与铜版部

文义有深浅，而图画则尽人可阅；纪事有真伪，而图画则赤裸裸表出。盖图画先于文字，为人类天然爱好之物。虽村夫稚子，亦能引其兴趣而加以粗浅之品评。英国名记者北岩氏谓图画为无音之新闻，最能吸引读者而推广一报之销路，诚至论也。

我国报纸之有图画，其初纯为历象、生物、汽机、风景之类，镂以铜版，其费至巨。石印既行，始有绘画时事者，如《点石斋画报》《飞影阁画报》《书画谱报》等是。惜取材有类《聊斋》，无关大局。迨《民立》《舆论》《时事》《太平洋》等画报出，乃渐有进步，有时讽刺时局，可与大报相辅而行。惟描写未必与真相相符，犹是一病耳。自照相铜版出，与图画以一大革新。光复之际，民军与官军激战，照片时见于报端。图画在报纸上地位之重要，至此始露其端。近则规模较大之报馆，均已设有铜版部，图画常能与有关之新闻同时披露，已于时间上争先后，乃可喜之现象也。

铜版部之设备，最要者为照相房与暗室。其用具则有照相架、锯床、钻床、刨床等。照相架每具约四百元，自制者仅百五十元左右，但对光常不甚准确。镜头每枚自百五十元至三百五十元，铜版则有六十五线、八十五线、百线、百三十三线之分，价各不同。报纸质粗，宜用六十五线与八十五线；道林纸质细，宜用百线与百三十三线。如夜间制版，须用镁灯，每盏约二百元。至在外间照相之六寸快镜，合于报馆用者，每具约二百元。由照相起至制成铜版止，其时间常需二小时半。

民国九年，《时报》创《图画周刊》，注意中外大事，印以道林纸，是为我国有现代画报之始。近北京《晨报》亦发行《星期画报》，注意时事与艺术，皆取材严谨，足以引起国民之美感。吾意画报之精彩，第一在印刷清晰，图画则必取生动者。一片之优点何在，须能表而出之。至材料之时时变易，排列之参差有致，又其次焉者也。

图画之色泽浓淡不分者，如地图表解之类，可制锌版，凡善制铜版者必优为之。近来各报馆铜版部，有以代制铜版锌版为业者，其收入亦颇丰，借以减轻铜版部之支出。惟本报上之图画反不多见，舍本逐末，则未免有失设部之意耳。

新闻照相，在取得一事之要点，与普通照相之专供纪念者不同。欧美报馆，均有照相队，其搜罗材料之能力，常与记者并驾齐驱。我国报馆，今尚未知养成此种专材，故多与照相馆合作。

欧美以供给照相于报馆为业者，其规模极大。盖各报莫不重视图画，其需要至广也。数年前，北京曾有人组织"中央写真通信社"，每月平均送稿八次，每月取费十元，其材料颇合报纸之用。惜各报多无铜版部之组织，订购者不过数家，故未能持久。近上海亦有人拟组"摄影通信社"，但以费绌，至今尚未送稿。兹录其章程如下，以供参考：

上海"摄影通讯社"章程

本社专事摄制时事、装饰、风景、风俗、艺术（音乐、舞蹈、绘画、雕刻、舞台剧、电影剧）以及种种影片，以便本外埠各报及各杂志之采取。

本社因采取材料手续繁简之关系，故于每一摄成之影片上加以等级，并定相当之价格如下（见下页表）。

影片业经选定，即须将款付足。

影片如已选定，及经付款手续后，不得掉换及退还。

关于时事之照片，本社有以同一稿件分送各报者，惟能切实担保其形式上之不同（如因瞬息间摄成而无重摄机会者不在此例）。

按月特约者，本社每日下午六时以前将稿件送到，稿费每逢阳历月底清算。

种类	价格			备注
时事	甲5元	乙2元	丙1元	军事区域，以及其他能危害摄影者之安全者，及不易发见之秘密等稿件，不在此例。
装饰	甲4元	乙2元	丙1元	
风俗	甲3元	乙2元	丙1元	
风景	甲3元	乙2元	丙1元	
名人	甲4元	乙2元	丙1元	
艺术	甲3元	乙2元	丙1元	

本社除上列办法外，亦能受人特别约定，指摄任何事物，但除面订手续费外，尚须收取材料及车资等费用（如在远地，并须供给旅费）。

本社除摄影外，尚有各种附带事业：甲、有关时事之讽刺画及报头插图；乙、评论艺术及其他简短而有兴趣之文字。

本章程有未尽善处，得随时修正之。

第十一节　华侨报纸

外人之经商我国者，凡聚居之处，莫不有报纸，浅言之，可以互通声气研究商情，法至善，利至溥也。华人之侨居于国外者，其数近千万[①]，则其所发行之报纸，殊有可述之价值也。

华侨以英荷二属为最多，故有报纸亦较早。[②]如新加坡之《叻报》，八打威之《华铎报》，其著者也。各报销数多者二千份，少者数百纸，然其中亦有以获利闻者，则兼营印刷之故也。

华侨报纸之言论，大率在前清分为维新与革命二派。光复后，维新、革命，均失其标帜，色彩渐淡。未几洪宪事起，乃又分为拥袁与倒袁二派。袁死，拥袁者转而拥陈炯明，倒袁者转而拥孙中山，互相攻击，今犹未已。其他则模棱两可，无一定之宗旨也。

华侨报纸之难于发展其故有四：（一）华侨教育未兴，生长其地者，且不识华文，故社会程度甚幼稚，非特阅报者少，即觅一有价值之新闻亦不易也；（二）编辑人才缺乏，大率执笔者，在南洋方面多系政客，美日方面多系学生，此辈来去无常，报馆内部，遂时有更变；（三）某些报人成见甚深，视报纸为党争之工具，互相攻讦，置华人生活之苦痛于不顾；（四）前清时，华侨报纸，可自由发抒意见，今外人见中国民气之蓬勃，华侨知识之增进，乃摧残不遗余力。总之华侨无远大之眼光，以报纸为对外之利器。我国果注意侨务，莫妙于由国内实业教育两界中人，赴华侨聚居之处，创办日报，导华侨在商业上，与外人相竞争。政府若能创办此种报纸，亦足联络祖国与华侨之感情，于华侨事业之发展上，实至有关系也。

注释

① 据民国十五年四月三日《时报》载，驻外各领事报告侨民数目，约九百六十三万四千人。计香港四十四万四千六百四十四人，缅甸十三万人，坎拿大一万二千人，荷领印度一百八十三万五千人，西伯利亚二万五千人，俄国七万一千零二十一人，澳洲二万五千七百七十二人，美国十五万人，菲列滨四万二千人，马来半岛九万三千人，爪哇二万七千人，法领印度一百零三万人，秘鲁四万人，朝鲜一万人，喜浪岛三千五百人，法领不拉纪鲁二千人，美领爱姆一百五十万人，其他各国属地共十四万三千人。

② 旧金山华侨，于同治十三年六月初二日，发行周报，石印，是为

华侨报纸之最早者，惜不知其名。（见同治十三年七月二十五日《申报》）

第十二节　通信社

因报纸上新闻材料之需要殷繁，而有通信社。又因世界报纸之发达，而通信社遂成大规模之营利事业，二者盖相互为用者也。自今日之国际眼光观之，报纸之销路常为文字及地域所限，若通信社之消息，则常能间接遍及各国。故通信社之势力，骎骎乎驾报馆而上之。此各国政府所以不惜岁縻巨帑，从事于此，为外交上之利器也。

我国人自办之通信社，起源于北京，即民国五年七月，邵振青所创之新闻编译社是也。今据中外报章类纂社所调查，全国共有通信社一百五十五家，北京最多，武汉次之。自其数目上言，诚不为少，但实际设备甚简，只为一党一派而宣传其消息，至不为国内报纸所信任，对外更无论矣。其中惟胡霖（政之）所主持之国闻通信社，内部较有组织，现方于京、津、沪、汉各埠试发电报，则四年来努力之结果也。

宣统二年，全国报界俱进会议决设立通信社，先从北京、上海、东三省、蒙古、西藏、新疆及欧美入手以次推及内地。[①] 民国九年，全国报界联合会又议决组织国际通信社，选派富有学识经验之员，分赴欧美重要都会，协同该处留学生，将国际情势，探访调查，缓用邮告，急以电达。[②] 所见甚远，惜均未实行。外人所设之通信社，其为本国宣传，夫人而知之。然我国报纸以经济拮据，不得不用，所谓饮鸩而止渴也。欧战以前，我国报纸之国外新闻，大率译自外报。欧战发生，始出资购买，与外报同日登载。然谓各报注意国外新闻乎，则又未必。平时则徒以充篇幅，有事则为人宣传，似至今未觉悟也。路透电报社（The Reuter Telegraph Co.）为英人之机关，供给我国报纸以国外及太平洋之消息，而于英国事为最详。其取费以报馆大小为等差，每月由五元至一百七十五元。外人通信社中之翘楚也。次为东方通信社，为日本政府之机关；电报通信社，为日本政党之机关。供给日本消息，而于我国北方事为特详，其取费甚廉。次则苏联通信社为俄政府之机关，中美通信社为美人之机关。此外，如上海顾家宅无线电台，胶东无线电台，可接收法德二国所发之半官消息，而间接供给于各报。近美国联合通信社（The United Press）已由无线电供给各西报以该国之消息，我国报纸时有译载，但以取费甚昂，尚未购用。

外人通信社势力之庞大既如此，华人通信社势力之薄弱又如彼。当此进退维谷之际，吾意较有力之报馆，应有自助之法。其法维何？即由报馆合组通信社是。[3]美国有合众通信社（The Associated Press）者，为各重要报馆所合组。每一报馆为一社员，相互的为新闻之搜集与交换，其经费因力量之大小而分任之，与普通新闻社之以新闻而营利者大异。今则伦敦、巴黎、柏林、罗马、东京、北京、维也纳各大都会，均有其分社，消息灵通，势力雄厚，是我国报界所可效法者也。

至国际间交换新闻，非有大规模之组织不可。且必须于国内有巩固之基础与信用，而后始可向外发展，得对方之尊重。如英之路透、法之哈瓦斯（Havas）、德之华夫（Wolff）、意之司丹法（Stefam）、澳之考比润（Corburean）、日本之联合、美之合众，其所以能占世界一部分势力者，岂一朝一夕之故哉！

注释

① 报界俱进会组织通信社之提案："报馆记事，贵乎详、确、捷。今日吾国访员程度之卑劣，无可为讳。报馆以采访之责付诸数辈，往往一事发生，报馆反为访员所利用，颠倒是非，无所不至。试问各报新闻，能否适合乎详、确、捷三字？吾恐同业诸君，亦不自以为满意，而虚耗访薪，犹其余事。同人等以为俱进会者，全国公共团体，急宜乘此时机，附设一通信机关，互相通信，先试行于南北繁盛都会及商埠，俟办有成效，逐渐推行，俾各报馆得以少数之代价，得至确之新闻，以资补助而促进步。是否有当，应请公决。"

② 全国报界联合会通过之组织国际通信社案："国际情势，瞬息万变，外交枢机，尤贵神速。苟应付之术少疏，斯祸患之来无已。千钧一发，稍纵即逝。报纸为舆论代表，对于政府各种政策，皆有监督批评指导之责。言论必本诸记载，判断必根于事实。真伪既殊，是非自别。是以采访不厌其周详，调查务求其真确，良以立言之当否，影响于国家前途之安危者，至重且大也。吾国报纸，欧美情势及外交消息，类皆取材外电，彼多为己国之利害计，含有宣传煽惑之作用，故常有颠倒是非变乱真伪之举。抄载稍一不慎，鲜不堕其术中。而各国通信社在吾国中者，其数又多，各本其主旨，任意散布，指鹿为马，入主出奴，混淆庞杂，取信无从。报纸之论评，既难期中鹄；阅者之从违，自旁皇莫定。将欲矫除此弊，使对外之言论趋于一致，非自行创立一通信社，探报各国情形不可。惟兹事体非因循敷衍所能奏功，亦非一手一足所能为力。必合群策众思，共同筹谋，始克有成。最近虽留法学生有巴黎通信社之设，然资力微弱，难称完美。鄙意拟由全国报界联合会酿集基金，组织一国际通信社，选派富有学识经验之员，分赴欧美重要都会，协同该处留学生，将国际情形探访调查，缓用邮告，急以电达，俾对外言论，有所遵循，不至为外电所左右。是否有当，统俟公决。"

③ 国闻通信社缘起及简章：新闻纸者国民之喉舌，社会之缩影也。

无论何国，欲觇其群众之意志，与社会之现象，胥可于其新闻纸中得之。中国之有报已有年矣。顾其规模与势力，恒不能与欧美日本诸国之报比拟。除通都大邑间有报纸足以代表一部分舆论外，即其他省会商埠亦往往不能求一比较完善之报。此诚国民之羞也。闲尝思之，舆论之发生，根于事实之判断。而事实之判断，则系于报馆之探报。因采访之不周，或来虚伪之记载，视听既淆，判断易误。舆论之根据已不确实，其不足以表现国民之真正意志，盖无待论。各国报馆，内部有完善之组织，外部有得力之访员，更有通信社搜集材料为之分劳。其消息灵确，舆论健全，实由于此。中国则因报界组织不完全之故，报道歧出，真相难明。同在一国，而南北之精神隔绝。同在一地，而甲乙所传各别。吾人欲谋新闻事业之改进，舍革新通信机关殆无他道。同人创立兹社，志趣在此。将欲本积年之经验，访真确之消息，以社会服务之微忱，助海内同志之宏业。创设之始，规模虽简，而发展之途，则期怀颇远。尚乞明达，赐予扶持。谨具简章，即希公鉴：

第一条　本社以探访各地各界确实消息，汇集发表，以供新闻界之采择为主旨。

第二条　本社报告，以事实为主，不加议论。

第三条　本社职员如下：

　　　　　主任一人　　　　主持全社事务；
　　　　　总编辑一人　　　主持编辑事宜；
　　　　　编辑若干人　　　分华文、洋文两部，助理编辑事宜；
　　　　　事务员若干人　　分任庶务、会计各事宜。

第四条　本社总社设于上海。分社设于北京、天津、奉天、汉口、长沙、重庆、广州、贵阳等处。

第五条　本社于总支社均特约得力通信员。关于各种新闻，随时以专电快信，为详确灵敏之报告。

第六条　本社除于各外国陆续聘任专员通信外，凡各国报纸有重要消息，仍随时译述，以供报界参考。

第七条　本社通信，在上海每日发刊两次，外埠每日发刊一次。

第八条　本社通信价目如下：

　　一、私人订阅　　　　每月四元；
　　二、本埠各报订阅　　每月六元；
　　三、外埠各报订阅　　每月八元；
　　四、外埠快邮订阅　　每月十元。

第九条　本社社员均系新闻界积有经验之士，愿任外埠各报馆特别通信职务。无论函电，均可担任。其报酬应另行函订。

第十条　本简章于本社成立之日实行之。未尽事宜，随时酌议增补。

第十三节　报业教育

报业教育，在欧美亦甚新，矧在我国，其幼稚固不待言也。

欧美名记者，往昔尝谓报馆为最佳之报学院，实用方法，恐难于教室内教授。故报业教育初兴之时，颇遭报界之轻视。然自此种人材加入报界之后，觉成绩优良，远过于未受专门训练者，于是报界之怀疑始去，而乐与教育界携手。世间有一颠扑不破之公例，即学问绝无害于经验，而有助于经验也。

记者之职责至重，而社会之希望于记者亦甚高。然执今之报界中人，而询其因何而为记者，如何而后成良好之记者，恐能作明了之答覆者，千百之十一耳。故由道德上理想上以造就报业人材，则报馆不如学校；学问与经验，两不宜偏废也。

抑尤有进者，报业职业也[①]；一论、一评、一纪事，须对读者负责任，非有素养者，曷足以语此？譬之医之处方，可以活人，亦可以杀人。往昔私相传授，惟重经验；今则非大学生不得肄习，非有卒业证书，不得为人治病。此无他，慎重人命而已。欧美名记者，固有出身于报馆者，然此种人不数数见，岂足以应报界之需？故报业之必须有教育，即使有志于此者，于未入报界之先，予以专门之训练，及关于政治学、心理学、社会学上之高级知识，乃尊重职业之意，岂有他哉？

报学之有人研究，不自今日始。然研究报学之热度，则在欧战后始高。如美国歌伦比亚（Columbia）、威斯康新（Wisconsin）等大学，夙为研究报学之最高学府，而欧战以后研究最力者，则德国是也。

欧战或谓之宣传战，或谓之报纸战，盖大战之勃发，对于报纸方面最先注意者，英国是也。在英国，以称为报王之北岩爵士（Lord Northcliffe）为宣传之领袖。其下有宣传最力之二大通信社：一为英国之路透（Reuter），一为法国之哈瓦斯（Havas），此专对外宣传者也。若对于国内之宣传，则为北岩所有之《伦敦时报》（Times）与《每日邮报》（Daily Mail）等。德国睹此情形，为之惊愕异常。但德国之大陆电报通信社及其所属之宫廷派保守派同人，对于报学素未容心；虽报纸之利用，为铁血宰相毕士麦（Bismark）所深悉而曾行之，但终不知爱好与尊重。故报纸之进步，当然为之阻碍。迨欧战勃发，英法二国利用二大通信社，巧为对外宣传，至是而大陆亦踵行之，然已落后一步矣。盖英国有海底电线，长四十五万开罗，而德国仅有三万五千开罗。且通信社之内部组织，亦优劣迥殊。号称报王之北岩又聚精会神以赴之，德人视之，实有逊色。故宣传政策，谓由欧战而开一新纪元也无不可。

德人既于欧战中得宣传失败之经验，故革命之际，同时知研究报学之价值。对于报学有兴味者，始有研究报学之组织。其后各大学均添设报学科。今柏林诸大学之报学科，又比较更为完美，且有报学专门学校。加之法科、文科、商科各分科大学内均将报学列为必修科，其意即社会之任何方面，对于报学应有正当之理解，然后对于社会之发达方有正当之引导也。

近年我国留学欧美之对报纸有研究者，日有归国；同时欧美之名记者，又多来我国考察，足迹所至，必有关于报纸之演讲及种种讨论；而报馆因营业上之发展，亦渐有改良之倾向，于是报学之在我国，遂引起兴味而下一种子。

民国元年全国报界俱进会曾提议设立新闻学校，是为我国知有报业教育之始。[②] 民国九年，全国报界联合会已进一步，议决新闻大学组织大纲。[③] 惜两会均因不久瓦解，未能见诸实行。民国七年，国立北京大学学生，得学校当局之赞助，设立新闻学研究会，是为报业教育之发端。民国九年，上海圣约翰大学于文科中，设立报学系。民国十年，厦门大学成立，列报学于所设八科之一。民国十二年北京平民大学，民国十三年北京国际大学与燕京大学，民国十四年上海南方大学等，又先后设立报学系。最近上海光华大学与国民大学成立，亦有报学课程。至是，报学乃在教育上占一位置，诚可喜之现象也。

国立北京大学之有报学课程，已五六年于兹，为政治系四年级选修课之一。然该校学生之有报学兴味者不少，故最近选修是科者，竟达七十人，文科法科均有之。每周授课二小时，教授为徐宝璜。去年曾新编讲义，但未几即改用其所著之《新闻学》以为课本。参考书指定为 Harrington and Trankenbery 著之《新闻学要义》（ Essentials in Journalism ）；Given 著之《报纸的构成》（ The Making of a Newspaper ）；邵振青著之《新闻学总论》等。前曾发行《新闻周刊》，对于一周之新闻，为系统之纪载，下公允之评论，为中国唯一传播新闻学识之报纸。

上海圣约翰大学，于民国九年，由教授卜惠廉（W.A.S.Pott）在教务会议中提议设立报学系，附于普通文科，请《密勒氏评论报》主笔毕德生（D.D.Patterson）兼任其事。故授课均在晚间。《约大周刊》（英文）亦于此时发行，编辑者即为报学系中人。一时选读者达四五十人。校长见学生对报学至有兴味，乃函告美国董事部，添聘报学教授一人。民国十三年，得武道（M.E.Votau）来华主任教务，于是报学课程渐多，每学期选读者，均约五六十人。以教授人数太少，未设专科。故毕业者，仍给以文科学士学位。

厦门大学成立于民国十年，为华侨陈嘉庚所创办，内设八科，报学其一也。斯时草创伊始，教授缺乏，学生只一人而已。课程与文科同，徒有其名。翌年夏，江浙学生负笈前往者渐多，入报学科者增至六人。惟学校当局重视理科，而漠视其他；报学科学生乃组织同学会，内则要求学校当局聘请主任，添设课程，购买图书，与印刷机器；外则介绍同志，加入此科。民国十一年冬，学校因聘孙贵定为报学科主任。孙于报学颇有心得，锐意经营，报学科遂日有起色。不意民国十二年，发生反对校长风潮，教授九人与全体学生，宣言离校，赴沪创设大夏大学。于是幼稚之厦大报学科，遂成昙花一现。

北京平民大学创办之初，即规定设立报学系。民国十二年，第一届预科毕业，该系即正式成立。今共有三级，学生计男百〇五人，女八人。聘北大报学教授徐宝璜为主任，北京国闻通信社长吴天生，《京报》社长邵飘萍等为教授。有自编讲义者，有口授而令学生笔记者。学生课外组织，有新闻学研究会，有时亦至报馆实习。其所发行之新闻学系级刊，每半月出版一次，为报学界罕有之出版物。[4]

北京燕京大学，于民国十三年设立报学系，分为两级。最初仅有学生九人，内有女子一人，专习者只二三人，亦有仅选读课程之一二种者。然无论专习或选习，均须三年或四年级生。斯系聘布立登（Roswell S. Brittan）为主任，蓝序（Veanon Nash）等为教授。燕京通讯社（Yenching News Service）为该系师生所合组，随时采集新闻，供给北京、天津、上海、汉口、香港、东京、纽约报纸十余家。始仅出英文稿件，今又增出中文，均酌取稿费。该系本拟自出报纸，因经济关系，尚未实行。但《燕大周刊》之新闻副刊，已归该系编辑。该系学生有在《北京导报》（Peking Leader）及其他报馆服务者，或为长期，或仅充暑期访员。

北京民国大学，于民国十三年设立报学系。惟现仍系预科，俟预科毕业，始可正式开课。

上海南方大学，于民国十四年春，延《申报》协理汪英宾为主任，设立报学系及报学专修科。必修之学科凡三：报学原理及广告原理，由汪自授，访事学由《时报》编辑戈公振任之。专读者，报学系十八人，内有女子一人，专修科五人，选读者八十余人，内有女子一人。课外则组织南大通讯社，学生分日出外采集新闻，供给本埠各报馆之用，不取费。暑假中发生复辟风潮，报学系亦遂涣散。今虽尚存其名，然主持已非旧人矣。⑤

上海光华大学，为上海圣约翰大学反对校长之师生所组织，学程中仍有报学一课，延汪英宾为教授。选读者六十余人，文科学生居多。广告学选读者二十余人，商科学生居多。

上海国民大学，为上海南方大学反对校长之师生所组织，设科一仍其旧。报学系延戈公振讲中国报学史，《商报》编辑潘公展讲编辑法，《时事新报》总编辑潘公弼讲报馆管理，《商报》总编辑陈布雷讲社论编写。该系学生曾联合光华大夏二大学报学学生，合组上海报学社，内则提倡读书，外则参观报馆。学生之课作，有登载各报者,亦有兼任报馆访员者。专读者六人,选读者三十余人。

注释

①威廉氏(W. Williams)之报业定义云:"新闻家者,主纪录、辨申诉、买卖新闻、判断词讼、保障民权、任指导又任解释疑义者也。若专纪录,则成钞胥;专买卖,则成裨贩矣。严格论之报业者,非营业也,职业也,职业之为解释疑义者也。"(Practice of Journalism)

②报界俱进会组织报业学堂之提案:"吾国报业之不发达,岂无故耶?其最大原因,则在无专门之人材。夫一国之中,所赖灌输文化,启牖知识、陶铸人才,其功不在教育下者,厥惟报业。乃不先养专才,欲起而与世界报业相抗衡,乌乎得?且报业之范围,固不仅在言论,凡交通、调查诸大端,悉包举于内,而为一国一社会之大机关。任大责重,岂能率尔操觚?吾国报业,方诸先进国,其幼稚殊不可讳。一访事,一编辑,一广告之布置,一发行之方法,在先进国均有良法寓其间,以博社会之欢迎,以故有报业学堂之设。不宁惟是,且有专家日求改良,以济其后焉。吾国报业,既未得根本上之根本筹画,欲求改良,果有何道?土广民广,既甲于世界,若就人口及地面为标准,以设报馆(先进国报馆取属人主义,满若干人口,应设报馆一,取属地主义者,有若干地面,应设报馆一),则尚邈乎其远。通埠虽稍有建设,而势尚式微。今后若谋进步,扩张之数,正未可量。而能胜此重负,几何不先有以养育之?仅此寥寥有数人才,流贯交通有数之地点,其有补于国家社会之处,固属有限。即对于各本业专学之前途,究如何以有操胜之权,亦未能必也。某也目光所及,拟于根本上改良,爰公同提议组织报业学堂,敬候公决。"

③全国报界联合会所议决之新闻大学组织大纲:

第一条 新闻大学之宗旨:(一)造就新闻专门人材,(二)促进全国新闻业之发达,(三)补助国际舆论,(四)输入新文化。

第二条 新闻大学之成立，由全国报界联合会选举委员五人，择定国内相当之大学筹备组织之。

第三条 新闻大学设立于择定大学内，即名为某大学之新闻大学科。

第四条 新闻大学之经费，由择定大学与本会两方合并筹足固定基本金三十万元，存储生息，以作常年经费之用；以后视发达之程度，逐渐推广。

第五条 新闻学主要学科，由大学教授会定之。

第六条 新闻大学应附设函授科，周行科，使国内现在从事新闻事业及一般有志入学而不得者，皆得受大学同等之教育，并促进社会之文化。

第七条 新闻大学审经济之状况，应聘请国际著有名望得各国舆论信用之新闻学大家主持教授。

第八条 谋新闻大学之发达起见；得设定各种名誉职，授与各方之热心援助本大学者。

第九条 本大学学员之收录，由筹备员与择定之大学协定之。

第十条 本大纲一切应行修改，或未尽事宜，均由筹备员与择定大学两方协议定之。

④平民大学新闻学系分年课程表：

第一学年 共计十二种科目授课时间二十三小时

一、新闻学概论（2）；二、速记术（1）；三、经济学（3）；四、政治学（2）；五、文学概论（2）；六、哲学概论（2）；七、民法概要（2）；八、中国文学研究（2）；九、英文（读报）（2）；十、日文（读本文法）（2）；十一、宪法（2）；十二、文字学（1）。

第二学年 共计十二种科目授课时间二十三小时

一、新闻采集法（1）；二、新闻编述法（1）；三、广告学（2）；四、社会学（2）；五、照相制版术（1）；六、财政学（3）；七、中国近代政治外交史（2）；八、平时国际公法（2）；九、统计学（2）；十、中国文学研究（2）；十一、英文（读报）（2）；十二、日文（读报）（2）；

十三、文字学（1）。

第三学年　共计十一种科目授课时间二十小时

一、新闻经营法（1）；二、新闻评论法（1）；三、采编实习（2）；四、评论实习（2）；五、时事研究（2）；六、现行法令纲要（2）；七、战时国际公法（2）；八、中国近代财政史（2）；九、现代金融论（2）；十、近代小说（2）；十一、英文（读报）（2）。

第四学年　共计十一种科目授课时间二十小时

一、新闻事业发达史（2）；二、特别评论法（戏评书评）（1）；三、出版法（1）；四、采编实习（2）；五、评论实习（2）；六、群众心理（2）；七、时事研究（2）；八、现代各国政治外交史（2）；九、现代社会问题（2）；十、近代戏剧（2）；十一、英文（新闻学选读）（2）。

⑤南方大学报学系及报学专修科规程：

目的　报业，高尚之职业也。惟其感化人民思想及道德之重大无比，故亟宜训练较善之新闻记者，以编较善之报章，而供公众以较善之服务。报业之为职业也，举凡记者、主笔、经理、图解者、通信员、发行人、广告员，凡用报章或定期刊以采集预备发行新闻于公众者皆属之。本科之唯一目的，为养成男女之有品学者，以此职业去服务公众。

资格　（一）本系生——凡具有入系之资格，即修毕大学本科二年学程者，遵照本系学程研究期得学位者皆属之。（二）专修科生——凡具有入专修科之资格，即大学预科或高级中学毕业相当程度者，遵照本专修科学程研究期得毕业证书者皆属之。（三）特别生——凡无入本系或专修科之资格，并不期得学位或毕业证书，而具下列资格一项者，皆得入本系或专修科为特别生：（甲）有一年编辑之经验，或本性近相者；（乙）国文精通者；（丙）能直接听记英文讲义者。

学位与证书　报学系生修完必修与选修各课，并满八十学分而经毕业试验及格时，授与报学士学位。报学专修科生修完必修与选修各课，并满一百念学分，考试及格时，给与毕业证书。特别生选读学程考试及格时，给与修业证书。

课程：

报学系一年级

学程	学期	学分
报学历史与原理	2	6
访事一	1	3
访事二（或广告之编写与销售）	1	6
广告原理	1	3
补系必修课	2	10
随意课	2	12—24

报学系二年级

报馆管理一	1	3
报馆管理二（或社论编写）	1	3
编辑法	2	10
报学指导	1	2
补系必修课	2	10
随意课	2	12—24

报学专修科一年级

报学历史与原理	2	6
访事一	1	3
广告原理	1	3
社会科学选修科	2	10
外国语选修课	2	6
随意课	2	12—22

报学专修科二年级

访事二（或广告之编写与销售）	1	6
报馆管理一	1	3
社会科学选修科	2	10
外国语选修课	2	6
随意课	2	14—24

报学专修科三年级

报馆管理二（或社论编写）	1	3

报纸指导	1	2
编辑法	2	10
社会科学选修课	2	10
外国语选修课	2	6
随意课	2	8—18

第十四节　图书馆与剪报室

记者纵极渊博，绝不能将古今大小事实，一一牢记于脑中，而消息之来常甚兀突而简单，非加以引申，则读者将莫名其所以然。故足备记者之遗忘，而增加消息之价值，则图书馆与剪报室尚已。

图书馆，国内多有之，关于图书馆组织之书籍亦不少，予不复论。剪报室则未之前闻，兹转录予在《东方杂志》所发表《剪报室之研究》一文，以资有志者之仿行。近北京有中外报章类纂社之发起，《时报》有刊行索引之举，方法虽异，而其为用则一也。

报馆剪报室之研究

剪报云者，即将一人或一事之新闻之散见于各报者，剪取而汇聚之，整理之事也。世事蓁繁，千变万化，忽有一事之发生，一人之出处，足以引起社会之兴味者，欲借记忆之力，则事多辄致遗忘。若欲翻检旧籍，正如大海捞针，何从觅得，而新闻记者又安有如许工夫？有此剪报，早于平日预为储蓄，则纲举目张，一检即得。其利之可言者，约有四端：一、可以省时间，二、可以得要领，三、可为新闻保存之便利，四、可为事物本原之考查。

欧美日本大报馆均有剪报室之设备，其材料之丰富，视图书馆殊无逊色。请分言之：

美国　美国报馆之剪报室，以《世界报》为最大。室与图书馆并列，延十余人事其事。门首张以铜网,非室员绝对不许入内。借阅材料,则由铜网上之窗口传递。其手续与图书馆同。剪取之材料,大率出于各种报纸、杂志、小传与片段之印刷品。每件必记其发行日期于其背面,且有兼记报纸名称者,然后装入一坚固之大封套内而保存焉。

剪报之整理,大别之为二部:

甲　传记部:关于个人或个人家族者。

乙　杂部:关于其他者(文字之附有照片者,则照片亦并置封套中)。

传记封套以 a. b. c. 为顺序,排列架上,在一定距离以内,间以木板,以防封套倾侧。此木板较封套略高,通称为节板。每两板之中,通称为一节(one section)。每节板(section plate)之上,必书明右方所置封套之顺序。如右方封套之顺序为 Staa-Stae,则节板所书应与之相同。再次一节,封套之顺序为 Staf-Stah,则节板之书法亦如之。

依此排列,检阅颇便。每一节中必有一杂类封套,凡不能独立之材料,皆入之。若某一人之材料不为一封套所容时,即可析而为二。

同姓之材料,如搜集日富,亦可另置一封套。如其姓为 Stafford,则封套即书 Stafford 诸氏。

同姓之材料,如非常增加,则可以其名(Christian name)分析之,即以其名书于封套之上。惟此时应另立一节,节板之上,亦应书明 Stafford A 与 Stafford B。某一人之材料,若收纳日富,则以其事实之不同而分置于各封套中,如哈礼门(Harriman E.H.)者,美国之有名人物也,其材料至可别之如下列:

家庭、亲眷、交游、健康、运动、旅行、政见、演说、报纸上之谈话,与罗斯福、与太平洋铁路、与伊里诺中央铁路、与芝加哥铁路、与纽约中央铁路、与大北保险公司铁路、铁路以外之商业、与内地商业之关系,铁路以外实业之收入,保险投资之证据,Alaska 长途旅行,Harriman 之不正行为,Harriman 之夫人,《世界报》论说照相杂类(Harriman 系之利害)。

由此观之,仅 Harriman E. H. 一人,已需封套二十余枚。推而至于威尔逊、哈定、罗斯福诸氏,则其量当更夥矣。

以上关于传记部剪报之整理,可再概括说明如下:

甲、一人之材料适可置一封套。

乙、一人之材料日多,可分置二封套至数十封套。

丙、数人之材料适可置一封套。

丁、数人之材料日多,可分置二封套或二封套以上。

今请进而言杂部剪报。

杂部剪报,析为三十余类(division),每类又因材料之多寡,而析为若干节,每节更因题目(subject)之异而析为若干封套焉。

《世界报》之分类如下:

1 杂类(报纸葬仪),2 宗教(妇人),3 社交(运动及娱乐),4 总会(club 及会),5 犯罪,6 裁判(刑罚慈善),7 动物,8 教育,9 学艺(文艺科学),10 医学,11 公共事业,12 纽约市,13 纽约州,14 其他各州,15 欧洲,16 亚洲,17 其他诸国,18 人种及蛮人(水陆),19 灾害,20 政治,21 政府,22 国际关系,23 海军,24 游艇,25 船,26 铁路(铁路杂类),27 市街铁路及其他交通,28 劳动,29 公司,30 商业。

第一类之材料,乃不能置入其他各类者。依 abc 之顺序,分为二十四节。如儿童、电气、大富翁,均自成一节,因其材料较多也。新闻及葬仪则分为纽约报纸、报纸杂类、死亡、葬仪四节,而排列于第一类之最后。

第五类以犯罪之材料为主体。

第六类专取审判之材料。

第十八类之材料，以人类为主体。如关于中国日本者，第十六类固有之，而移民问题、黄祸问题，则属于第十八类也。每类常分为若干节，兹举例以说明之。

第二十八类　劳动：1罢工，2团体，3工资，4杂类，5农业与畜牧，6林业与田亩，7煤炭，8铜，9金，10铁及钢，11锡，12矿业，13动物生产，14土地出产，15饮料出品，16发明，17爆发品，18工场出品杂类。

第二十二类　国际关系（陆军）：1英美关系，2对外关系（杂类），3全美问题，4外交官，5条约，6税则，7互惠条约，8白林海，9渔业，10欧洲事件，11国际杂事，12国防，13美国陆军，14美西战争，15军械及弹药，16陆军（杂类）。

第三十类　商业：1商业，2纽约旅馆，3各地旅馆，4保险，5交易所，6银行（某银行），7银行（纽约），8银行（杂类），9银，10投机，11财政，12失败，13电话电报公司，14电报电话（杂类），15印刷。

每类之材料多，则分节以储之；每节之材料多，则分封套以储之。其整理之法，固与传记部同也。

又如第二十九类公司中之美孚煤油公司（Standard Oil Co.），亦美国之有名公司也，其材料之多，乃独占一节。因题目之异，乃分置封套如下：

纽约百老汇路二十六号该公司办公处、营业方法、煤油以外营业之收入、分红、股票收入、雇员罢工、火灾爆发、海外收入、海外输出、各种团体之调查、国内商业分店之调查、煤油管之分布、政治对于律师之规定、煤油价、组织、密苏里州（Missouri）之诉讼及调查、俄亥俄州（Ohio）之诉讼及调查、密士失必州（Mississippi）之诉讼及调查、美政府之诉讼及调查、高等法庭之判决（杂类）。

《世界报》之剪报室，其内容大概如此。每封套之内，于材料之外，又附以红色及黄色硬纸（card）各一。黄色之一纸，正反印有若干横线，遇该封套须借出时，则取出此纸，书明借阅日期及借阅者姓名，而置于该封套之原址。红色之一纸，则印有文字如下：记者注意：取用此剪报之时，不可不细加辨择。盖错误与虚伪，或在其中，且当时受人非难者，或现已消灭也。下笔之时，若有未尽信之理，须研究之。今之受人称誉者，即便曩昔偶有不善，如无正当之理由，决勿形之于笔端。总之，在公平与正确而已。

《世界报》之利用剪报，平均每日五十封。换言之，即《世界报》所载之论说与记事，乃参考此种材料而成。该报之能扬芬宇宙，占报界之上游者，盖努力二十五年之结果，非一朝一夕之故也。

此外剪报室之规模宏大者，当推歌伦比亚大学之新闻科。该室占图书馆地位三分之一，其整理系从杜威氏法则（Davy's system），此为一般藏书家所熟知，予不赘述。

德国　德国报馆之编辑员，人各一室，各人所需之参考材料，亦各置之己之室内，无剪报室之设备也。

来比锡（Leipzig）大学及门占（Muenchen）大学之新闻研究所，其所采用之整理法，并不以实用为目的，故不足供新闻家之参考。

法国　法国报馆之内容，一部分与德国同，但多数于图书室内设有剪报部，以供馆员之参考。巴黎报馆，以《晨报》为最大。其所用之方法，与剪报异，乃一种索引也。自该报第一号起，直至今日，以硬纸每日纪其内容而整理之；以与剪报较，自觉范围狭隘耳。

《晨报》之整理法，可分为二部：甲、记事部；乙、照片部。记事以人名、地名、杂类为别，各书于一硬纸上，而附以简单之说明，再以 abc 之顺序排列之，检阅颇便。如纪载人名之纸片，则人名书于顶端，俾显而易见；次为说明，字较小；再次则为该报登载此人之号数、页数与栏数。

照片部，则有两种索引：一为 abc，一为年月日。abc 之索引，夫人而知之。若年月日之索引，则用之者甚鲜。盖有许多照片，外观似无大差异，而当登载之时，必另有一原因，为期日久，将不知以何种题目而保存。《晨报》之复以年月日为索引者，职是故耳。

《晨报》于保存照片外，且保存纸版，以供临时之需求。

英国　英国报馆之剪报整理法，因颇自矜秘，外间甚难得其真相。

日本　日本报馆视剪报与收藏图书照相并重，名曰"切拔"，并已有兼以此为营业者，名曰切拔通信社，其制度与欧美同，受定阅此项切拔之预嘱。譬如关于矿业者，即每期以此矿业之新闻切拔寄与定阅者，其于他业亦然，人咸称便。盖以报纸浩如烟海，安得举全国报纸而一一读之？有此切拔通信，则仅就我所欲读者读之可矣。

结论：

我国报馆，以限于经济，微特无剪报室，即图书室亦无之。设有之，则图书亦寥寥可数，不足供参考之用也。剪报之法，简而易行。以我国出版界之沉滞，与专门著述之缺乏，欲求事实上之便利，则剪报室之设置，以转急于图书馆。我国人对于新闻无兴味，对于国外之新闻尤甚。则一事之突然而起，虽报纸累日联篇以载之，而阅者常不知其原因之所在。是皆平日无预备，临时无参考之故也。

日本名记者本山有言："新闻贵新鲜，有如蔬菜鱼肉之不可陈腐，而储蓄御冬之计，亦不可不为之绸缪。"吾国报馆，有起而行之者乎？跂予望之！

民国十四年度《时报》索引绪言

报纸之功用,非只传递消息而已。举凡世界大事,人群进化,科学发明,文艺著述,莫不统见于是,洵一活页之历史也。报纸之取材,除供人逐日浏览之外,亦极有参考之价值。试详言之:

(一)供给最近之消息与最新之学说。凡科学工艺有所发明,朝夕间即可披露,较书本杂志,尤为迅速。故研究学术者,欲得最新学理与发明,非参考报纸不可。

(二)报纸所载之材料,有因范围极小,为书本杂志所未及者,或因篇幅有限,不能撰成专书者,往往在报上发表。如名人之演讲,发明家之口述等,均极有参考之价值。

(三)报纸逐日出版,内容极为复杂。其中虽多一时一地之事,但纪载一事,其起因结果,无不详为采讨。苟汇而存之,于历史上极有参考之价值。

(四)所载事项,每探取各方面之意见及各地方之消息,逐一披露。较书本杂志,似少偏倚。

由此可见报纸与吾人学术思想之关系,及其参考之价值。惟阅者阅后,每多随手弃去,良可惜也。故近来各图书馆各机关及各科学者,莫不有报纸之贮藏,以备异日之参考。但报载内容,异常复杂。若欲查考一事,非忆及其年月日期不可。苟代远年湮,忘其时日,即失其效用。如欲逐一检查,则虚耗时间,岂可胜算?欲求补救之法,故有日报索引之编辑。如美国之 *New York Times Index*,*New York Times*;*Index to Dates of Current Events*,*Bonker*;*Information Annual*,*N. Y. Cumulative Digest Corp*,英国之 *London Times Official Index*,德国之 *Halbmonatliches Verzeichnis*,将报中重大事件,分类罗列,而系以月日,编成索引。考其利益,厥有五端:

(一)将一年中重大事件,分目罗列,一目了然。既便检查,且可节省时间。

（二）凡事不必记其年月，只须依类检查，一索即得。

（三）保存报纸，原欲便于检查，如无索引，则检查困难，即失其效用。

（四）报纸叙事，或断或续，或散见数处，或绵延数月，今有索引，可以依类归列，前后互见，既有系统，复便检查。

（五）各事分类编列，每题之下，载明月日。即不参阅原文，亦可知各事之起讫，及其关系。

我国刊行报纸，垂数十年，但未闻有索引之举。本报有见及此，爰将本年度之报纸，编为索引，以便阅者之检查即向未收藏本报者，亦可因其日月，旁考其他各报，如于学术上有所参考，须检阅原文者，则本报所藏原文，亦可公诸同好。如因事不能到馆检阅原文者，本馆亦可代为抄录，务使报载各件，均足为我国学者参考之助，以求学术上之进步。是则本报之微意也。

凡　例

（一）本索引，自民国十四年一月一日起，至十二月三十一日止。

（二）凡下列各件，均分类编入：

1. 凡关于全世界或全国之事件；
2. 凡关于地方之事，而为全国或全世界所注意者；
3. 凡关于科学之发明，研究之报告及重要问题之讨论；
4. 凡关于各地方各种学术工商业之调查报告；
5. 凡关于地方之事而为全国或全世界所注意者，名人之演讲及著述，要人之历史及传记；
6. 凡篇幅较长，叙事较有系统，而有参考之价值者；
7. 凡关于各项重要统计；
8. 其他重要事项。

（三）凡关于下列事项概从略：

1. 凡例行各件，如火车时刻表、物价单、审判报告等；

2. 凡广告启事、征求声明等；

3. 凡短篇文字，如时评、杂纂及地方新闻等；

4. 凡无关重要之电报、通电、命令、杂讯等；

5. 凡局部暂时之事，无参考之价值者。

（四）本索引分类，系仿杜定友著之《图书分类法》，分类而略加增删，以应实用。

（五）每事列为一条，每条之下，注有数目，以代表日月及张数。如十一、十五、四，即系十一月十五日第四张。

（六）每类名之前，有号码一枚，系用以指明各类之次序。如200为教育，300为政治等，以便阅者按号检查。

（七）各类号码不相连贯，以便以后有新材料之插入。

（八）凡同属一类之事件，则依性质相近者，排列一处，庶便检查。

（九）凡一事可以归入二类，或二类以上者，则分隶各类，一一重见，以便互相引证。

（十）各条以事实为标题，如报中有同一事件，而标题各异者，则择用其一，或另定题目，以归一律。

（十一）本篇因时间上手续上之关系，只列分类索引一种，其余如人名索引、类名索引、标题索引、地名索引及日期索引等，暂从略。

（十二）本索引，事属创举，疏漏在所不免，幸阅者谅之。

中外报章类纂社简章：

第一条 本社广集国内各埠及欧美名都报章，用科学的分类法，从事纂集，逐日剪贴于本社特制之纸片，成为类稿。俾各报所载，皆以类相从，有条不紊。虽历时数年，俯拾即得。定名为中外报章类纂社。

　　第二条　本社贴报之纸片，大小一律，极便装订及保存。凡订阅本社类稿者，无异收藏中外报章之全量，其消费可谓极廉。本社类稿曾经极精之分类，阅者就其需要，择类订阅，比之直接阅报，其时间之省，尤不可数计。

　　第三条　本社所用之分类法，纲目极繁，非简章所能备举。兹为订阅者便利计。因"人"与"事"之别，区其类稿为二种：

　　甲种　报章纪载之关于个人者。（说明一）此种类稿之订阅者，不仅限于本人，凡社会有名之士，其亲若友，或其敌党，欲注意中外报章有关其人之纪事或评论，皆可委托本社征集。

　　乙种　报章纪载之关于某种事项者。（说明二）本社为引起阅者兴味起见，阅者得就其欲研究之事项，自由命题。大者若政治经济，其资料之广与专书无异，本社必以其能力所及，详分细目，明其系统。小者若政治中之某一事，经济中之某一项，阅者亦得自订范围，委托本社，其范围以内，若能分目，本社亦必善为分析，以便阅者。其尤小者，例如"疯犬咬人"，此至细微之事，虽研究社会事业者或无暇注意及之，若有阅者欲征集此类事实，稍积岁月，自可得一明确之观念。若更加以统计，至少应知疯犬咬人之事，每年何时发生最多，何地发生最多，被咬后之病态。究有几种，其治法安出，其预防之法若何，此类知识为书卷所不载，最有益于人群。（说明三）本社剪贴报章，不复不遗。各报同纪一事，其内容相异者并存之，相同者不复存，借以节阅者之消费。

　　第四条　本社类稿收费以件计，每件收费五分。其篇幅较长，分载报章数日始毕者，按日计件。

　　第五条　预订本社类稿者，按问题之大小，收定金二元至十元，每月按照定价九折结算一次。若应缴之费，已过定金之半，应补足定金。停阅者若定金有余，照数缴还。预缴定金百元者，七折收费，每年结算一次。

第六条　若有机关或个人订阅本社类稿，其指定之范围较大，或不欲预定何项问题，遇有重要事件发生，临时嘱本社送达，亦可照办。其缴费方法另议之。

第七条　订阅本社甲种类稿者，每月虽无资料，亦收检阅费一元。

第八条　本社所出类稿，每类中中外报章皆备，若订阅者不惯阅外国报章，亦可声明除外。其须本社译成送阅者，本社为优待阅者起见，仅收极低廉之译费。

第九条　本社类稿递送法分二种：

1. 每月递送　每月月终由邮局递送，其每类页数较多者，由本社装订成册，不另取资。如需挂号，邮费另加。

2. 每日递送　本京逐日专差送达，每月收专差费一元，外埠逐日邮寄，邮费另加。

第十条　本社同人，极愿为社会效力，其兼办之事项如下：

（一）代登各埠报章广告，（二）代发表事项，（三）代更正事项，（四）征集当代名人照片及其事迹，供各报之用，（五）受各报之委托，办理发电通信发行广告事宜，（六）承办中、英、法、德、俄、日、西班牙文件之拟稿及翻译，（七）承办英法俄德文文件打字，（八）代介绍鬻文。

第十五节　团体

光绪三十一年春，《时报》揭"宜创通国报馆记者同盟会说"，谓有可祛之害三，有可兴之利三。① 报界之知有团体，似自此始。宣统二年，南洋劝业会开幕，《时报》乃与《神州日报》发起，借各报记者聚集南京之便，成立中国报界俱进会，然以经费无出，不三年而瓦解。民国八年，南北和议开幕，由《七十二商报》及《新民国报》发起，借各报记者聚集上海之便，成立全国报界联合会，然以受政界津贴，不三年而亦瓦解，至今无有继起者。至各地之报馆公会与记者公会，近虽次第设立，因各报宗旨不同，精神依然涣散也。

（一）中国报界俱进会

中国报界俱进会，由上海之《时报》《神州日报》发起，得上海之《申报》《中外日报》《舆论时事报》《天铎报》，北京之《北京日报》《中国报》《帝国日报》《帝京新闻》《宪志日刊》《京津时报》《国民公报》，天津之《大公报》《北方日报》，奉天之《东三省日报》《大中公报》《微言报》《醒时白话报》，营口之《营商日报》，吉林之《自治日报》《长春公报》，哈尔滨之《滨江日报》，广东之《时报》《又新报》《国事报》，香港之《商报》，南昌之《江西日日官报》《自治日报》，赣州之《又新日报》，汉口之《中西报》，杭州之《全浙公报》《浙江日报》《白话新报》，南京之《江宁实业杂志》《劝业日报》，福州之《福建新闻报》，成都之《蜀报》，重庆之《广益丛报》，贵阳之《西南日报》，芜湖之《皖江日报》，汕头之《中华新报》，无锡之《锡金日报》之赞同，各派代表，借参观南洋劝业会之便，于宣统二年八月初一日，开成立会于南京，推郭定森君（宝书）为主席。宣统三年八月初一日，开第二次常会于北京，推朱洪君为主席。除章程外，议决重要之案如下：

（一）陈请邮传部核减电费寄费案；

（二）设立各地通信社案；

（三）联合设立造纸公司，并用中国纸印报案。

民国成立，该会于元年六月四日开特别大会于上海，新加入之报馆，有上海之《民立报》《太平洋报》《民国新闻》《民强报》《爱国报》《民报》《大共和报》《黄报》，北京之《公民报》《天民报》《中央新闻》，扬州之《民声报》，南昌之《晨钟报》《民报》《商务日报》《豫章日报》，武昌之《武昌公报》《震旦民报》《国民新报》，吉林之《吉长日报》《新吉林报》，绍兴之《越铎报》，广州之《震旦报》《平民报》，推朱葆康君（少屏）为主席。除章程稍有修正，并易名称为中华民国报馆俱进会外，议决重要之案如下：

（一）加入国际新闻协会案；

（二）不认有报律案；

（三）自办造纸厂案；

（四）设立新闻学校案；

（五）设立通信社案；

（六）设立广告社案；

（七）组织记者俱乐部案。

附章程：

第一条　本会由中国人自办之报馆组织而成。

第二条　本会以结合群力、联络声气、督促报界之进步为宗旨。

第三条　凡愿入本会者，须由在会报馆介绍，经干事全体之公认。

第四条　在会各报馆，除按照本会所定各类调查表式填注外，并须将经理人及编辑部各人姓名履历，详细开列，送交本会，有更易时并须通知。

第五条　每年八月开常会一次，其应行议决及商榷之事件如次：

一、关系全国报界共同利害问题；

二、须用本会全体名义执行之对外事件；

三、对于政治上外交上言论之范围；

四、修改章程。

第六条　遇有紧急重要之问题，经二埠以上之报馆发议，得开临时会。

第七条　下列各埠，为本会轮开常会之地点，每年由事务所与各该地之通信处商定本年开会之期，一月前通知本会各报馆。其临时开会之地，以上海为限。

一、上海或南京；

二、北京或天津；

三、汉口；

四、东三省。

上列各地点，如有提议增改者，得于大会时公决之。

第八条　常会临时会，在会各报馆均须代表人到会，以便取决多数。其议权每报以一人为限。但以一人而代表二报馆以上者，仍只以一权计算。非报界人，不得派为报界代表。

第九条　常会临时开会时，各报馆皆有提出议案之权，惟至迟须开会第一日交到本会。

第十条　本会执行常会临时会议决事件，所有对外之公牍函电，一律由本会各报馆全体列名，不用俱进会名义。

其列名之次序，除第六条所列事件应临时酌议外，每年于常会时决定之。

第十一条　本会设事务所于上海，办理会中一切事务，并于第七条所列各埠通信号，以期通信之便利。

第十二条　本会设干事九人，四人驻事务所，五人分驻各通信处，其所负责任如下：

一收发函电，二管理收支账目，三保存各种文件，四编制各项报告，五酌定全期预备会场，六整理议案，七执行议决事件。

第十三条　通信处应需费用，由各该埠在会报馆垫付。每年常会时，由事务所照数归还。

第十四条　本会常年经费，由本会各报馆按照下列数目，量力担任，每年于常会前寄交事务所：

甲每年百元，乙每年五十元，丙每年三十元。

第十五条　凡已入会之报馆，如有放弃会务或名誉堕落等事，经干事三分之一以上之报告，或二埠以上报馆之提议，得于大会时，以多数之同意令其退会。

第十六条　凡会外之人，有志同道合能尽力于本会者，得公推为名誉赞助员。

（二）全国报界联合会

全国报界联合会，系广州之《七十二行商报》与《新民国报》所提议，由广州报界公会致电上海日报公会发起。谓"欧战结束，南北息兵，世界与国内和平问题，关系国家存亡，人民利害。全国新闻界应不分畛域，泯除党见，研究正议，一致主张。外为和会专使之后盾，内作南北代表之指导。准兹前提，特由本会同业共同议决，结合全国报界，开联合会于沪上，并由各报推定代表赴沪，协商组织事宜。除通电全国报界外，谨电奉闻。至斯会开于上海，拟公推贵公会就近主持一切，事关报界全体，尚望预为筹备"。上海日报公会当复电赞同。加入之报馆，计北京十五家，上海十三家，广州九家，南京七家，汉口五家，天津一家，浙闽各三家，川、滇、黔共六家，湘皖各二家，鲁桂各一家。余如内地之扬州、武进、无锡、桐乡，海外之小吕宋、槟榔屿、仰光、曼谷、檀香山、维多利亚、雪梨、旧金山，亦均有代表与会。民国八年四月十二日，广州报界全体在沪宴请各报馆代表，又议定加入外报暨各通信社。旋于十五日开成立会，计到报馆八十三家，代表八十四人，推叶楚伧君为主席。除讨论章程外，议决重要之案如下：

（一）对外宣言案；

（二）对借款宣言案；

（三）维持言论自由案；

（四）减轻邮电各费案；

（五）阴历年终报纸不停版案；

（六）拒登日商广告案。

民国九年五月五日，该会开第二次常会于广州，到会报馆及通信社一百十二家，代表一百九十六人。惟上海重要报馆未参与。推罗啸翱君为主席，议决重要之案如下：

（一）对外宣言案；

（二）对时局宣言案；

（三）请愿国会以绝对自由保障言论出版条文加入宪法案；

（四）表扬报界先烈案；

（五）派员考察劳农政府内情案；

（六）电请美国上院对于山东问题主张公道案；

（七）组织国际通信社案；

（八）组织审定名词会案；

（九）拒登日商广告案；

（十）筹设新闻大学案；

（十一）推行注音字母案；

（十二）力争青岛案；

（十三）劝告勿登有恶影响于社会之广告与新闻案；

（十四）加入国际新闻协会案。

该会第三次常会，本定民国十年五月在北京举行。乃会员忽分而为《北京日报》与《晨报》之二派，各自开会，互相攻讦。结束后，第四次常会，《北京日报》派定在福州，《晨报》派定在汉口，各报馆无所适从，而此会遂归消灭。

附章程：

第一条　本会定名中华民国全国报界联合会。

第二条　本会以国内之日报社、杂志社、通信社及中国人在国外所办之日报社、杂志社、通信社组织之。但通信社须有固定之发行编辑所，及负责之编辑发行人，其派出各省访员，须有十人以上者，方得加入。凡外国人在国内所办之日报社、杂志社、通信社，有赞成本会宗旨者，得推为名誉会员。

第三条　本会之宗旨及目的如下：

（一）为谋世界及国家社会之和平的进步，得征集全国言论界多数之共同意见，以定舆论趋向；

（二）保持言论自由，联合人类情谊，企图营业利便，以谋新闻事业之进步。

第四条　第二条第一项所定之各社，皆得加入本会，派代表一人列席会议，但名誉员不在此例。

第五条　列席会议之各代表，无论其代表一社或二社以上，每人只有一表决权。

第六条　各社代表有损害本会名誉者，经大会议决，得要求该社撤换其代表。

第七条　本会每年春季开常年大会一次，开会地点于上届常会决定之。但同一地点，不得继续开两次以上。

第八条 由三省省会或通商口岸二十社以上之发起，得召集临时大会。会议之日期及地点，由发起者定之。

第九条 常年大会及临时大会，须赴会各社代表三分之一以上列席，始得开会。须列席代表过半数之同意，始得表决。

第十条 凡议案之提出，须列入议事日程，先期通知各代表。

第十一条 常年大会及临时大会，期间至多不得逾三星期。但经列席代表三分之二之决议，得延长之。

第十二条 各社代表提出议案，须有代表五人以上之连署。

第十三条 凡已加入本会之各社，均须缴纳入会费与常费：

（甲）入会费每社十元，于报名加入之日征收之。

（乙）常费每社每年缴纳十元，一次征收之。

第十四条 各社有欠缴上年会费者，得停止其代表出席会议。

第十五条 除本会议决执行之募捐案外，如有热心捐助本会经费者，得以无条件收受之。由捐款者径寄大会所指定之银行，更须通告全国报社，登报鸣谢，仍应报告于次期大会，要求追认。其有特种要求或嘱托者，应绝对拒绝之。

第十六条 本会设立通讯处于每年大会所在地，其职务如下：

（一）通信及文件之保存；

（二）常年大会及临时大会议决事业，交付执行者执行之，但关于重要议决事业，推举临时委员执行之；

（三）大会会场应由通信处与大会所在地筹办之；

（四）庶务；

（五）会计。

第十七条 通信处职员列下：

（一）书记长一人；

（二）书记二人；

（三）庶务二人；

（四）会计二人。

第十八条　职员由常年大会选举之，其任期以下届常年大会选举职员之日为止。

第十九条　职员有损害本会名誉，或由常年大会或临时大会议决免职者，即举员接替之。

第二十条　本会章程得经大会议决，得修正之。

（三）世界报界大会

世界报界大会（The Press Congress of the World）于一九一五年七月成立于旧金山，加入者三十四国。至一九二一年十月十日，开第二次大会于檀香山时，我国始派代表与会。代表凡六人，许建屏君代表上海日报公会及《大陆报》，董显光君代表上海《密勒氏评论报》，钱伯涵君代表天津《益世报》，黄宪昭君代表广州《明星报》，王天木、王伯衡二君代表上海《申报》。公推美国名记者威廉博士为会长，副会长每国二人，我国为史家修、黄宪昭二君。

我国代表在大会之演说，董显光君为《中国记者对于世界记者之谨告》（An Appeal from the Republic of China to the Press of the World），大意谓中国近已成为世界紧要国之一，而各国报纸关于中国之纪载殊少，即有亦略而不详。其惟一原因，即世界记者对于中国问题向无研究之故。中国之政治、教育、实业、社会，近均有显著之进步，世界记者未能明了，以致纪载中国新闻时，非常隔膜。愿各记者至中国游览并研究，为一诚恳之请求。王伯衡君为《中国印刷之历史及中国与报界密切之关系》（China and Press），大意谓此会为国民外交会之雏形，中国为印刷及报纸之祖先，近日中国报界之进步，深信有组织世界通信社之必要。夫中国之和平，即世界之和平，而欲求世界之和平，必先自世界报界之协助中国始。许建屏君为《中国报界对于世界报界之意见》（*Chinese Press Opinion of World Press*），大意谓欧战时，世界报界有无数世界外交家对于世界和平政见之纪载。及和会既终，此种政见，皆未见实行。以致世界人类，受绝大之失望，其过确在报界。盖徒知为各外交家登载政见，而不知为外交家督促其政见之实行。故中国报界，以为世界报界未能执行其职务。黄宪昭君为《美国宜组织一记者团至中国》，大意谓中国新闻事业，现在幼稚时代，美国宜送多数新闻学家至中国，以提倡新闻教育。

该会通过重要之议案如下：

一、请世界各国政府扶助各该国报纸，将所有新闻一律发给登载，并将所有各政府机关准新闻记者出入，以便采择。

二、请世界各国政府协助减少新闻电费，改良邮电交通诸机关，以期消息格外灵通。

三、请世界各国政府取消种种关于国际旅行不方便之处，若护照若交纳费用等，以便新闻记者之往来。

四、请世界报界大会会长选派下列各委员会：（甲）新闻传达委员会，（乙）促进言论自由委员会，（丙）办理交换新闻记者委员会，（丁）提倡新闻教育委员会，（戊）维持报界道德委员会，（己）组织新闻记者互助委员会。

五、请世界各大报馆互换新闻记者，以资联络国民感情而谋世界和平之捷径。

六、请世界各国报纸注意各国民情风俗，以资研究而去误会。

美大总统哈定出身新闻记者，当时曾致书世界报界大会，期勉甚至。大意谓"余新闻家也，操此新闻事业，已逾半生，夙知新闻事业之重要。然余不因余尝为新闻家,而将新闻事业之重量估计逾分。此次世界大战及停战以后发生之事情,不但使吾人重新感想报纸之用处与价值,并亦显明报纸滥用宣传政策之危险"。

"大战中因紧急事态之必要,宣传政策几成为普遍之习惯,或可更谓已成为新闻家之一种科条。其宣传之用意,自在自爱其国,为国家主义之贡献,为人类社会谋幸福。然其结果,往往不尽公平,不尽合乎情理。质言之,战时之宣传,固为尽一种光辉之义务,然使吾人为新闻家者,以为一种宣传政策,即为一种正当办理之报纸之唯一主要目的,则世上错误之大,殆无逾于此!"

"来书述及今夏在檀香山举行之教育会议,余心中所抱支配一种正当报纸之理想,乃因而触发。余以为报纸之教育效用,实非常宏大。报纸为一种社会机关,其根本目的断然在开发人之心思,而非在闭塞人之心思。而宣传政策之根本目的,则在闭塞人之心思,使不能得宣传者所不欲得之论断,而惟将宣传者所欲之论断注入他人之心思中。若夫教育则不然。教育在启人智慧,使能容受一切事象,而自下论断。换言之,宣传政策为智慧之麻痹剂,教育则为智慧之兴奋剂。人能自思自决,自较他人代思代决为佳。当今之时,尤需人人能自为深沉之思想,而解决彼等自己之问题。目前之世界,几已成为民治主义国家之大集合场,然民治主义之高度,决不能超过于其国民平均思想力水平线之上。即民治主义国总体之高度,决不能远过各分子国民平均思想力水平线之上。今日民治主义已在大试验之中,试验之结果如何,大半视其能否使人自思想,及使人自己思想之程度而定。民治主义果欲成功,必须证明其有应得成功之价值。价值维何,即为引致一般平凡之人,能自己郑重的、不断的、有效的考虑彼等平凡之问题。"

"欲达此目的,必须从事于教育,而教育之效力,据吾人目下所知，实以报纸为最伟大。今日者，尤为报纸显其教育效能之最大机会。"

"今太平洋上之诸君，邀请世界各国之新闻家，开大会讨论现时人类之问题。诸君会议之时，又正值世人企望各国集合协商限制军备，维持世界和平之际。故诸君之考虑，苟能以较良之目的，对于维持和平或解除军备之问题，有所贡献，则诸君实与将在华盛顿集议此等问题之政治家以绝大助力。"

"近年以来，太平洋问题之呼声，洋洋盈耳。吾以为此不过人类间国际间一般问题中之一方面而已，当此全世界骚然不安人类创巨痛深之际，而太平洋对岸之各文明民族，犹谓有武力冲突之事，实出于意想之外。此等民族人种、社会组织、政治制度及思想方式，均各不同。因此种种之不同，正不妨为和平之竞争，以期断定何方面所抱之理想更足以助人类之进步。总之，太平洋应为东方西方生活理想之博大自由公开之竞争场，应为人类最老最新之形式之比较地，而断不应有冲突与竞争。"

"诸君集会之场，适在太平洋十字道上，集会之时期又极适宜，此正诸君为人类幸福而工作之好机会。余对于诸君及大会之希望，惟望其结果得为国际间一种谅解之先趋，而此种谅解为世界和平之保障，为废止压迫人类之军备之左券，为确立人类间友睦亲善之证据。"

大会既毕，是月二十一日又开太平洋新闻记者大会，凡沿太平洋各国之代表均参与。我国董显光君曾为主席之一，并演说《外交公开，太平洋报界之目的及希望》（Open Diplomacy, the Hope of the Pacific Press）。

附译宣言及章程于下。宣言云："出版自由，及无限制传布新闻之两问题，根本上关系一切国家政府及人民，不独关系新闻家而已。一切国家政府果欲消弭下次战争之危机，必须于其未发生之前，觉悟谎语欺谩为终无利益之事，即在平时亦无利益。苟能觉悟及此，则或可阻止或可展缓下届战争。每一国家之公众，对于外交政策，实际上莫不具有多少之势力，而欲其依理解而指导国际事务，则新闻之自由传布及公表，乃绝对必要。谓此种自由，可致成黄金时代，固无人信之，此唯改良人之心思与智慧，始能达到。惟无限制的传布新闻，纵不能改良人之心思，要能增进人之智慧；纵不能使人从事思想，要能救人不肯思想之习惯。盖新闻之传布若不自由，则人以为不确，对于报纸所载，辄以怀疑之心对之，而不肯深思熟虑之矣。自由传布云者，即电信对于一切无不公开容纳之。谓凡党派之意见，偏颇之评论，与大公无私，直书事实真相之报告，一律乐为传递。夫真理不能为任何人所垄断，每一作者于下笔时，终不免挟有若干个人之见解，惟电信果能尽传一切，报纸亦尽载一切，则公众纵不能辨别新闻之孰真孰伪，至少能辨其孰为较可信，孰为较不可信。如是，则于公众对外观念，大有裨益。不然，每一外交政策，皆无异于暗中摸索，有颠蹶之虞也。此就报纸自由之积极方面言之也。若就消极方面言之，则检查报纸之举，实有害无利。凡电信曾经检查，新闻记者能立即觉察之。此疑念一经成立，纵检查终止，怀疑亦尚不已。凡爱黑暗之人，皆喜检查新闻。盖彼等之行为，乃黑暗而不可告人之行为也。故一国家或一政府，欲博世界恶名，其唯一捷径，即为检查对内对外之新闻。"

章程：

（一）名称　本会定名为世界报界大会。

（二）目的　本会目的在借各种会议，讨论及联合努力以求报业各方面之正当发展，此种会议，专为讨论直接关系报业之各种问题，惟不得涉及政治宗教与国事。

（三）会员　各国报界任何部分之服务者，从事增进报界之正直与福利，均得被选为会员。

（四）职员　职员除名誉会长由执行委员推荐外，余由每次大会选举。计名誉会长一人，会长一人，副会长每国二人，须为会员。书记兼会计一人，执行委员，由会长、书记兼会计及由副会长中选出之五人组织之。有缺额时，由执行委员就各国所推荐者补充之。

（五）会议　会议之时期与地点，由执行委员决定。

（六）附则　本章程可于每次会议修改，经执行委员通过。

第三届世界报界大会，将于日内瓦举行，系应国际联盟之请也。兹将国际联盟公体股致上海日报公会函录下："上海日报公会均鉴。径启者：一千九百二十五年九月间，国际联合会第六届开会时，智利代表雅里斯君提议，为征求环球报界设法赞助和平机关起见，联合大会应请行政院考虑可否召集一全世界新闻专家委员会，其讨论事务如下：（甲）使报界传播消息之方法较前更易，费用较前更轻，俾各民族间误会之机关得以减少；（乙）各种新闻职业改善问题之有益世界和平者。上述议案，于九月二十五日经大会全体一致通过，咨达行政院查照。同日行政院报告员比国代表伊猛斯君向行政院报告，大会议决之报界与和平机关合作一案；问题重大，宜展期至十二月行政院开会时，再行审查，庶有充分时局，细为考虑，同时应请联合会秘书长，于十二月间开会前，设法征集直接关系者对于大会议决案之意见等语。此报告亦经行政院通过。联合会秘书长遵将本案经过情形，通知各国政府，并饬秘书厅公布股向报界正式询问意见。查此种询问办法，范围既广，欲得各国报界团体一一发表意见，自非易事。现在敝股奉询尊处之唯一问题，只欲知尊处对于此会议是否以为应行召集及应否照联合大会议决案进行而已。联合大会通过智利代表议案，及行政院办理此事之用意，与伊猛斯君所具报告，皆系完全尊重报界独立之精神。召集新闻专家委员会，系为研究新闻专门方法之完备，使消息更易传达，费用更加减轻，及其他职业上改善问题。此项专家委员会苟经召集，将完全自由独立。而行政院提出以为有益之建议，因国际联合会所在地与世界上具报界重要地位之若干中心，相距遥远，深恐各国报界对于敝股询问之答复，难以如期收到，故又将一千九百二十五年十二月间行政院会议时，再行讨论上述各节，即乞尊处加以考虑，并以卓见见示。复信请径寄瑞士日内瓦国际联合会秘书长查收。此项复信，请用公会名义。如未入公会之报馆，亦可单独答复，或用英法文，或用华文均可。倘尊处仍欲询问详细情形，国际联合会秘书长所辖各机关，当尽所知奉告也。更有陈者，国际联合会行政院报告员伊猛斯君当向大会报告，请在筹备召集期中，如行政院查悉有其他私人团体或国际新闻记者会等类之机关，办理同一事务者，则联合会不独不与竞争，且愿从旁赞助其成，以示合作之意。尊处若知此项情事，务恳将该团体办理详情及印刷品见惠，敝股不胜翘企之至。专此敬布，并颂公安。国际联合会公布秘书夏奇峰敬启。一千九百二十六年一月十五日。"

（四）报馆公会与记者公会

  光绪末年，上海《神州日报》以载印度巡捕违法事，为工部局所控告，各报不平，乃起而组织上海日报公会，为之后盾。此为我国报界有团体之始。自后各地仿行，或称报界公会，或称报界联合会，或称报界同志会，名虽略异，而性质则同也。

  公会之组织，系以报馆为单位；其以记者为单位者，则有新闻记者俱乐部，新闻记者公会，新闻记者联欢会，中日新闻记者恳亲会，万国新闻记者俱乐部等。

上述各会，皆限于一地方者。观其章程，靡不陈义甚高，而考其内容，则腐败特甚，自会内言之，不为少数人所把持，即群视之若不甚爱惜。自会外言之，则假名招摇者有之，收受津贴者亦有之，名存实亡，宜不为社会所见重也。

上海日报公会会章②

总纲第一

一定名　本公会为《上海日报》所组织，故定名曰上海日报公会。

二宗旨　本公会以互联情谊，共谋进行为主旨，与各馆内部组织无涉。

三组织　本会系独立机关，应公同订立会章，并办事细则，以定方针而资遵守。

四会费　愿入本公会各报馆，应缴入会费及月费，其数目由细章规定。

以上四则定为永远遵守之条。

办法第二

一会所　本会自赁房屋一所，以为办公议事之用，附设记者俱乐部并藏书室。

二人员　本会设办事员若干人，其职务名称数目等列下：

（甲）干事长一人，主持本会议行各事，由在会各报轮值，每家一月，担任义务，不另开支薪水伙食，虽不必常川住宿，惟每日必须到会一次。

（乙）干事员一人，执行本会议定各事，并司账目及本会器物，由本会公聘，月支薪水，伙食临时公决，常川驻会。

（丙）书记一人，掌管修发本会一切公件函牍，由本会公聘，月支薪水，伙食临时公决，常川驻会。

（丁）缮写一人，专任抄写案件，并司俱乐部书报，由本会公任，月支薪水，伙食十六元，常川驻会。

（戊）茶房二人，专供会内役使之用，由本会公用，每人月支工食洋各六元，住会。

（已）信差一人，专任差遣送信之用，由本会公用，月支工食洋六元，住会。

经济第三

一入会费　自本章程施行之日起，凡有加入本会者，须缴入会费六十元。

二常费　暂定在会各报馆每月各缴洋二十元，以为本会常费，于每月初一缴入，如用有不敷，于次月一号开报时再行均摊。

三报告　用款出入，由本会于值月干事员于次月一号出具报告，分送各报馆。

集会第四

一常会　每星期一下午四点钟开会一次，由书记于前一日先将待议各件，摘由条举于知单中，通知在会各报馆。

二临时会　由干事长召集，并将待议事件及急于开会理由，并聚集时刻，预先通告。

三约法　开会时刻一到，无论人数多寡，即行开议，迟到者虽可入席，然已决之件不能复生异议，不到者亦如之。每次议案，当日由本会书记誊送在会各报馆，以便遵守。

四议例　在会各报馆每出代表一人，多到者只须旁听。表决议事秩序等情，以议会通法为准。未经预告之议案，只许提议，不能表决。

权限第五

一公共利益　本会议设公共便利方法如下：

（甲）本埠商情及轮船进出口访员；

（乙）钞录重要各衙署公电员。

以上各种，均由本会公议直延，非在会各报馆不得享此权利。

二公共机关　本会会所及记者俱乐部及藏书室，非在会各报馆不得阑入。

三公共交际　凡在会各报馆，对于本埠会外各报馆，所有函电新闻，概不转送。会外报馆转来函电新闻，无论何种，亦概不照登。

要则第六

一处罚　凡违犯本会会章及议决条件，由本会公议罚以二十元以上一百元以下之罚金。如不受罚，除由本会共同宣布斥退外，并由各报公布犯者之无道德，由本会公拟一稿，令会内各报登诸论前一月，以声其罪。

二修订　本会章如有施行未便应行增减之处，可以随时修订，惟必须三分之二以上之赞成。

三施行　本会章于在本会独立会所开过第一次会议后，即于次日施行。非经正式修订，永远有效。

本会章业于阳历三月二十八号特开会议，共同决定。

上海新闻记者联欢会章程

第一条　定名　本会定名为上海新闻记者联欢会。

第二条　宗旨　本会以研究新闻学识，增进德、智、体、群四育为宗旨。

第三条　会员　本会会员类别如下：

（甲）会员　本会会员，应有下列四项资格之一：

1. 现在上海中外新闻界（以日报通信社及定期刊之有纯粹新闻性质者为限）编辑部任职者。

2. 现在上海中外新闻界编辑部外任职而时兼任编辑部职务者。

3. 现任外埠中外新闻界驻沪通信职务者。

4. 曾有上列三项资格之一，而与本会有特别关系者；但本项会员无选举权及被选举权。

（乙）名誉会员　凡富有新闻学识经验，为中外所同钦者，得请为本会名誉会员。

第四条　入会　本会会员与名誉会员入会之手续如下：

（甲）会员　凡愿入本会为会员者，应由本会会员二人以上之介绍，提出本会大会，经四分之三以上通过，填具入会愿书，方得认为本会会员。但本会会员，如有妨害本会名誉及进行者，得由本会会员二人以上之提议，经大会四分之三以上通过后，请其出会。

（乙）名誉会员　本会名誉会员，应由本会会员二人以上之提议，交评议部通过后，再由评议部提交全体大会通过，方奉函敦请之。

第五条　职员　本会职员类别如下：

（甲）执行部　设中文书记、西文书记、会计、庶务各一人，由全体会员于每半年第一次全体大会时选举之。任期半年，但得间期连任。本部职员不得兼任评议员。

（乙）评议部　设评议员七人，由全体会员于每半年第一次全体大会时选举之。任期半年，但得连任。本部职员，不得兼任执行部职务。（以上二部之细则另定之）

第六条　职权　本会各部职员之职权如下：

（甲）执行部　本会中西文书记处理本会一切文牍，于必要时，并得代表本会处理对内对外一切事务，会计管理本会一切收支；庶务管理本会集会事务。

（乙）评议部　本会评议员审查议决本会一切重要事务，交执行部执行之。

第七条　会期　本会每半年之第一月第一星期日，开全体大会一次，其余每月第一星期日，开全体常会一次，遇有必要时，得由中西文书记召集临时大会。

第八条　会费　本会会员每半年应缴会费一元，每月开会聚餐费由会员分组轮流任之。

第九条　会址　本会通信处暂设中文书记处。

第十条　附则　本章程自中华民国十三年八月十七日全体大会修正通过后施行。遇有必要时，经会员五人以上之提议，全体大会到会会员人数三分之二以上通过，得修正之。

注释

① 可袪之害三：（一）对于在外者，（二）对于在上者，（三）对于报馆之记者。可兴之利三：（一）可得互相长益之助，（二）可得互相扶助之力，（三）可得互相交通之乐。见是年二月初八、初九、十一、十二等日《时报》。

② 民国十四年五卅案发生后，上海报界曾有改组日报公会之拟议，章程虽经一度之磋议修改，但迄未有所成就。此处所录仍为旧章也。

第十六节　邮电

传曰："德之流行，速于置邮而传命。"邮置之设，由来久矣。惟古之邮置，乃供王事之用，与民间无关系。明永乐中，幕友之制盛行。此中人多籍隶绍兴，彼等时有函件往还，于是信局遂发生于宁波。嗣后全国私立之信局，咸以此为中枢焉。报纸初兴，其唯一推销之法，即托信局携往各埠售卖，每份与以二文之利益，其余按月结算，未销去者仍可退回。信局并可按路之远近，于月杪向读者索酒资。当时信局几成报纸与读者之媒介矣。惟人肩马驮，所负之重量有限。每遇冬令，由十二月初至二月杪，北方海口封冻之际，报纸改由陆路递送，乃不得不抽去广告，仅寄新闻，为一时权宜之计。光绪初，因条约之关系，海关代递外人信件后，乃刊发邮票，兼递华人信件报纸。水路每件二分，陆路国内每重一盎司洋三分，国外四分，再加贴外国邮票。但遇有为数太多，邮差不能运送时，海关以既减少报纸之寄费，即有权缓为寄递。光绪二十二年二月，正式下谕，创办邮政。宣统三年，邮政与海关划分，归邮传部直辖，报纸每张收费一分。然当时报馆与信局之关系甚深，且邮局亦仅通商大埠有之，故报纸仍多由信局寄递。民国成立，上海日报公会呈请南京政府准减邮费二分之一。民国五年七月，邮局重订新章，寄费论量不论份。汽机已通之处，每百格兰姆一厘；未通之处一分。近年邮政日益进步，邮路扩展至七十五万二千二百八十三里，报纸之分配极受其助。故邮政章程中订有新闻纸专条，兹摘录如下：

邮政章程第九章　新闻纸类

第四十四条　凡属各项可以订购之出版物，无论华文洋文，即如新闻纸及按期出版物，在中国知名之印刷所，按指定之期，挨次编号出版，且系散张成帙，不用木板布皮等套或他项坚实之物质装订者，即准在发行处应赴之邮务管理局挂号，作为新闻纸类邮寄。仅有如是挂号之出版物，准按邮局新闻纸资例纳费。其未经挂号者，应按印刷物类缴纳邮资。华文出版物，在中国发行，具有新闻纸之性质者，倘未向邮局照章挂号，即不准按印刷物或他类代为邮寄投递。

第四十五条　新闻纸寄往外洋各国者，香港澳门刘公岛（威海卫）亦括在内，除日本、朝鲜、关东日本租借地及青岛不计外，如系寄往已入邮会之国，应按印刷物纳费，详见本章程后附之寄费清单之

内。如系寄往未入邮会之国，应按每重五十公分（格兰姆）收费五分。其余手续，悉照印刷物类办理。（参看本章程第五十二条）

第四十六条　新闻纸寄往国内各处者，其资例详见本章程后附之寄费清单之内。

第四十七条　新闻纸寄往国内及未入邮会各国，其邮资均须预付。新闻纸寄往已入邮会各国者，其邮资虽非必须预行付足，然至少亦须预付若干。

第四十八条　平常及立券新闻纸，每包重不得逾二公斤（基罗），长宽厚不得逾四十五公分（桑笛迈当）；如系捆束或卷，径宽不逾十公分（桑笛迈当）者，长可至七十五公分（桑笛迈当）。

第四十九条　新闻纸或一份单寄或数份捆总成包寄递者，其包皮两端，均须开露，或其包皮系用绳带结束，总期内装之物易于查验，不得封固于封套以内。

第五十条　新闻纸内外，只准书写收者寄者之姓名住址，并无法投递时如何缴还，以及新闻纸之名目暨请看某页某行等字样，此外一概不准书写（参看本章程内第五十五条、第五十六条），外国新闻纸，如有外国挂号，或经在原出版国认为挂号新闻纸类，或认为与该类相同之第二种邮便物者，即可按新闻纸类纳费，否则系照印刷物类办理。

第五十一条　新闻纸计分三类，即系（一）平常新闻纸，（二）立券新闻纸，（三）总包新闻纸。兹将三类之办法，开列于后。

一、平常（第一类）新闻纸

（甲）凡此类新闻纸，应函请邮务长准予挂号，函内应将下列各款逐一报明。

（子）报纸名称（华文或洋文）；

（丑）主及馆主姓名；

（寅）发行处所；

（卯）几日一期；

（辰）每期发行若干份，如系业经出版，并应随呈一份或数份作为式样；

（巳）订阅价目。

（乙）若经邮局准为挂号，应将（中华邮政特准挂号认为新闻纸类）等字挂印于该报名目之下，与号数日期同列一行之内，倘甲节子款或寅款无论有何项更改，必须函请重新发给执据，其丑款或卯款如有何项更改，须将执据缴呈改正。

（丙）平常新闻纸，大抵系以一份寄一处，黏贴邮票，交邮局按平常邮件寄递投送。

二、立券（第二类）新闻纸

（甲）无论华文洋文之新闻纸，在中国知名之印刷所，按指定之期出版，每期不逾十日者，准其挂号享受立券之利益，以其省周折而期迅速寄递。

（乙）凡欲将新闻纸挂号享受立券利益者，应向邮务长函请声明下列之各款：

（子）每期（一）交由邮局投送本埠者，平均计有若干份。（二）交由邮局寄递外埠者，平均计有若干份。

（丑）每份之平均量若干。

（丙）前项函请，均应将邮局原发之平常挂号执照呈阅。并随报纸三份以作式样。

（丁）新闻纸经允准挂号立券后，应将以下字样印于报纸名目之下"中华邮政特准挂号立券之纸"。

（戊）邮费系按每次交寄份数（或系一份一寄，或系数份作为一寄）之连皮重量以核算之。计本埠分送者，每一百公分（格兰姆）

收费银元五厘。寄往外埠投送者，每五十公分（格兰姆）收费银元五厘。按月所计邮费，共系若干，准其核减百之二十。

（己）按月邮资应尽次月初五日以前付清。倘于所限时期尚未经如数照缴者，即将该报停收，俟所欠邮费清付后，始可再为收寄。

（庚）报馆应以等于一个月邮费之款预存邮局，此项存款之数目，得随时更订。俟经该报馆函请终止立券契约时，如邮费截至终止之日，业已付清，则原存之款即准发还。如遇捏报违章等弊，邮局得将该款一部或全数没收。

（辛）每次交寄报纸，应随附报馆主笔签名及填书日期之小条一纸，开明：

（甲）本埠分送，共计若干束若干份；

（乙）寄往外埠，共计若干束若干份。

此项小条装订成簿，由邮局供备。

（壬）报纸送交邮局投送，由邮局加盖特别戳记，即可在本埠投递，或寄往凡有邮局之处，一概不再索费。

三、总包（第三类）新闻纸

（甲）凡华文新闻纸，在中国知名之印刷所或逐日或间日出版者，可在邮局挂号，订立合同，作为总包新闻纸类，任向中国境内汽机所通而为该报派有经理人之处所，一体寄送。

（乙）凡欲将新闻纸挂号享受总包利益者，应向邮务长函请，按下开各款报名：

（子）每期约将若干份，寄往汽机所通之处；

（丑）每处所派经理人之姓名；

（寅）每份平均之重量若干。

（丙）原在邮局挂号之执据，无论如何，必须呈阅，其请函并须随同报纸式样三份一并呈上。

（丁）新闻纸若经按此挂号者，应将以下字样印于报纸名目之下，"已在中华邮政特准按照总包特别利益寄送之报纸"。交寄之时，必须至少以每五十份结束成捆，或装于篚内，惟不得每件折卷，亦不得每件分交各人。所有每捆每篚，应将寄往处所之地名显明书写，为按第三类总包等例收寄得以许可起见，此项总包新闻纸，必须在发行之钟点后二十四点钟交寄。

（戊）按此封装之总包新闻纸，如由轮船运送，系按彼此双方便利之办法，在指定之轮船上，由该报所派切实经理人手内收寄，无须海关准单。至寄抵时，亦按该项办法，交由该报指定之经理人接收。其由火车运送者，大抵必在邮局交寄，惟经邮务长核准，亦可在火车上邮局专间径交径送。

（己）每次交寄报纸，无论是否径交轮船或火车上邮局专间，应随报馆主笔签名及标书日期之小条一纸，开明寄往每一处所计若干束，并若干份，统计共若干份，此项小条装订成簿，由邮局发给备用。

（庚）邮费系按每份重不逾一百公分（格兰姆）收取银圆一厘，续加之每百公分（格兰姆）亦按银圆一厘收纳。

（辛）按月邮费，应尽次月初五日以前清付。倘于所限时期内未经如数照缴者，即将该报停止，俟所欠邮费清付后，始可再为收寄。

（壬）报馆应以等于一个月邮费之款预存邮局，此项存款之数目，得随时更订。俟经该报馆函请终止总包契约时，如邮费截至终止之日，业已付清，则原存之款即准发还。凡遇捏报违章等弊，邮局得将该款一部或全数没收。

当我国邮政未兴之时，各国在通商口岸自设邮局，始仅递本国人信件，后又兼递华人信件。最初报纸每份收钱二十文，后则各依其邮章办理，黏贴该国邮票。民国三四年间，袁世凯停止民党报邮递之时，此种报纸，均改由外国邮局寄递，每年损失，为数不赀。迨经华盛顿会议，各国邮局撤销，邮权始归统一。

我国之有电报，发端于上海，仿行于福州。光绪五年，始由政府沿运河设立电线。当时上谕，由北京送至天津拍发，其费由报界与官界分任之，时光绪七年十一月也。光绪二十年，各省电线告成，消息敏捷。报纸常用以拍发乡试榜名，争一二日之先后；其纳费与商电同，每字一角起，每间一局递加一分。当时系以路线之远近，定收费之多寡。迨清末颁定报律，有凡遵行者，得减半收费。民国新立，上海日报公会呈请南京政府准减少电费四分之一。嗣交通部特颁新闻电报专章，本国境内，无论远近，每字收费三分，洋文六分。兹照录如下：

新闻电报章程

第一条　电报局由电线传递刊登报之新闻消息，准作为新闻电报，减价纳费。

第二条　凡新闻报馆、期刊报馆或新闻经理处之访员，欲发寄新闻电报，须具愿书，并开列下记各项，呈请交通部，或请由就近之电报局转呈交通部核办：

（甲）收报之新闻报馆、期刊报馆或新闻经理处名称，暨该报馆发行地点；

（乙）收报者住址电码；

（丙）发寄之局名；

（丁）投送之局名；

（戊）呈请人及访员姓名住址。

前项呈请，经交通部核准后，发给凭单，每张应纳单费银二元，兼印花税二角。

第三条　访员所发之新闻电报，交与电报局时，须将凭单缴验。

第四条　新闻电报若用署名者，须用凭单上注明之访员姓名。

第五条　国内往来新闻电报，只准用华文或英文明语，其与外国来往者，可用各国电报所准用之文字明语。若凭单上载有收报者名称住址之简短字样或挂号之字，则其电报中得适用之。

第六条　国内往来新闻电报，华文明语每字收银元三分，英文明语每字收银元六分。国外往来新闻电报，照外国新闻电报价目办理。

第七条　新闻电报内，不得载含有私事性质之文句，并不得夹杂借可收取银钱之广告或消息。

第八条　新闻电报内所载银钱兑换价目及市价，无论有无说明字样，一律照新闻减价收费。发电局对于电文所载银钱所载兑换价目，连缀之数目字，如有可疑之处，应查询是否确实，由发电人据实证明。

第九条　新闻电报费，如由收电者缴付，应依下列各项办理：

甲、国内电报，应预付存款于投送之电报局，此项存款须足敷半月。结算清楚后，应续缴存款。如有短欠，其新闻电报即行停止。

乙、发往各国之电报，须先由呈请人与各该国电报局商妥后，方可核办。至各国发来电报缴付存款办法，与前项同。

第十条　新闻报馆、期刊报馆及新闻经理处接收减价新闻电报，或须经投送之电报局核准者，应俟该局核准后，方能照办。如投送之电局认为必要时，得向收报人索取证据。如新闻报馆、期刊报馆或新闻经理处总理或主人声明遵守章程之笔据是。

第十一条　减价新闻电报，以发寄凭单内注明之新闻报馆、期刊报馆或新闻经理处为限。若寄与他人或他报馆、他经理处者，均不能以新闻电报论。但新闻电报可分寄同一城邑之各新闻报馆、期刊报馆及新闻经理处，除原报照章收费外，其余抄送之报，照抄送寻常电报之抄费，一律收取。

第十二条　凡新闻电报，不按本章程第五、第七、第八各条内所规定办理者，应照寻常电价收费，又新闻电报不载入新闻纸而别作他用者，亦须照寻常电价收费。其例如下：

甲、电报经报馆或新闻经理处接收后，不登入报纸者（如不能说明理由），或报馆于未登报之前传布各处，如总会、客寓、换兑所等处是。

乙、凡报馆接到之电报，未登该馆之报纸以前，先售与他报馆刊登者。

丙、凡寄与新闻经理处之电报，不登入新闻纸者（如不能说明理由），或于未登该报之前，先传于他人者。

如查有以上三节之情事，其应找之报费，向收电人收取。

第十三条　各访员发递新闻电报，倘有报告失实或采及谣传有妨大局者，一经发电局转电局或收电局查出，即行扣留，不为递送。

第十四条　经交通部认可准发新闻电报之新闻报馆、新闻经理处及其访员，如有违背本章程及其他不合情事，一经查出，得由交通部酌夺情形，将所发凭单追销。

第十五条　发寄新闻电报凭单有效期间，以二年为限；逾期作为无效。

第十六条　前项凭单期满时，发寄新闻电报人如欲继续发递者，应于期满前二月，将凭单费及印花税费，交由本地电局，呈请交通部换给新单。

第十七条　本章程未尽事宜，随时由交通部修正之。

第十八条　本章程自民国十一年一月一日施行。

请领电报凭单愿书

呈为请发新闻电报凭单事：窃某报馆或新闻经理处，派定访员某，承认遵守万国电报通例及贵部颁行之新闻电报章程，暨中国电报局在报纸后面所印规则，由某处发寄某处某报或新闻经理处，由收报或发报人付费新闻或寻常或紧急电报，以二年为限。自某年月日起至某年月日止。伏乞察核立案，准予发给新闻电凭单一张，实为公便。谨呈交通部长。

附缴新闻电凭单费一张洋两元，并印花税洋两角。

某报馆或新闻经理处戳记
访员某盖章　住址某处

新闻电报凭单章程

交通部为发给凭单事：兹有某报馆派定访员某，承认遵守新闻电报章程，由某处发寄该报馆某种电报，自某年月日至某年月日止，合行发给凭单，仰该访员收执，须至凭单者。电政督办某。

1. 此项凭单有效期间，以二年为限，逾期作废。

2. 凭单期满时，如欲继续发电者，应先期两个月，将凭单费印花税交由本地电局呈请换给新单。

3. 凡查有不合情事，应将凭单吊销。

4. 凡持有此项凭单者，准发寄预付电费新闻电报，或收报人付费新闻电报、寻常电报与紧急电报，以凭内注明者为限。至发寄何种电报，应由发报人于每一电底余言栏内注明。例如紧急电报，应注明"紧急"字样，余仿此。但发寄新闻电报者，并须照下列各项办理：

（甲）凡新闻电报，只准载关于政治及商务等事刊登新闻纸之消息。

（乙）凡新闻电报，只准寄与本凭单内注明之新闻报馆或按期发行之报馆或新闻经理处。

（丙）凡国内往来新闻电报，只准用华文或英文明语两种，外国往来者可用各国电报所准用之文字明语。

（丁）凡国内新闻电报，华文每字收银元三分，英文每字六分，外国往来者照现行价目收费。

据最近交通部电政司统计，全国陆线线路里数十六万二千一百七十二里，线条里数二十四万七千八百零五里；水线海线一千七百八十海里零一六，运河水线一百二十六里零四六。

年来时局俶扰，检查邮电之风盛行，没收通信，删改电码，屡见不一见，而军电滥发，字数复漫无限制，他电受其影响，常有电报到达在快信之后者。夫报纸消息，争在顷刻，稍事搁积，便成明日黄花，故用电较多之报纸，乃改由外人所设之水线拍发，非得已也。

报界要求减轻电费，其文已数十上，而当局迄未见许。吾意报界应要求新闻电与商电同等待遇，与三等电同时拍发，似较此为急而易行也。

国外电线，均为外人所有，平均每码收费在一元左右。故我国报纸以经济关系，自发之国外电报不多见。

无线电为新流行通信之利器，惟政府借口军事，限制甚严。今计属于交通部者，有北京、张家口、武昌、吴淞、福州、广州、崇明、上海八局。属陆军部者，有南京、保定、天津三局，前者可收发商电，通信距离由二百海里至六百海里。后者专供军用。学校之装置者，只南洋大学有之。因装有二重变音器，通信距离较远。华盛顿会议时，该校曾供给各报以会议消息，成绩甚佳。近《新闻报》已自设一架，能收受国外消息，但非自发耳。

此外，尚有无线电话，电浪较无线电为弱。近《申报》已购置一具，于演奏音乐歌曲之外，亦常用以报告新闻。

报馆若用密电，须馆中与访员先有接洽，或借用官署密码，若系西文电，则普通均用办特雷（Bentley's Complete Phrase）密码。但密码翻检为难，非有要事，不宜用之。否则徒费时间，或致当日不能发表也。

第十七节　关于报纸之法律

报律一名词，见于光绪二十四年六月二十九日之上谕，至三十三年十二月始行颁布。宣统二年又加修改。在此以前，则有《大清律例》报章应守规则及《大清印刷物专律》。光复后，临时政府内务部曾订《民国暂行报律》。但因报界反对，立即取消。故关于报界诉讼，仍援用大清报律。民国三年四月二日，袁世凯公布《报纸条例》，同年十二月四日，又公布《出版法》，为彼压制言论之手段，《报纸条例》于四年七月十日，又加修改。迨黎元洪入京，始下令废止。此外又有戒严法与治安警察法，皆与报纸有密切关系。民国十五年一月二十八日，由段祺瑞下令废止《出版法》，但京师警察总监朱深又颁布《新闻营业条例》，其取缔言论自由一也。兹将现存关于报纸之法律，摘录如下：

（一）宪法

吾国有史以来至清季初，无所谓宪法。迨武昌起义，南京组织临时政府，始由临时参议院制定《临时约法》，斯为宪法之权舆。其第二章第六条第四项规定："人民有言论、著作、刊行及结会之自由"，此与报纸有直接关系者。然第十五条又规定："本章所载人民之权利，有认为增进公益、维持治安或非常紧急必要时，得依法律限制之。"夫所谓增进公益，维持治安，非常紧急必要等字样，漫无范围，得随政府或立法者之意思为伸缩，是所谓自由云者，乃等于纸上之空文矣。嗣制定国会组织法，以制宪权界诸正式国会。民国二年，由宪法起草委员会于第三章第十条规定："中华民国人民有言论、著作及刊行之自由，非依法律不受限制。"但中经洪宪及督军团之祸，屡议屡辍。至民国十二年，经整理条文委员会改第十条为第十一条，即于次年双十节公布。前后亘十年，其艰难挫折，亦云至矣。然国会之自身既发生疑问，国权地方制度之通过又近于草率，民生教育及宪法附则，尚未议及，至今犹未为人民所承认。即就关于报纸者而言，"非依法律不受限制"，则所谓自由并不彻底，乃相对的而非绝对的。美国宪法曾规定："国会不得制定何种法律，关于一种宗教之设置，或禁止其自由的信仰行为，或减缩言论出版之自由，或人民平和的集会，对政府陈告疾苦之请愿权。"是关于言论出版，均为绝对自由，不能以通常国会所制定之法律为干涉。在行政官吏，固不能以命令式为干涉；即立法之国会，亦不能以法律式为干涉。脱有国会制定法律而限制之者，即属违宪之行为，在法庭上不生效力。美人之所以绝对尊重自由者，盖鉴于母国国会之腐败，不为君主之附属品，即为一党之爪牙，故当费府宪法会议之时，初无上列条文，后经各州之详密审查，卒加入保障人民自由之条文共十条，而始获诸州立法部之批准，而上条即为当日增加第十条中之第一条也。我国宪法应仿美国先例，以绝对自由条文，明白规定于宪法中，删去言论出版自由项下"非依法律不得限制"，而加入"人民言论出版自由不得以法律限制"一项。夫所谓绝对自由者，非绝对不受法律之制裁也，实不受专为言论出版而设之法律之制裁耳。故言论出版物而鼓吹谋叛国家，杀人放火，毁人名誉之举，则有普通之刑律足以制裁之，固无须另为加重之法律；更不容于言论出版未实现之际，而预为制裁之。是则报界所宜联合请求于将来之正式国会，非达目的不止者也。

（二）刑律

光绪三十四年四月，为治外法权之丧失，希图挽回，设立法律馆，令伍廷芳、沈家本修订法律，名曰《新刑律》。清末，因官吏反对者众，未及实行。光复后，始援用之。兹将有关报纸者录下：

第一百三十三条　漏泄中华民国内治外交应秘密之政务者，处三等至五等有期徒刑；若潜通外国者，处二等或三等有期徒刑，因而致与外国起纷议战争者，处无期徒刑或一等有期徒刑。

（原注）漏泄者，使当事者以外之人皆知其事之谓也。至漏泄之手段，闻知者之多少，并远因为如何，法律上均无区别。

第一百三十五条　知悉收领军事上秘密之事项图书文件而漏泄或公表者，处一等或二等有期徒刑。

（原注）漏泄与公表有异。漏泄仅告知于特定人，公表且告知于不特定人。但其妨害于军事之秘密则一，故科刑无区别。

第二百二十一条　以文书、图画、演说或他法，公然煽惑他人犯罪者，从下例处断：（一）其罪之最重为死刑、无期徒刑者，三等至五等有期徒刑，或三百元以下三十元以上罚金。（二）其罪之最重刑为有期徒刑者，五等有期徒刑、拘役或一百元以下罚金。以报纸及其他定期刊行之件，或以编纂他人论说之公刊书册，而犯本条之罪者，编辑人亦依前项之例处断。

（原注）教唆犯罪与煽惑犯罪，二者似是而非。教唆者，使人生起犯意（故谓之造意）。且在彼教唆者，犯罪之时，即属公犯之一体。煽惑者，不分是否生起人之犯意与实行，但以其人曾煽惑他人犯罪者，即应以独立之罪处罚也。第二项编纂他人论说之公刊书册，指虽非自行撰述，而编辑他人撰述有煽惑犯罪之文字而言。其撰述而无公刊之意者，不处罚；所罚者，其彼此通谋刊布者也。（案语）各省签注：山西谓撰述煽惑犯罪之文者，亦宜处罚。两广谓处分过轻。两江谓其罪最重之本刑应改用情重情轻字样，或较简便等语。查文书若不刊行于公共之秩序，美良之风俗为害较少，尚无必应科刑之理。惟受刊行人之托，知情而为之撰文，或撰述人自使他人编纂刊行，含有共犯性质者，应依共犯处断，自不待言。若本罪本无共犯性质，但因使人生起犯意，则按律治罪，已足示惩，未便科以较原案更重之刑，转涉枉滥。至最重之本刑，系指文书演说中所揭情事实犯应得之法定最重刑而言，改用情重情轻字样，似亦可行，然究不若就本案分别重轻，更为简便。湖南以为被煽惑之人均不生起犯意，则第一类第二类均无可比较，似未细绎原案之意义。譬如公刊文书中谓当起内乱，即不问其人之应治与否，应科以第一类之刑。又如演说中谓当为窃盗，即不问其人之为窃盗与否，应科以第二类之刑，按内乱最重刑为死刑、无期徒刑，窃盗罪为有期徒刑，准

此以为据，不得谓为无比较也。

第三百五十九条　散布流言或以诈术损害他人或其业务上之信用者，处五等有期徒刑、拘役或一百元以下罚金。

（原注）信用为处世最要之端，凡有违法而侵害之者，固属必罚之行为。非但被害之人一身所受之损害，应有要求致罚之道，而已失信用之性质，不外名誉之一种，故其处分与前条同。散布流言，谓以不根之言传播于外，且其区域极广漠者也。诈术虽与欺诈相类，而其范围不同。其单为诈言者不构成本罪，而并无诈欺举动如贿赂行为者，则含于诈术之内。

第三百六十条　指摘事实公然侮辱人者，不问其事实之有无，处五等有期徒刑、拘役或一百元以下罚金。

（原注）此条系规定害人名誉之事。但详征他人之丑事恶行，公然肆其侮辱，为此罪成立之要件。至谩骂他人，则另属违警处分。本条名为侮辱罪，侮辱指损坏他人名誉而言。所谓名誉，即人类社会上所有之地位也。本罪以加危害于人类社会之地位而成立。至被害人怀抱羞耻与否，可以不问。本罪自行为本体观之，有二：

（一）指摘事实，公然毁坏名誉者。是指摘事实，即具体的表彰其恶事丑行之谓。（一）不指摘事实，惟平空结构，公然谩骂嘲笑者是。惟前者属于本条范围之内，后者当据违警律第三十五条罚之。

第三百六十二条　无故开拆、藏匿、毁弃他人封缄之信函者,处五等有期徒刑、拘役或一百元以下罚金;无故公表他人秘密之文书图画者,亦同。

(三)《戒严法》

戒严法,系民国元年十二月十五日所公布。年来军人执政,滥加援引。① 报纸遭其蹂躏者,不知凡几。兹摘录有关报纸者如下:

第十四条　戒严地域内,司令官有执行下列各款事件之权,因其执行所生之损害,不得请求赔偿。

(一)停止结会、集社,或新闻、杂志、图画、告白等之认为与时机有妨害者。

(二)拆阅邮信电报。

(四)《治安警察法》

治安警察法,系民国三年三月二日公布。其有关于报纸者如下:

第一条　行政官署,因维持公共之安宁秩序及保障人民之自由幸福,对于下列事项,得行使治安警察权。(二)通衢大道及其他公众聚集往来场所,黏贴文书图画,或散布朗读,又或为其他言语形容并一切行为者。

第二十一条　警察官吏对于通衢大道,及其他公众聚集往来场所,黏贴文书图画,或散布朗读又或其他言语形容并一切行为,认为有下列情形之一者,得禁止,并扣留其印写物品:(一)有扰乱秩序之安宁者,(二)有妨害善良风俗之虞者。

第三十七条　不遵第二十一条禁止扣留之命令者,处以二十日以下之拘留,并科二十元以下之罚金。

（五）《管理新闻营业条例》

民国十四年四月，安福系专政，为压制舆论计，由京师警察总监朱深，颁布《管理新闻营业条例》，报界一致反对，要求废止，朱只将规定过严之点，加以修正。兹照录如下：

第一条　凡在京师地面，经营新闻营业，须照遵本规则办理。

第二条　新闻分下列三种：（一）报纸。凡日刊、周刊、旬刊、不定期刊等，内容专登载新闻者属之。（二）杂志。无论定期刊不定期刊，内容系研究学术性质者属之。（三）通信社。

第三条　发行报纸杂志，须由经理人依照下列各款，呈报于警察厅，以凭发给执照：（一）名称，（二）体例，（三）发行时期，（四）经理人、编辑人、发行人、印刷人之姓名、籍贯、履历、住址，（五）发行之地址，（六）印刷之名称及地址，（七）资本数目。

第五条　营新闻业者，须于呈报时取具妥实铺保，以资负责。

第六条　报纸杂志之发行所，通信社之社址房屋，均须商得房主许可。

第七条　发行报纸杂志或办理通信社，于呈报后，须俟官厅查明。核准发给执照，方得开始营业。

第八条　凡核准之报纸、杂志、通信社，内容如有变更，或迁移发行所暨地址时，仍应报厅备案。

第九条　在国外或京外发行之报纸杂志通信社，及在京设立分发行所或分社时，应遵照本规则办理。

第十条　本规则自公布之日施行。

至已失效力之法律，现虽与报纸无关，然不能谓无研究之价值，因附录于下：

（一）《大清律例》

古无报纸专律也，惟律例耳。读光绪二十七年所刊行之《大清律例增修统纂集成》，有"造妖书妖言"条列于刑律盗贼类。乾隆间之伪造奏折案，光绪间之苏报案，判决时均引用之。是最初有关报纸之法律也。

造妖书妖言

凡造谶纬妖书妖言，及传用惑众者，皆斩（监候，被惑人不坐。不及众者，流三千里，合依量情分坐）。若（他人造传）私有妖书，隐藏不送官者，杖一百，徒三年。

条律

一、凡妄布邪言书写张贴，煽惑人心，为首者，斩，立决。为从者，斩，监候。若造谶纬妖书妖言，传用惑人，不及众者，改发回城，给大小伯克及力能管束之回民为奴。至狂妄之徒，因事造言，捏成歌曲，沿街唱和，及以鄙俚亵嫚之词，刊刻传播者，内外各地方官，即时察拿，审非妖言惑众者，坐以不应重罪。

二、凡坊肆市卖一应淫词小说，在内交与八旗都统、都察院、顺天府，在外交督抚等，转行所属官弁严禁，务搜板书，尽行销毁。有仍行造作刻印者，系官革职，军官杖一百，流三千里；市卖者杖一百，徒三年；买看者杖一百，该管官弁不行查出者，交与该部，按次数分别议处。仍不准借端出首讹诈。

三、各省抄房，在京探听事件，捏造言语，录报各处者，系官革职，军民杖一百，流三千里。该管官不行查出者，交与该部，按次数分别议处。其在贵近大臣家人子弟，倘有滥交匪类，前项事发者，将家人子弟并不行约束之家主，并照例议处治罪。

（二）《大清印刷物专律》

戊戌以后，杂志勃兴，即日报亦常装订成册，定价发售。故光绪三十二年六月，商部、巡警部、学部，会定《大清印刷物专律》如下：

第一章　大纲

一、京师特设一印刷总局，隶商部、巡警部、学部，所有关涉一切印刷及新闻记载，均须在本局注册。

二、本律通行各直省；其余各项领土，即仰各地方该管官酌量办理。

第二章　印刷人等

一、凡未经注册之印刷人，不论承印何种文书图画，均以犯法论。凡违犯本条者，所科罚锾，不得过银一百五十元，监禁期不得过五个月，或罚锾监禁两科之。

二、凡以印刷或发卖各种印刷物件为业之人，依本律即须就所在营业地方巡警衙门，呈请注册。其呈请注册之呈，须备两份，并各详细叙明实在，及具呈人之姓名籍贯住址，又有股份可以分利人之姓名、籍贯、住址。

三、各该巡警衙门，收到此种呈请注册之呈文纸后，即行查明呈内所叙情形，及各种列名人之行状，及所担负之责任。如该巡警衙门以为适当，即并同原呈一份报于京师印刷注册总局，并各以申报之日为该件注册之日。凡呈请印刷注册事，为各该巡警衙门所批斥不准者，无论如何情由，各该巡警衙门必须将所以不准注册之情由，详报京师印刷注册总局。凡各该巡警衙门申报呈请注册事于京师印刷注册总局时，即将准注册与不准注册之情由，明白牌示具呈人知之。

四、具呈人如以巡警衙门批斥不准之情由为不适当，可于牌示后十二个月以内，径上京师印刷注册总局，递禀上控；或亲身投递，或请代表人投递，或由邮政局投递。

五、呈请注册时，须随呈带缴注册费银十元。该费无论准否，即以五元充巡警衙门办理一切注册之公费，其余五元由巡警衙门随同申报于京师印刷注册总局。凡因巡警衙门批斥不准注册事，而向京师印刷注册总局递禀上控注册事件者，无费。凡当缴之费，即依本律所载之数缴之；律外并不征收丝毫浮费。

六、凡印刷人不论印刷何种物件，务须于所印刷物体上明白印明印刷人姓名及印刷所所在。凡违犯本条者，所科罚锾不得过银一百元，监禁不得过三个月，或罚锾监禁两科之。

七、凡印刷人须将所印刷之物件，不论文书、纪载、图画等，均须详细纪册，以备巡警衙门或未设巡警之地方官或委员随时检查。凡违犯本条者，所科罚锾不得过一百元，监禁期不得过三个月，或罚锾监禁两科之。如该衙门官员临时检查此等纪册时，如以所载不甚明白，则按本条所科之罚锾监禁或罚锾监禁两科之法减一半科之。

八、凡发贩或分送不论何种印刷物件，如该物件并未印明印刷人之姓名及印刷所所在者，即以犯法论。凡违犯本条者，即依本律本章第六条之罚锾，或监禁，或罚锾监禁两科之法科之。并将所有无印刷人姓名及印刷所所在之各该印刷物件充公或销毁，亦不问该印刷物件之可否印刷。

九、凡印刷人印刷各种印刷物件，即按件备两份呈送印刷所在之巡警衙门，该巡警衙门即以一份存巡警衙门，一份申送京师印刷注册总局。凡违犯本条者，所科罚锾不得过银五十元，监禁期不得过一个月，或罚锾监禁两科之。

十、凡违犯以上所载各条至第二次，即依以上所载各科条加倍科之。自此即依上文所载各科条，按所犯次数，递加所科倍数，甚或加至四倍以外。

第三章　记载物件等

一、所谓记载物件者，或定期出版，或不定期出版，即新闻丛录等，依本律名目，谓之记载物件。

二、凡印刷或发卖或贩卖或分送各种记载物件，而该记载物件并未遵照本律所条向京师印刷注册总局注册者，即以犯法论。凡违犯本条者，即依本律第二章第二条科之。

三、凡欲以记载物件出版发行者，可向出版发行所在之巡警衙门呈请注册，其呈请注册之呈预备两份，并各详细叙明记载物件之名称，或定期出版，或不定期出版，出版发行人之姓名籍贯及住址，出版发行所所在，有股可分分利人之姓名籍贯及住址，及各种经理人之姓名住址。

四、各该巡警衙门收到此种呈请注册之呈后，即查明呈内所叙情形，各种列名人之行状及所担负之责任。如该巡警衙门以为适当，即并同原呈一份申报于京师印刷注册总局，并以申报总局之日为该件注册之日。凡此种呈请注册事件，为巡警衙门所批斥不准者，各该巡警衙门仍当依本律第二章第三条办理。凡各该巡警衙门申报此种呈请注册事件于京师印刷注册总局时，即将准注册与不准注册之情由，明白牌示具呈人知之。

五、与本律第二章第四条同。

六、凡记载物件之注册费，与本律第二章第五条所载之印刷人等注册费一律。

七、经理记载物件出版之人，须将所出版发行之记载物件，每件备两份，呈送于发行所在之巡警衙门，并同时由邮局禀呈一份于京师印刷注册总局。凡违犯本条者，即援照本律第二章第九条科之。

第四章　毁谤

一、凡印刷物件上关系毁谤者，即照下开各条办理。

二、所谓毁谤者有三：（甲）普通毁谤，（乙）讪谤，（丙）诬诈。

三、普通毁谤者，是一种毁谤个人的表揭，或书写，或版印，或另用其他各法，令人阅而憎其人，恶其人，甚或其人因此而失官爵，失专业，或失其他各种生业。

四、讪谤者，是一种惑世诬民的表揭，令人阅之有怨恨或侮慢，或加暴行于皇帝皇族或政府，或煽动愚民违背典章国制，甚或以非法强词，又或使人人有自危自乱之心，甚或使人彼此相仇，不安生业。

五、诬诈者，是一种陷人的口语，或已出版，或借出版相恫吓，或挟以为可以不出版向人要求财物等是也。

六、下开诸色人等，均于毁谤中有关法案者：（甲）作毁谤之人，（乙）印刷毁谤之人，（丙）谤件出版所之主人，（丁）谤件出版所之经理人，（戊）谤件之发卖人贩卖人或分送人。但本条所列之三种人，均须知情者。

七、关于普通谤者，可以民法刑法处分之。

八、凡依民事诉讼被谤情形，该诉人不必证明因谤而受损害，但须证明是谤非谤，俾承审官可依是非轻重决案，或判予被谤人若干偿金。

九、凡依民事诉讼被谤，而案经决定者，可以原案另依刑事诉讼，而业经决定者，不得再以原案依民事诉讼诉之。

十、无论以民法或刑法控诉普通谤于问案衙门，可准被控诉者将被控诉之情形证明实在以为非谤。无论事涉官事，事涉私事，要之所陈之词，须静候问官以为适当与否，事关公益及应刊布与否。

十一、依刑事诉讼控告被普通谤，而被告证明所控事件，并非有意挟嫌，甚或以原告并未因此损害为词，则问官可以被告所答之词为直。然此等案情，如依民事诉讼法，则被告所对之词，问官不得遽以为直，惟可因此等实在情形而减轻原告所要求之偿金。

十二、凡以刑事诉讼控告普通谤讪，如控告之人系职官，且照定例，控告人有权可以审判此等案件者，又控告人之官阶较崇于问官，且有权可以命令之者，均须禀请本管之省抚办理。要而言之，控告人不得为问官，亦不得依官而向属官控告，如欲控告，必须向官阶较崇一级之官控告。即上控事件，亦依此类推。倘有官员擅违此制，被告可向京师印刷注册总局申诉。该总局即当据请商部会奏朝廷，察酌办理。

十三、遇有讪谤情形，不论军民人等，均应尽国民义务，将讪谤情形向最近之地方官报告，或报告于本辖官长。无论何种讪谤，如报告于地方官长，各该官长即可权衡其事，将一干人逮捕，并将所有各该讪谤物件查封，一面即将办理情形申报于本省督抚。各该督抚，接到此等申报后，即行按照情形，查明实在，如果以为适当，即派干事员开堂，将一干人提讯。

十四、凡讪谤事件审实惩办后，即将所有讪谤物件，按所犯轻重，或充公，或销毁，或发还，由问官临时定夺。

十五、凡记载物件，如审实有讪谤情形，除按上文所载各条办理外，所有印刷人、资本人或经理人等，即不得再以印刷及记载物件等为业。

十六、凡犯讪谤事件审实后，即依本律办理，并不依他人所犯论罪。

十七、凡违犯上文所解说各条而审实者，依下开科判：

甲、凡科普通谤案，罚锾不得过银一千元，监禁不得过二年，或罚锾监禁两科之。

乙、凡科讪谤案，罚锾不得过五千元，监禁期不得过十年，或罚锾监禁两科之。

十八、凡再犯案件，即以初犯所科加倍科之。

十九、凡各种记载物件之经理印刷人，如曾经审实犯有讪谤案一次，普通谤案二次，或合伙诬诈案者，则各该人等所营业之记载物件，大清邮政局可不为邮递，或另由定案地方之督抚审酌办理。凡记载物件之经理人、资本人、印刷人等，凡隶我法权而犯讪谤者，则获著作人或分送人审讯讯办后，大清邮政局将此等记载物件不为邮递。

第五章　教唆

凡他人之著作，或出版印刷，或录入记载物件内，因而公布于世，致酿成非法之事者，不论所酿成之事为犯公法为犯私法，各该著作人俱依临犯不在场之从犯论。如此等著作尚未酿成犯法之事，即将著作人依所犯未遂之从犯论。

第六章　时限

一、凡一切文书图画，或系书写，或系印刷，或用汉文，或用其他各文字而发行或销售于皇朝一统版图者，在律即有治理之权。

二、本律奏奉朱批后，由京师印刷注册总局颁行，满六个月之后，即切实施行。

（三）《报章应守规则》

光绪三十二年，巡警部以报律颁布需时，乃先撮举大纲，订定《报章应守规则》九条，令报界遵守。报律颁布后，此规则即行收回。兹照录如下：

一、不得诋毁宫廷；

二、不得妄议朝政；

三、不得妨害治安；

四、不得败坏风俗；

五、凡关外交内政之件，如经该管衙门传谕报馆秘密者，该报馆不得揭载；

六、凡关涉词讼之案，于未定案以前，该报馆不得妄下断语，并不得有庇护犯人之语；

七、不得摘发人之隐私，诽谤人之名誉；

八、记载有错误失实，经本人或有关系人声请更正者，即须速为更正；

九、除已开报馆之外，凡欲开设者，皆须来所呈报批准后，再行开设。

（四）《大清报律》

《大清报律》实脱胎于日本报纸法，由商部拟具草案，巡警部略加修改，于光绪三十三年十二月，由民政部法部会奏，交宪政编查馆议复后，奉旨颁布。但各报馆延不遵行，外人所设者尤甚。宣统二年，由民政部再加修改，交资政院议复后，请旨颁布。民国成立后，各省尚有援用此律，以压制舆论者。迨报纸条例颁布，始失效力。兹照录如下：

第一条　凡开设报馆发行报纸者，应开具下列各款，于发行二十日以前，呈由该管地方官衙门申报本省督抚，咨民政部存案：

一、名称，二、体例，三、发行人、编辑人及印刷人之姓名、履历及住址，四、发行所及印刷所之名称及地址。

第二条　凡充发行人、编辑人及印刷人者，须具备下列要件：

1 年满二十岁以上之本国人，2 无精神病者，3 未经处监禁以上之刑者。

第三条　发行编辑得以一人兼任，但印刷人不得充发行人或编辑。

第四条　发行人应于呈报时分别附缴保押费如下：每月发行四

回以上者，银五百元；每月发行三回以下者，银二百五十元。其专载学术、艺事、章程、图表及物价报告等报，确系开通民智，由官鉴定，认为无庸预缴者，亦同。

第五条　第一条所列各款，发行后如有更易，更于二十日以内重行呈报。发行人有更易时，在未经呈报更易以前，以代理人之名义发行。

第六条　每号报纸，均应载明发行人、编辑人及印刷人之姓名、住址。

第七条　每日发行之报纸，应于发行前一日晚十二点钟以前，其月报、旬报、星期报等类均应于发行前一日午十二点钟以前，送由该管巡警官署或地方官署，随时查核，按律办理。

第八条　报纸记载失实，经本人或关系人声请更正，或送登辨误书函，应即于次号照登。如辨误字数过原文二倍以上者，准照该报普通告白例，计字收费。更正及辨误书函，如措词有背法律或未书姓名住址者，毋庸照登。

第九条　记载失实事项，由他报转抄而来者，如见该报自行更正或登有辨误书函时，应于本报次号照登，不得收费。

第十条　诉讼事件，经审判衙门禁止旁听者，报纸不得揭载。

第十一条　预审事件，于未经公判以前，报纸不得揭载。

第十二条　外交海陆军事件，凡经该管衙门传谕禁止登载者，报纸不得揭载。

第十三条　凡谕旨章奏，未经阁钞、官报公报者，报纸不得揭载。

第十四条　下列各款，报纸不得揭载：诋毁宫廷之语，淆乱政体之语，扰害公安之语，败坏风俗之语。

第十五条　发行人或编辑人，不得受人贿属，颠倒是非。发行人或编辑人，亦不得挟嫌诬蔑，损人名誉。

第十六条　凡未照第一条呈报，遽行登报者，该发行人处十元以上一百元以下之罚金。

第十七条　凡违第二、三条及第五条之第一项与第六、七条者，该发行人处三元以上三十元以下之罚金。

第十八条　呈报不实者，该发行人处五元以上五十元以下之罚金。

第十九条　第四条末项所指各报，其记载有出于范围以外者，该编辑人处五元以上五十元以下之罚金。

第二十条　违第八条第一项及第九条者，该编辑人经被害人呈诉讯实，处三元以上三十元以下之罚金。

第二十一条　违第十、第十一条者，该编辑人处十元以上一百元以下之罚金。

第二十二条　违第十二、第十三条及第十四条者，该发行人编辑人处二十日以上六月以下之监禁，或二十元以上二百元以下之罚金。

第二十三条　违第十四条第一、二、三款者，该发行人、编辑人、印刷人处六月以上二年以下之监禁，附加二十元以上二百元以下之罚金；其情节较重者，仍照刑律治罚。但印刷人实不知情者，免其处罚。

第二十四条　违第十五条第一项者，该发行人编辑人经被害人呈诉讯实，照所受贿之数，加十倍处以罚金；仍究其致贿人，与受同罪。

第二十五条　违第十五条第二项者，该发行人编辑人经被害人呈诉讯实，处二十元以上二百元以下之罚金。

第二十六条　违第十五条者，除按照前两条处罚外，其被害人得视情节之轻重，由发行人编辑人赔偿损害。

第二十七条　违第十二条、第十三条、第十四条第四款者,得暂禁发行。

第二十八条　暂禁发行者,日报以七日为度;其余各报,每月发行四回以上者,以四期为度,三回以上者,以三期为度。

第二十九条　违第十四条第一、二、三款者,永远禁止发行。

第三十条　违第十二条致酿生事端者,得照上条办理。

第三十一条　呈报后,延不发行,或发行后中止逾两月者,如不声明原委,即作为自行停办。

第三十二条　违犯本律所有应科罚金及讼费,逾十日不缴者,得将保押费扣充,不足再行追缴,仍令补足保押费原数。

第三十三条　禁止发行及自行停办者,准将保押费领还,注销存案。

第三十四条　凡于报纸内撰发论说纪事,填注名号者,不问何人,其责任与编辑人同。

第三十五条　报纸以代理人之名义发行时,即由代理人担其责任。

第三十六条　除第一条第三款及前两条所指各人外,所有报馆出资人及雇用人等,应均无涉。

第三十七条　凡照本律呈报之报纸,由该管衙门知照者,所有邮费、电费,准其照章减收,即予邮送递发。其未经按律呈报接有知照者,邮政局概不递送,轮船火车亦不为运寄。

第三十八条　凡论说纪事,确系该报创有者,得注明不许转登字样,他报即不得互相抄袭。

第三十九条　凡报中附刊之作,他日足以成书者,得享有版权之保护。

第四十条　凡在外国发行报纸,犯本律应禁发行各条者,禁止其在中国传布,并由海关查禁入境。如有私行运销者,即入官销毁。

第四十一条 凡违犯本律者,不得用自首减轻、再犯加重、数罪俱发从重之例。

第四十二条 凡违犯本律者,其呈诉告发期间,以六个月为断。

第四十三条 本律自奏准奉旨文到之日起,限两个月,各直省一律通行。

第四十四条 本律施行前,发行之报,均应于三个月内遵照补报,并按数补缴保押费。

第四十五条 本律施行以后,所有前订报馆条规,即行作废。

附奏折:

(一)光绪三十三年十二月民政部法部会奏:"窃维报馆之设,原以开通风气,提倡公论为主,其言论所及,动与政治风俗相关。东西各国,主持服务者,大都为政界知名之士,而政府亦复重视报纸,借以观众意之所归。惟是言论过于自由,则又不能免越检逾闲之虑,故各国皆有新闻条例之设,用以维持正议,防制讹言,使舆论既有所发抒,而民听亦无淆惑,意至善也。中国报界,萌芽伊始。京外各报,渐次增设。其间议论公平,宗旨纯正者,固自不乏;而发行渐多,即不免是非杂出。若不详定条规,申明约束,深恐启发民智之枢机,或为借端牟利惑世诬民者所波累,而正当之报纸,转不足以取信于士民。臣部前于光绪三十三年七月二十八日,将报馆暂行条规缮单具奏,当经声明报律现正会同改订,一俟编纂就绪,即请奏定颁行等语,钦奉谕旨允准在案。查此项报律,先经原设商部拟具草案,由原设巡警部酌为修改,共成四十六条。当以事关法律，非详加讨论，不易通行。且以京外报馆，由洋商开设者，十居六七，即华商所办各报，亦往往有外人主持其间。若编定报律，而不预定施行之法，俾各馆一体遵循，诚恐将来办理纷歧，转多窒碍。迭经咨商外务部，体察情形，妥为核覆。旋准覆称，各项法律，正在修订之际，尚未悉臻完备，若将此项报律遽为订定，一时恐难通行，似应暂从缓议等因。用是审慎迟回，未敢率行定议。嗣经中外臣工先后条陈催促，仰蒙训示，饬令妥订施行。臣等亦以报章流弊渐滋，不可不亟为防闲之计，故先将该律草案，摘要删繁，拟成暂行条规，奏明试办。一面复调查各国通例，参照内地情形，就原案四十六条斟酌再三，稿成屡易，现经奉旨饬令迅速妥订，毋再延缓，自应钦遵办理。臣善耆臣鸿慈，于会议政务期间，面与外务部堂官悉心筹议，参考中西，务期宽严得中，放之皆准，以为推行尽利之地。并经外务部将英使译送香港新定报律各款，于十一月二十五日钞送查阅。臣等查核该律内称，无论何项人等，凡在香港境内印刷售卖或分送各项报章书籍及一切报告说帖，其宗旨在摇惑中国人心，酿成变乱，或使人民因此犯罪于中国者，得处二年以下之监禁，或五百元之罚金等语。按诸现定各款，亦大略相仿，无甚参差。将来颁布施行，纵令有意外之交涉，亦可援引此照以为抵制徇庇之计，节经反复讨论，意见相同。谨将改定草案四十二条，缮具清单，恭呈御览。拟请饬下宪政编查馆，照章考核，详旨钦定颁行，一体遵守。庶几甲令所布，不致成为具文，而一切邪说横议，仍不禁而自止矣。"

（二）宪政编查馆奏："光绪三十三年十二月十五

日，准民政部咨称，本部会同法部具奏，订拟报律草案，请旨饬下宪政编查馆考核，奏定施行，以资遵守一折。光绪三十三年十二月十三日奉旨，依议钦此，遵抄录原奏，并清单前来。臣等查阅原奏，示谠论之准绳，杜诋之隐患，用意至为美善。窃维环球各国，莫不注重报纸，凡政府之命令，议院之裁决，往往经报纸之赞成，始得实行无阻。英且与贵族、牧师、平民列入四大阶级之一，良以报纸之启迪新机，策励社会，俨握文明进步之枢纽也。然利之所在，弊亦随之。激扬清浊，不无代表舆论之功；颠倒是非，实滋淆惑民听之惧。以故各国俱特设专例，为之防闲。如俄罗斯、瑞士、挪威并明定于刑法或违警罪中，而俄之钤束为尤烈。中国报界知识，甫经萌蘖。际兹预备立宪之时，固宜广为提倡，以符言论自由之通例，而横言泛滥，如川溃防，亦宜严申厉禁，以正人心而昭公是。检阅原案四十二条，盖折衷于日本新闻条例，酌加损益，尚属周密。惟第十四条第一款之诋毁官廷，第二款之淆乱政体，第三款之扰害公安，皆侵入刑律范围。现在逆党会匪，窜伏东南洋一带，潜图窃发。方且借报纸之风行，逞狂言之鼓吹。此等情形，久已上烦宸廑。如照原案第二十一条第二十二条之例，仅处二十日至二年之监禁，附加二十元至百元之罚金，殊嫌轻纵，似仍应分别情节轻重办理，臣等共同酌拟，请将原案第二十二条改为'违第十四条第一款至第二款者，该发行人、编辑人、印刷人科六月以上二年以下之监禁，附加二十元以上二百元以下之罚金，其情节较重者，仍照刑律治罪'。其余各条，亦多详加修补，悉心改正，厘为四十五条。敬谨缮具清单，恭呈御览。如蒙俞允，拟请饬下民政部通饬各省，一体遵行。"

（三）宣统二年八月资政院奏："窃查资政院章程第十五条内载，前条所列第一至第四各款议案，应由军机大臣或各部行政大臣，先期拟定具奏请旨，于开会时交议等语。宪政编查馆复核民政部酌拟修正报律一案，于本年八月二十三日具奏，请交臣院议决，奏请钦定颁行。旋由军机处遵旨交出宪政编查馆原奏及清单各一件。臣院照章，将前项修正报律一案，列入议事日表。初读之际，宪政编查馆皆经派员说明该案主旨，当付法典股员会审查。该股员会一再讨论，提出修正案，于再读之际，将原案与修正之案，由到会议员逐条会议，并经部派员就该案主旨屡行发议，反复辩论。嗣于三读之际，即以再读之议决案为议案，多数议员意见相同，当场议决。查此项修正报律，民政部会奏草案，原系改订四十一条，另辑附条四条。经宪政编查馆于文义未协之处，逐条厘正，定为律文四十条，别为附条五条。现在修正议决，核与民政部原拟草案意义字句，互为增损，都凡三十八条，又附则四条，查照院章，即由臣院主稿，咨请军机大臣及民政部会同具奏。旋准军机大臣咨称，该律第十一条、第十二条确有与现行法律抵触，并施行窒碍之处，仍行提出修正案，并声叙原委事由，送交复议等因到院。续由臣院开会，将该律修正之处，逐条议决。除第十一条与军机大臣修正之处并无异议外，其第十二条军机大臣修正原文，为'外交陆海军事件，及其他政务，经该管官署禁止登载者，报纸不得登载'。而臣院议决此条，将政务二字改为政治上秘密事件，故与原文略有不同。复准军机大臣复称，揆之事理，仍多未便，惟有分别具奏等因前来。查院章第十八条载，资政院于军机大臣咨复事件，若仍执前议，应由总裁、副总裁及军机大臣分别具奏，各陈所见等语。是此项报律第十二条，既经军机大臣声叙原委事由，咨送复议，臣院第二次议决，所见仍复有殊，自应汇入前次议决各条，缮具清单，遵章分别具奏，恭候圣裁。一俟命下，再由民政部通行各省，一体遵照办理。"

（四）军机大臣奏："窃臣等于宣统二年八月二十三日议复民政部修正报律案，请旨交资政院议决一折，钦奉谕旨，著依议钦此。遵将修正报律案及理由书，咨送资政院切议，并派员随时到会发议。当经议决，咨请会奏前来。臣等复查该院修正颇多，就中关于第十一条登载损害他人名誉之语，第十二条登载外交陆海及政治上秘密事件二条，臣等以为关系人民权利及国家政务者甚大，该院议决案实与现行法律抵触，并有施行窒碍之处，未便遽以为然。当即遵照资政院院章第十七条，酌加修正，将第十一条规定为损害他人名誉之语，报纸不得登载，但专为公益不涉阴私者，不在此限；第十二条规定为外交陆海军事件及其他政务经该管官署禁止登载者，报纸不得登载等语，咨送复议去后。兹据复称，第十一条已照提出修正条文议决，而第十二条未得赞成，改为外交陆海军事件及其他政治上秘密事件，经该管官署禁止登载者，报纸不得登载，咨请会奏前来。臣等查漏泄机密，惩罚宜严。现行刑律载，如漏泄机密重事于人绞。新刑律分则第五章，于漏泄机务罪，各有专条。如第一百二十九条，凡漏泄中国内治外交应秘密之政务者，处三等至五等有期徒刑各等语。谓之机密重事，即不限于外交军事，谓之内政，即包括其他政务。此项漏泄机务之罪，按以新刑律法例第二条之规定，虽外国人有犯，均应同一科罚，亦不问其曾经由该管官署禁止。诚以政务之秘密，为国家安危所系，故中外刑律，均严定科条，所以预防机务之漏泄，与外交军事同一重视，并无轩轾于其间也。至修正报律第十二条所称外交陆海军事件及其他政务，悉指通常关系外交陆海军事件及其他通常政务而言，官署认为必要，始而从而禁止其登载，若事涉机密，当然不得登载，本毋庸再由官署禁止。窃以报律虽为单行法津，究不能过侵刑律之范围。若辄以言论之自由，破坏刑律之限制，揆诸立法体例，未免多所歧纷。今资政院复议报律修正案第十二条，于外交军事之秘密认为报纸当然不得登载，而于政务上之秘密，仍执前议，似认为当然有登载之自由；违犯禁止登载之命令者，又仅处以罚金。是于保持政务机密之意，实有未合，即与刑律限制之条，互相抵触。若于该院复议施行，恐于国家政务之前途，殊多危险。查资政院章第十八条，资政院于军机大臣或各部行政大臣资送复议事件，若仍执前议，应由资政院总裁副总裁及军机大臣各部行政大臣，分别具奏，各陈所见，恭候圣裁等语。臣等为慎重政务防泄机密起见，谨遵章分别具奏，并将修正报律第十二条原文缮单，恭候钦定。至其余各条，臣等均无异议。一俟命下，即由臣等通行京外一体钦遵。"

宣统二年十二月二十九日谕旨："资政院奏，议决修正报律呈览，请旨裁夺一折。又据军机大臣会同民政部奏，复议报律第十二条施行窒碍，照章分别具奏一折。报律第十二条之其他政治上秘密事件，著改为其政务字样，余依议。"

（五）《民国暂行报律》

民国元年三月，南京政府内务部以前清报律未经民国政府声明继续有效，应即废止，而民国报律又未颁布，故暂定报律三章，令报界遵守。全国报界俱进会当电孙中山，表示反对。孙立饬内务部取消，大致谓："案言论自由，各国宪法所重。善从恶改，古人以为常师。自非专制淫威，从无过事摧抑者。该部所布暂行报律，虽出补偏救弊之苦心，实昧先后缓急之要序。使议者疑满清钳制舆论之恶政，复见于今，甚无谓也。又民国一切法律，皆当由参议院议决宣布，乃为有效。该部所布暂行报律，即未经参议院议决，自无法律之效力，不得以暂行二字，谓可从权办理。寻绎三章条文，或为出版法所必载，或为宪法所应稽，无所特立报律，反形裂缺。民国此后应否设置报律，及如何订立之处，当俟国民会议决议，勿遽亟亟可也。"兹将报律三章，照录如下：

（一）新闻、杂志已出版及今后出版者，其发行及编辑人姓名，须向本部呈明注册，或就近地方高级官厅呈明，咨部注册。兹定自令到之日起，截至阳历四月初一日止，在此限期内，其已出版之新闻、杂志各社，须将本社发行及编辑员姓名呈明注册；其以后出版者，须于发行前呈明注册，否则不准其发行。

（二）流言煽惑，关于共和国体有破坏弊害者，除停止其出版者，其发行人、编辑人并坐以应得之罪。

（三）调查失实，污毁个人名誉者，被污毁人得要求其更正。要求更正而不履行时，经被污毁人提起诉讼时，得酌量科罚。

（六）《报纸条例》

《报纸条例》系民国三年四月袁世凯所制定，由国务总理孙宝琦、内务总长朱启钤之副署而公布也。民国四年七月，又加修改，以国务卿徐世昌之副署而公布之。盖一种命令式之法律也。兹照录如下：

第一条 用机械或印版及其他化学材料印刷之文字图画，以一定名称继续发行者，均为报纸。

第二条 报纸分下列六种：一、日刊，二、不定期刊，三、周刊，四、旬刊，五、月刊，六、年刊。

第三条 发行报纸，应由发行人开具下列各款，呈请该管警察官署认可：一、名称，二、体例，三、发行时期，四、发行人、编辑人、印刷人之姓名、年龄、籍贯、履历、住址，五、发行所、印刷所之名称、地址。警察官署认可后，给予执照，并将发行人原呈及认可理由，呈报本管长官，汇呈内务部备案。

第四条 本国人民年满二十岁以上，无下列情事之一者，得充报纸发行人、编辑人、印刷人：一、国内无住所或居所者，二、精神病者，三、褫夺公权尚未复权者，四、海陆军军人，五、行政司法官吏，六、学校学生。

第五条 编辑人、印刷人不得以一人兼充。

第六条 发行人应于警察官署认可后，报纸发行二十日前，依下列各款规定，分别缴纳保押费：一、日刊者三百五十元，二、不定期刊者三百元，三、周刊者二百五十元，四、旬刊者二百元，五、月刊者一百五十元，六、年刊者一百元。在京师及其他都会商埠地方发行者，加倍缴纳保押费。专载学术、艺事、统计、官文书、物价报告之报纸，得免缴保押费。保押费于禁止发行或自行停版后还付之。

第七条 第三条所列各款，于呈请警察官署认可后，有变更时，应于十日内另行呈请认可。

第八条 每号报纸，应载明发行人、编辑人、印刷人之姓名、住址。

第九条 每号报纸，应于发行日递送该管警察官署存查。

第十条 下列各款，报纸不得登载：一、淆乱政体者，二、妨害治安者，三、败坏风俗者，四、外交、军事之秘密及其他政务经该管官署禁止登载者，五、预审未经公判之案件及诉讼之禁止旁听者，六、国会及其他官署会议，按照法令禁止旁听者，七、煽动、曲庇、赞赏、救护犯罪人、刑事被告人或陷害刑事被告人者，八、攻讦个人阴私，损害其名誉者。

第十一条 在外国发行之报纸，有登载第十条第一款至第三款之事件者，不得在国内发卖或散布。

第十二条 报纸登载错误，经本人或关系人开具姓名住址事由，请求更正，或将更正辩明书请求登载者，应于次回或第三回发行之报纸照登。登载更正或更正辩明书，其字形大小，次序先后，须与错误原文相同。更正辩明书逾原文二倍者，得计所逾字数，照该报告白定例收费。更正辩明书有违背法令者，不得登载。

第十三条 登载错误事项，由他报抄袭而来者，虽无本人或关系人之请求，若经原报更正或登载更正辩明书后，应于次回或第三回发行之报纸，分别登载，但不得收费。

第十四条 论说译著，系一种报纸之所创，有注明不许转载者，他报不得抄袭。

第十五条 不照第三条第七条之规定，呈请认可发行报纸者，科发行人二百元以下二十元以上之罚金，至呈报之日止，停止其发行。呈报不实者，科发行人二百元以下二十元以上之罚金，至呈报更正之日止，停止其发行。

第十六条　不具第四条第一项之资格，或有第四条第一项各款情事之一，充发行人、编辑人、印刷人者，科发行人以一百元以下十元以上之罚金，其编辑人、印刷人诈称者同。

第十七条　不照第六条规定，缴纳保押费，发行报纸者，科发行人以一百元以下十元以上之罚金，至缴足保押费之日止，其停止发行。

第十八条　第六条第三项所指各报，其登载事件，有出于范围外者，科编辑人以五十元以下五元以上之罚金。

第十九条　违第八条第九条之规定者，科发行人以五十元以下五元以上之罚金。

第二十条　发行人于呈请认可领取执照后，逾两个月不发行报纸，或发行后中止逾两个月，而不声明理由者，取消其认可，并注销执照。

第二十一条　第十五条至第十九条之罚金，及停止其发行之处分，由该管警察官署判定执行之。罚金处分，自该管警察官判定之日起，逾十日不缴纳者，将保押费抵充，不足者仍行补缴。保押费已被抵充罚金者，该发行人应于接到该管官署命令后，十日以内，补缴或补足保押费。违者至补缴或补足之日止，该管警察官署得以命令停止其发行。

第二十二条　登载第十条第一款之事件者，禁止其发行，没收其报纸及营业器具，处发行人、编辑人、印刷人以四等或五等有期徒刑；但印刷人实不知情者，免其处罚。

第二十三条　登载第十条第二款至第七款之事件者，停止其发行，科发行人、编辑人以五等有期徒刑。前项停止发行，日刊者停止十日以上；一月以下不定期刊、周刊、旬刊、月刊者，停止二次以上十次以下；年刊者停止一次。

第二十四条　登载第十条第八款之事件，经被害人告诉者，科编辑人以二百元以下二十元以上之罚金。前项之登载，若编辑人系受人嘱托者，科嘱托人以编辑人同等之罚金。前项之嘱托有贿赂情事者，按照贿赂之数，各科十倍以下之罚金，并没收其贿赂。前项贿赂十倍之数不满二百元者，仍各科二百元以下之罚金。

第二十五条　违第十一条之规定，发卖或散布外国报纸者，科发卖人或散布人以二百元以下二十元以上之罚金，并没收其报纸。

第二十六条　违第十二条第一项第二项或第十三条之规定，经被告人告诉者，科编辑人以五十元以下五元以上之罚金。

第二十七条　违第十四条之规定，抄袭他报之论说、译著，经被害人告诉者，科编辑人以五十元以下五元以上之罚金。

第二十八条　第二十二条至第二十七条之处罚，由司法官署审判执行之。

第二十九条　报纸内撰登论说记事填注名号者，其责任与编辑人同。

第三十条　本条例施行前所发行之报纸，应按照本条例第三条之规定，补行呈请该管警察官署认可，并按照第六条之规定，补缴保押费。

第三十一条　本条例施行前所发行之报纸，其发行人有本条例第四条情事之一者，由该管警察官署禁止其发行。编辑人、印刷人有本条例第四条情事之一者，由发行人另行聘雇，呈请该管警察官署认可。违反一项规定者，至另行聘雇呈请认可之日止，由该管警察官署停止其发行。

第三十二条　应受本条例各条之处罚者，不适用刑律自首减轻、再犯加重、数罪俱发之规定。

第三十三条　关于本条例之公诉期限，以六个月为断。

第三十四条　本条例所定属于警察官署权限之事项，其未设警察官署地方，以县知事处理之。

第三十五条　本条例自公布日施行。

（七）《出版法》

《出版法》系民国三年十二月五日袁世凯所制定，由国务卿徐世昌之副署而公布者，其中第十一条所列各款，与报纸最有关系，动辄得咎，非常危险。《报纸条例》废止后，政府当局仍袭用其精神，而所谓《出版法》之运用，彼辈尤视为非常便利。如《国民公报》等之被封，皆援引此法者也。民国十五年一月二十九日，因北京报界之要求，政府下令废止。兹照录如下：

第一条　用机械或印版及其他化学材料印刷之文书图画出售或散布者，均为出版。

第二条　出版之关系人如下：一、著作人，二、发行人，三、印刷人。著作人以著作者及有著作权者为限；发行人以贩卖文书图画为营业者为限，但著作人及著作权承继人得兼充之；印刷人以代表印刷所者为限。

第三条　出版之文书图画，应将下列各款记载之：一、著作人之姓名、籍贯；二、发行人之姓名、住址及发行之年、月、日；三、印刷人之姓名、住址及印刷之年、月、日，其印刷所有名称者，并其名称。

第四条　出版之文书图画，应于发行或散布前，禀报该管警察官署，并将出版物以一份送该官署，以一份经由该官署送内务部备案。官署或国家他种机关及地方自治团体机关之出版，应送内务部备案。但其出版关于职权内之记载或报告者，不在此限。

第五条　前条之禀报，应由发行人及著作人联名行之，但非卖品得由著作人或发行人一人行之。其不受著作权保护之文书图画，得由发行人申明理由行之。

第六条　以学校、公司、局所、寺院、会所之名义出版者，应用该学校等名称禀报。

第七条　以无主之著作发行者，应预将原由登载官报，俟一年内无人承认，方许禀报。

第八条　编号逐次发行或分数次发行之出版物，应于每次发行时禀报。

第九条　已经备案之出版物，于再版时，如有修改增减或添加注释，插入图画者，应依第四条之规定，重行禀报备案。

第十条　凡信柬、报告、会章、校规、族谱、公启、讲义、契券、凭照、号单、广告、照片等类之出版，不适用第三条、第四条之规定，但遇有违反第十一条、第十二条之规定时，仍依本法处理之。其仿刻照印古书籍金石载在《四库书目》或经教育部审定者，适用前项之规定。

第十一条　文书图画有下列各款情事之一者，不得出版：一、淆乱政体者；二、妨害治安者；三、败坏风俗者；四、煽动曲庇犯罪人、刑事被告人或陷害刑事被告人者；五、轻罪重罪之预审案件未经公判者；六、诉讼或会议事件之禁止旁听者；七、揭载军事外交及其他官署机密之文书图画者，但得该官署许可时，不在此限；八、攻讦他人阴私，损害其名誉者。

第十二条　在外国发行之文书图画，违犯前条各款者，不得在国内出售或散布。

第十三条　依第十一条禁止出版之文书图画，及依第十二条禁止出售或散布之文书图画，有出版或出售散布者，该管警察官署认为必要时，得没收其印本及其印版。

第十四条　违反第三条、第四条、第八条、第九条之规定者，处发行人以五十元以下五元以上之罚金。

第十五条　违反第十一条第一款、第二款者，除没收其印本或印版外，处著作人、发行人、印刷人以五年有期徒刑或拘役。

第十六条　违反第十一条第三款至第七款者，除没收其印本或印版外，处著作人发行人以一百五十元以下十五元以上之罚金。

第十七条　违反第十一条第八款，经被害人告诉时，依刑律处断。

第十八条　违反第十二条者，依第十五条、第十六条、第十七条处罚。

第十九条　依第十三条、第十五条、第十六条应没收之印本或印版，依其体裁，可为分别时，得分割其一部分没收之。

第二十条　应受本法之处罚者，不适用刑律累犯罪、俱发罪暨自首之规定。

第二十一条　关于本法之公诉期间，自发行之日起，以一年为限。

第二十二条　本法所定属于警察官署权限之事项，其未设警察官署地方，以县知事处理之。

第二十三条　本法自公布日施行。

上海报纸发达之原因，《上海闲话》中曾言之。谓："全国报纸，以上海为最先发达，故即在今日，亦以上海报纸为最有声光。北京称上海报为南报，而广东及香港、南洋群岛称上海报为沪报。凡事未经上海报纸登载者，不得作为征实，此上海报纸足以自负者也。虽然，此等资格，报纸自身造成之欤，抑别有假借欤？以吾人平心论之：（一）历史上之地位，则上海为全国之先导是也。（二）交通上之地位，则水陆交会，传达消息灵便是也。（三）大商埠之地位，则上海一隅为全国视线所集，因别种关系，而报纸亦随以见重于此是也。惟以上三者，第一层所得之历史资格，则上海各报其初均由外人创办，而第二层、第三层之交通商埠，亦何一非外人经营有效之后，而吾国人席其势以谋发展者？是上海报纸发达之原因，已全出外人之赐；而况其最大原因，则以托足租界之故，始得免婴国内政治上之暴力。然则吾人而苟以上海自豪于全国者，其亦可愧甚矣！

虽然，往者中国报纸所言，无非改良内政，故外人对之，如秦人视越人之肥瘠，漠然不加喜戚于心。今国人渐知内政之腐败，与外交大有关系，于是"打倒帝国主义""取消不平等条约"之文字，时见于报端。此种运动，在外人视之，是不啻欲夺其已得之权利，而致其死命，其痛心疾首为如何。民国八年五六月间，上海中国学生与商人，罢课罢市，要求罢免亲日派之阁员。市肆之间，满贴排斥政府之阴谋及日本之侵略手段之文字。工部局乃借口治安大受影响，实缘报纸及印刷品传播之力，乃提出印刷附律于纳税人会议，请求通过。上海书报两业，以此附律侵害言论出版自由，该局亦无此权能，乃组织联合会，起而反对。幸纳税人会议，屡次不足法定人数，故至今尚未通过，但工部局亦未声明撤销。然而如《东方杂志》之《五卅特刊》竟被控告，《民国日报》及《光华书局》竟被查抄，以防止赤化为名，正不必待附律之通过也。吾以其关于上海之言论出版自由者至大，更愿国人早醒言论在租界比较自由之梦，特附述于此，并将提案要点录下：

"改订工部局章程条文内，遗漏报馆给照印书馆给照之章程，为事殊未免重大。工部局应有权以保存治安秩序。观最近学生事件，可见此项风潮，后来遍及中国人间工商各界。最要者，工部局应有权为立刻之处治，不须凭借其他权力，得以阻止意图煽惑或破坏和平之印刷物之刊行。故工部局之意，拟于领事团修正，以备提交纳税人会议之章程中第三十四条附律不准条内，羊字与卖字之中，加入一语云：'或经营印书、石印、雕刻之业或印行新闻纸杂志等字样。'"

工部局嗣以原提案实有错谬之处，立即另提一新修正案如下：

（一）下述附律，当称为第三十四条 A 字附律，请通过："无论何人，如未先从工部局领取执照，不得经营印刷人、石印人、雕刻人之事业。或印刷或发行任何新闻报杂志，或印刷品内载有公共新闻消息或此项范围内之事件者，如系外人，则其所领执照须由其该管国领事副署。工部局关于此项执照，可征收执照费，并颁行纳捐人常会或特别会议所可核准之条例。惟此项条例，于颁行以前，须由领事团批准。无论何人，凡违犯此附律之规定者，当每次予以处分或处以不逾三百元之罚款，或按违者所适用之法律，加以他种处分。无论何人，凡襄助发行或传散任何石印品、雕刻品、新闻纸杂志或他种印刷品，而不于第一页载明印刷者之姓名住址，如不止一页，而不于最后一页亦载明者，当每次予以处分或处以不逾二十五元之罚款，或按其所适用之法律，加以他种处分。"

（二）工部局须先经领事团批准后，得对于经营印刷人、石印人或雕刻人事业，或印刷或发行任何新闻纸杂志或印刷品各种执照，颁行下述条例：（一）执照当陈列于领有执照屋内显明之处；（二）值差巡捕与收捐处人员，可自由入内；（三）领有执照屋内所印任何新闻纸杂志或他种印刷品之名称，须正式注册；（四）领执照者之姓名、住址，须刊明于任何石印品、雕刻品、新闻纸杂志与印刷品之第一页，如不止一页，亦须刊明于最后一页，然后始可发行；（五）领有执照者，或领有执照之屋，不得印刷或石印或雕刻或复制或发行龌龊或淫秽性质之件；（六）领有执照者，或领有执照之屋，不得印刷或石印或雕刻或复制或发行煽乱性质，或其性质足以煽惑致成破坏治安或扰乱秩序者之件；（七）凡任何印刷品、石印品或复制品或发行品,违犯上列第五款第六款者,得由捕房扣留没收之,而领有执照者,得由捕房控告之。如在不安静时,凡违犯上列第六款者,其执照得立即中止之,俟领照者所属之法庭于工部局起诉该领照人时判决应否给还执照,或继续中止,或永远吊销。此外无论在何种情形之下,除先由工部局向领照者所属法庭起诉后,由该法庭判令停发执照若干时期者外,执照不得中止。

言论出版,关系国家政治学术之良窳及进步。愈放任,则进步愈速;愈压抑,则反激愈生。与其采高压主义,致生意外之反抗,无宁采放任主义,使进化于自然。英美之言论出版界最自由,而其结果为最和平最进步。俄国曩者罗曼诺夫朝之言论出版界最束缚,而其结果为最激烈。劳农军之革命,于以成功。即就吾国而论,前清鼓吹革命之报纸,清吏扑灭之不遗余力,然其结果,不特无损革命主义之毫末,反助鼓吹传播之功。袁世凯压抑反抗帝制之言论,而帝制之败亡愈速。此固历验不爽,中外所同者也。鄙意一方面希望除刑律外不另有限制言论出版之法律,或其类似之法律;一方面希望报纸之纪载亦能入正轨,凡揭发个人阴私,为欧美各国社会所不许纪载之材料,力求减少,以至于无,使我国思想学术,得其道而渐进焉。

注释

①民国八年五月,众议员王文璞质问书云:"日来报载北京《益世报》《五七杂志》《救国周刊》均被封禁。并阅警厅布告,准京畿警备总司令部函,以《益世报》登载鲁军人通电一则,认为妨害时机,依律应行封禁。谨按《临时约法》,大总统得依法律宣告戒严。现在大总统并无宣告戒严明令,何以施行戒严法?又立宪国通例,即已宣告戒严,若国会认为无戒严之必要,必须为解严之宣告。是其慎重宣告戒严,即所以慎重人民之自

由也。今该司令竟于未曾宣告戒严之时,而滥用戒严法,谓非破坏《约法》侵害人民自由,谁其信之!"

第十八节　总论

书成而意有未尽,因不惮烦复而再综论之。

（一）

自报纸历史上言之,《邸报》之产生,为政治上之一种需要。汉唐当藩镇制度盛行时,其驻在京师之属官,皆有邸报之发行;其纪载甚简单,无非帝皇诏令、诸臣奏议与官吏升降而已。清初改称《京报》,其性质与前代无异。狭义言之,《邸报》与《京报》不过辑录成文,无评论,无访稿,似不足称为报纸。然当时消息公开传布,惟此类物,则谓其已具报纸之雏形,亦固无可非议也。《邸报》与《京报》之发行,初为朝廷默认之一种事业,有手写者,有木刻者,有活版印刷者。清末下诏预备立宪,方正式发行《政治官报》,为朝廷宣布法令之机关。而当时各省所发行之《南北洋官报》等,且于谕折外,有评论,有新闻,俨然与《民报》相颉颃。官吏有知宣传之利者,或自出资创办报纸,或收买报纸,以为一己之喉舌,此为半官报之滥觞。迨《民报》论调多数转而鼓吹革命,清廷曾于内地厉行封禁,有代以《官报》之意。惜秕政百出,与人民希望相左,辛亥之局既成,非空言所能挽也。

搜集社会发生之事件,以一定时期印行者,自西历一六一五年起,创于德国之《政府报》（*Frankfurter Journal*）,而踵行于欧美各国。后二百年,基督教新教教士东来,师其成法,于一八一五年发行华文月刊,名《察世俗每月统纪传》者,是为我国有正式报纸之始;发端于南洋群岛,流衍于通商口岸,如澳门、广州、香港、厦门、宁波、上海、天津与汉口等地。同时又发行西文报纸,调查中国风土人情,为其国人来华之向导。总之,其目的不外传教与通商二者,以厉行其殖民政策而已。西报之论调,有时似若为我国借箸而筹,实则大半便利私图,为外交上之一种策略;今且利用军阀之争,以鼓吹遏止革新运动,传播国际间之恶空气为事,肆无忌惮,此诚我国仅有之怪现象也。

英美之在华官吏教士,于光绪十三年设广学会于上海,以赞助中国革新相标榜。其最初之手段,在翻译新书,发行杂志,我国人颇受其影响。故中日一战之后,学会纷起,而强学会为尤著。其所发行之《中外纪闻》与《强学报》,主张君宪,实开华人论政之端。戊戌政变后,有志之士,既绝望于朝廷,乃举其积虑,诉诸民众,有以介绍学艺为己任者,有以改良政治为目标者,于是一般对于报纸,不仅单纯的商情观念,而渐有活泼的政治与学艺思想。未几,革命之说起于香港,蔓延于上海,沸腾于东京之留学界,而种族学说,尤单刀直入,举世风靡。虽清廷屡兴文字之狱,而前仆后继,不底于成不止。国人争自由平等博爱之精神,当以此时为极度矣。

共和告成以后,革命之目标失,报纸之论调或主急进,或主缓进,然其望治也尚同。迨经洪宪复辟之祸,受年年军人利诱威胁之蹂躏,舆论颠倒,道德堕落。北京为政治中心,因利津贴而办报者有之,因谋差缺而为记者者有之,怪状尤百出。于是杀记者封报馆之案,亦屡见不一见。自好者流,幡然觉悟,改向本身努力,以求经济之独立。然商业色彩太浓,渐失指导舆论之精神,是其病也。不过自全体言之,欧战以后,报界思想之进步,不可不谓为一线曙光。如对内则有所谓废督裁兵之主张,对外则有所谓废除不平等条约之论调。苟循斯途以进行，则去中华民族自决之期不远矣。

（二）

自报纸内容上言之：同光间之报纸，因受八股盛行之影响，仅视社论为例文。经甲午庚子诸变后，康梁辈之"新民""自强"诸说出，始为社会所重视。革命派之报纸，则以社论为主要材料，执笔者亦一时知名之士；惟其有明确之主张，与牺牲之精神，故辛亥革命乃易于成功耳。当光绪末，宣布预备立宪时，各报均延学律之士主笔政。《时报》创始后，曾于社论外别立时评一栏，分版论断，扼其机枢，与今之模棱两可，不着边际者，截然不同，故能风靡一时。民国初元，报纸之论调，虽以事杂言庞为病，然朝气甚盛，上足以监督政府，下足以指导人民。乃洪宪以后，钳口结舌，相率标榜不谈时政，惟以迎合社会心理为事。其故或以营业为宗旨，不欲开罪于人；或有党派与金钱之关系，不敢自作主张。于是人民无所适从，军阀政客无所顾忌；造成今日之时局，报纸不能不分负其责也。

以新闻言：嘉道间，杂志以教务为主要材料，商务次之，如教士之来去，船只之进出等是。咸同间《日报》踵起，以《京报》为主要材料，《辕门抄》次之，各公署牌示又次之，余为琐闻，然亦以官事为多；严格论之，直翻印之《官报》耳。光绪初，港沪西报渐多，迻译较便，同时两地报纸互相转录，材料乃不虞缺乏。然关系政治问题者，仍不敢登载，故"聊斋"式之社会消息，乃占重要位置。甲午以后，维新运动发生，政治新闻始见进步，各国之新事新物，亦能尽量绍介。自戊戌政变以迄辛亥革命，则篇幅几为政治新闻所独占，外交问题，虽注意而不甚了解。欧战以后，经过巴黎华盛顿诸会议，始稍明了世界大势，而时见有系统之纪载。年来因教育实业之发展，社会新闻已大改观，如教育商务之各有专栏是。然因军事扰攘，仍不免偏重于政治方面也。

以文艺言：初均以诗文戏评为补白之唯一材料，上焉者为斗方名士自矜风雅之场，下焉者则以提倡嫖赌为事，腐气满纸，不堪入目。庚子以后，此栏始稍稍改观，时有关系政治之作。民国以后，虽篇幅大拓，而迄未脱旧日窠臼。欧战以后，世界思潮一变，《时报》别创《教育周刊》以灌输新潮，《晨报》《国民公报》等踵起，于文艺上遂发生一大革命。不过重理论而轻事实，杂志之色彩太浓，未为一般读者所欢迎。近《申报》增设之艺术界，以介绍音乐、绘画与新书为事，新闻为主，议论为辅，渐有改良社会生活之倾向焉。

以广告言：其形式初均若今日之分类栏，其性质亦完全属于商务者。甲午以后，始有学校广告，出版广告亦渐多。《申报》初创时，取价西人广告较华人广告为贵，但以华人殊无登广告之习惯，故不久取消。西人广告因是充满于各报，关于医药化妆品之类，占地又特大，华人尤而效之，于是不道德不信实之广告日多。近年以外交关系，拒登英日广告，英日广告之数量，在外人广告中为最多，各报收入大受影响。然因报纸日见流行，渐得社会之信仰，华人广告已渐增多。凡有公告性质者，几无不以报纸为媒介。不过报纸之营业色彩亦渐重，至将广告登于新闻之中，颇碍读者视线。有时且为广告而滥登不道德不信实之新闻与评语，此则亟宜矫正者也。

（三）

自报纸外观上言之：最初报纸之形式，无论每月出版，或二日以上，几一致为书本式，即以大张发行者，亦分页可以裁订。至光绪末叶，日报尚多如此。盖当时报纸之内容，新闻少而文艺多，直与书籍无异。故报纸常再版出售，而不闻有明日黄花之讥。至《时报》，始废弃书本式，而形式上发生一大变迁。民国成立以后，报纸渐多，形式已归一律，其内容亦新闻日增而文艺日减。舍杂志外，遂不复为保存之便利计矣。

日报创自西人，故形式初亦与西报无异，分每页为四五直栏，其排列由上而下。至《申报》始废直栏，其排列由右而左。至《中外日报》，始分横栏。至《时报》，始分一纸为四大页，即今日通行之形式也。当《时报》初创时，其形式颇为社会所反对，以为面积太大，不便阅览，亦可见习惯之足以囿人也。

　　日报之编制，其初首为论说，亦有无论说者；次为新闻，其题目均为四字成语，逐日更换用之；末为诗文，均杂登一处。至《中外日报》，始分论说、电报、国内外本外埠新闻及文艺诸栏，各报仿而行之，编制始见改良。然同一新闻，常分载于前后数栏，又如沪上各报，年来电报字数激增，但亦以地方为纲，均不免缺乏统一之憾。三年前，《时报》始于电报试加题目，奉直战事起，又将电报与新闻合登，以事实为纲，不为栏所限制。当时报界有非笑之者，今亦渐成各报之通式矣。

　　以印刷言：虽属机械作用，然报纸之进步，亦可于其中见之。嘉道间，报纸多木板印刷；咸同间，始多铅印，但印机甚陋，每小时只印一二百小纸；光宣间，石印机与铅印机输入日多，报纸每日可出数千大张，然所用犹普通之印书机也。近来报纸销数大增，为缩短时间计，乃不得不用印报轮转机，每小时可印四大张者万份。同时为美术上之配置，且有用套色印报输转机者。今因时局傲扰，各报常于最后之数分钟内，竞争消息之先后，则机械方面之改良，尚方兴而未艾也。

　　发行亦有可言者：嘉道间，报纸多系送阅；咸同间，报纸多系挨户乞阅；光宣间，报纸始渐流行，然犹茶余酒后之消遣品也。共和告成以来，报贩渐成专业，派报所林立。近则上海各马路之烟纸店，均有报纸出售，于是报纸有渐与日用品同其需要之趋势矣。

（四）

自报纸统计上言之：我国报纸之发展，其信而有征者，据《时事新报》论载，由嘉庆二十年至咸丰十一年之四十六年中，计有报纸八种，均教会发行[①]，至光绪十二年，增至七十八种。以地域言之，计新加坡一带六种，香港六种，广州二种，台湾、厦门、汕头共五种，福州三种，宁波二种，上海三十二种，汉口五种，九江一种，天津一种，北京一种。以时期言之，计月刊三十六种，周刊八种，日刊一种，余或隔一日、二日、十日不等。是二十四年中，较前加至九倍强。又据《第二届世界报界大会纪事录》载，民国十年全国共有报纸一千一百三十四种，内日刊五百五十种，二日刊六种，三日刊九种，五日刊九种，周刊一百五十四种，旬刊四十六种，两周刊五种，半月刊四十五种，月刊三百〇三种，季刊四种，半年刊一种，年刊一种。是四十年中，较前又加至十五倍弱。今据《中外报章类纂社》所调查，最近二年中华文报纸之每日发行者共有六百二十八种。以地域言之，北京第一，计一百二十五种；汉口第二，计三十六种；广州第三，计二十九种；天津第四，计二十八种；济南第五，计二十五种；上海第六，计二十三种。又外国文报纸之每日发行者，计英文二十六种，日本文十六种，俄文六种，法文三种，朝鲜文一种。就日刊一种言之，三四年中又有若干进步。若合以华侨报纸、学校报纸、公私政治学术社会团体之报纸及一切属于游艺性质之报纸，不论每日发行或二日以上，其数当在二千种左右。就本国言之，诚不无多少乐观。然日本人口仅七千六百万，有报纸四千五百种，我国人口四万三千六百万，只有报纸二千种，不啻一与十三之比，况销数又不逮远甚，欧美更无论矣。故从我国地大物博人众种种方面言之，现有之报纸，不能谓为供求相应也。

（五）

自报纸改进上言之：言论自由，为报界切肤之问题，此问题不解决，则报纸绝无发展之机会。慨自洪宪以还，军人柄政，祸乱相寻，有若弈棋。报纸之言论与纪载，苟忠实而无隐讳，则甲将视为袒乙，乙又将视为袒甲。故封报馆、扣报纸、检阅函电，十余年来，数见不鲜。然而返视报界，则涣散特甚，无一机关可代表一地方之报纸，遑论全国？甚有幸灾乐祸，以他报之封闭或扣留为快者。彼且不自尊，欲人尊之也，得乎？夫《出版法》之废止，要求亘十年之久，《出版法》废止矣，而邵飘萍林白水之流，可以身死顷刻，则更无法律可言，岂不足以促我报界之觉悟耶？英国有以《红旗》名报者，德国有以《炸弹》名报者，国会中有共产党，而其政府不之禁；今欲假"赤化"以摧残言论自由，乃无意识之下焉者也！

吾意服务报界文字方面之人，既以先觉自命，为争绝对的言论自由，应先有一种强固的职业结合。纵报馆之主持者以营业关系，不得不屈服于非法干涉之下；而自主笔以至访员，为尊重一己职业计，则不必低首下心，同一步骤。果全体认为有采某种行动之必要者，则全体一致进行，宁为玉碎，无为瓦全，有背弃者共斥之，使其不齿于同类。总之，在位者不论何人，绝不喜言论自由，其摧残也亦易。一方面固在报界一致团结，以与恶势力抗，而一方面人民又当为报纸之后盾，随时防止恶势力之潜滋，不稍松懈。盖思想不能发表，徒成空幻，思想者必甚感苦痛，而郁积既久，无所发泄，终必至于横决，国家命运之荣枯系之。拥护言论自由，实亦国民之天职也。

报纸为公众而刊行，一评论，一记事，又无往而非关于公众者。故为公众而有所陈述，报纸实负有介绍之义务也。此种陈述，依其性质，可分而为二：一为积极的，希望公众事业之进步者；一为消极的，更正新闻纪载之谬误者。我国报纸之态度，普通对于前者似认为主笔之专责,对于后者只视为当事人之特权。其偶设有"自由投稿"栏者,亦名难副实。一则因报纸不肯尽量宣布以开罪于人,一则因投函者尝取谩骂态度,有越讨论范围。于是"议论公开"之说,在我国遂未由实现!其在欧美,无论何人,凡关于公众之问题,均可投函报纸,苟三次不予发表,得诉诸法律;不过报纸为节省地位,得酌量删削耳。吾意议论公开,而后公共之意思乃见。今我国报纸之所重视者,只一般所谓"名人""要人"之文电,然大半皆私见而非公论,大半皆政治问题而非社会问题。深愿主笔政者,今后能移易其眼光,开豁其胸襟,予平民以发抒意见之机会,勿执己见,勿护过失,而第以寻求真理为归也。

报纸之元素,新闻而已。今报纸所载之新闻,大半得诸通信社,而此种通信社,并非为供给新闻而设,纯系一种宣传作用,于是人民不能于报纸上觅得正确之事实,所对于国家或国际政策之思想,遂易误入歧途而无由集中,此至可痛惜之事也。英国名记者北岩囊在申报馆演说,谓"世界幸福之所赖,莫如有完全独立之报馆"。我国报馆苟不以倚赖为可羞与至危,则当憬然觉悟,合全国各大报馆,组织搜集新闻之机关,以正确之中国事实,传播全国与世界,此匪特有助于国家之统一,良好政府之建设,及其他少年中国愿望之实践,即各国亦可因此明了我国之现状,而消除其隔阂至远且大。即退一步由报界之自身利益言之,如迩来国闻通信社所发之汉口电,与各报之所自发者几全相同,诸如此类,则何不联合为之,将此方面所节省者,利用于其他方面,众擎易举,凡今日报界在经济上所视为不易为不肯为之事,将一一可以实行。如此则不必饮外人之鸩毒以为美。自立者,岂不应若斯耶?

我国字数,据《中华新字典》所载,多至四万有余,常用者不过四千。民国七年,教育部曾颁布注音字母。民国十二年,中华教育改进社曾函请各报改用语体文[②]，而各报狃于积习，且因时间及经济上之关系，迄未有具体表示。夫报纸为普及教育之利器，乃世人所公认；我国教育之不普及，又无待讳言。吾意报纸当此过渡时期，纪事之文，宜力求浅显，勿引古典，勿用冷僻之字，字数如能仿照日本报纸办法，减少至二千八百枚则尤佳。必使具小学毕业以上程度者，即有读报之机会。至文艺作品，当然不必拘定。如此，则于文化之传播上，必大有裨益也。

海通以后，报纸日有外事之纪载。如 England 之为英，Paris 之为巴黎，Christ 之为基督，Motor 之为马达，因习用已久，为读者所谂知。然偶遇稍冷僻之地名、人名或事物之名，则译文此报与彼报异，今日与昨日异，甚至同日之纪载，前后又异。间有贩自日本者，如俄国之 Bolsheviki 党，其原义为"多数"，非如今之所谓"过激党"，日本因此种主义，不便于彼，故称之为过激以骇人听，而吾国报纸沿用之，去真意殊远。故吾国报界应联合学术团体，延邃于中西文字之士，根求西文之字源，不问其为何国文字，总以一中国化之译名为标准。音义并译者为上，译义者次之，译音又次之。在此种标准译名未订定以前，各报如遇非通行之译名，须附列原名，俾读者易于考查。此事虽小，而关于一国之文化实大。在外人文化侵略之际，更有纠正上述错误之必要也。

在最近数年中，报界有二种新事实，有不可不注意者，即记者与工人之渐知团结是。盖报纸既成为社会之必需品，同时报纸又趋于商业化，于是有此二种反动发生。如记者之所谓星期停止工作案，如工人之所谓废除工头制案，虽皆未见实行，然与报馆当局，若已立于相对之地位者。又如上海报贩所组织之捷音公所，广州报贩所组织之派报总工会，隐操推销报纸之权，因利益多寡之关系，常与报馆起龃龉。且年来工潮澎湃，报馆工人时被牵入漩涡，报纸停刊，数见不鲜。此虽为一般政治与社会问题,然既与报馆直接发生影响,应如何研究预为消弭之乎?

民主政治,根据于舆论;而舆论之所自出,则根据于一般国民之公共意志。报纸者,表现一般国民之公共意志,而成立舆论者也。故记者之天职,与其谓为制造舆论,不如谓为代表舆论;更进一步言之,与其令其起而言,不如令其坐而听,耳有所听,手有所记,举凡国民欢笑呻吟哭泣之声,莫不活跃纸上,如留音机器然。则公共意志自然发现,而舆论乃有价值而非伪造。否则报纸自报纸,国民自国民,政府自政府,固丝毫无关系也。我国报界之知此义者盖寡,故报纸之进步甚缓,而最大原因,即为缺乏专门人才。盖昔之服务报界者,大半非科举化之人物,即法政学生化之人物,抱"学以为仕"之传统心理,视报纸为过渡宝筏。彼心目中只知有政治,故不知社会之重要;只知有官,故不知国民之重要;因官僚幕下集中式的政治,故只知有中央,而不知地方之重要;又因功利心热,投机心切,至甘心为政治机关,为党派利用,则亦必至之结果也。夫报纸为公共之需要而刊行,则纪载谓根据国民心理,而后发达可期,今不问中央新闻、地方新闻与本埠新闻,均不离乎政治,而所论及者,又为政治中最卑鄙而无思想学术关系之一片段,其不受社会欢迎必矣。因是报纸之生活愈难,遂愈不得不卵翼军人政客之下。寖假而记者随意下笔,便谓为代表舆论;军人政客利用几家机关报,事先鼓吹,随意作为,便谓为实行民主政治。此真滑稽之尤,又何怪报业之黯然无光,记者之生涯愈为寥落乎!往者已矣,来日方长,深愿吾同业知环境之不良,有彻底之觉悟,重视本业,勿务其他,迎合世界之新潮,发皇吾侪之美质,天职所在,其共勖之!

(六)

今日所待讨论之问题,吾姑举其大者著者如此。总之,我国报纸，自明以前，多系手写，只供少数藩阀缙绅之阅览。后虽改为手印，然为数甚少，极难普遍。光绪中，因印刷术之进步，遇事镌版传布，由是军国之政可家喻而户晓，不独富贵者能知之，即贫贱者亦能知之。由此一方面言，是日趋于平民化。往者社会之视报馆，盖卖朝报之流亚，服务其间者，文人之末路也。今报纸渐成社会之日用品，人民之耳目喉舌寄之；于是采访有学，编辑有法，学校列为专科，书肆印为专籍，以讨论报纸之最高目的，期合乎人群之需要。由此一方面言，是日趋于艺术化。欧战之影响，造成许多恶果，然亦有良果，则报纸之进步其例也。欧战以后，世界最近之发展，一一呈现于吾人之眼前，而使世界为之缩小，举凡吾国之政治、经济、宗教、文学、艺术，莫不渐弃地方的国内的色彩，而渐带世界的色彩；而最可以证明其征兆者，则报纸与杂志是也。由此一方面言之，是日趋于世界化。准斯三者，以观既往，测将来，则于报学，思过半矣。

注释

① 教会报纸，在昔为独多，今据民国十三年《基督教年鉴》所载：报纸之属于教会者，计有日报六种，周报十六种，旬报一种，半月报三种，月报四十七种，一个半月报二种，两月报四种，季报十三种；此外有青年会报十六种；女青年会报三种，学校青年会报六十二种，英文报十一种，亦可见教会势力之与年俱进也。

② 中华教育改进社致各报函云："本社本年在北京举行第二届年会时，由本社社员提议，请函各报馆，改用语体文，经国语教育组通过后，复经学术会议通过。该案提议理由，约有二端：（一）谓报纸与传播文化，至有关系，现行报纸，多用文言，非国文程度较高者，不易了解，改用语体文，则能阅报纸者多，文化易于传播。（二）谓新学制，小学改国文为国语。报纸文字，如亦改为语体文，则小学生毕业后，大部分不能升学者，亦可

得阅览报纸机会。总上二项理由，报纸如悉改用语体，一面于社会文明，固足促其发展，一面于报纸销路，亦可逐渐推广，实于社会报馆，双方俱利。本社查是项提案，既经分组会议学术会议通过，自应将该案提议理由，备函奉达贵馆，敬请诸位主笔，一体量为采纳。倘荷悉允，全国文化幸甚，本社幸甚。"